国家社会科学基金西部项目（项目编号：18XZW027）

竹内实的鲁迅研究

ZHUNEISHI DE LUXUN YANJIU

陶凤 / 著

四川大学出版社

项目策划：高庆梅
责任编辑：高庆梅
责任校对：张　露
封面设计：墨创文化
责任印制：王　炜

### 图书在版编目（CIP）数据

竹内实的鲁迅研究 / 陶凤著. — 成都：四川大学出版社，2020.11
ISBN 978-7-5690-3962-7

Ⅰ. ①竹… Ⅱ. ①陶… Ⅲ. ①竹内实（1923-2013）－学术思想－研究②鲁迅研究　Ⅳ. ①K833.135.4②I210

中国版本图书馆CIP数据核字（2020）第219093号

| | |
|---|---|
| 书　名 | 竹内实的鲁迅研究 |
| 著　者 | 陶　凤 |
| 出　版 | 四川大学出版社 |
| 地　址 | 成都市一环路南一段24号（610065） |
| 发　行 | 四川大学出版社 |
| 书　号 | ISBN 978-7-5690-3962-7 |
| 印前制作 | 四川胜翔数码印务设计有限公司 |
| 印　刷 | 郫县犀浦印刷厂 |
| 成品尺寸 | 148mm×210mm |
| 印　张 | 9.25 |
| 字　数 | 231千字 |
| 版　次 | 2020年12月第1版 |
| 印　次 | 2020年12月第1次印刷 |
| 定　价 | 42.00元 |

版权所有　◆　侵权必究

◆ 读者邮购本书，请与本社发行科联系。
　 电话：(028)85408408/(028)85401670/(028)86408023　邮政编码：610065
◆ 本社图书如有印装质量问题，请寄回出版社调换。
◆ 网址：http://press.scu.edu.cn

四川大学出版社
微信公众号

# 新中文探索系列丛书编委会

**编撰单位：**
　　内江师范学院
　　内江师范学院文学院

**总策划：**
　　陈晓春　郭云东

**编委会主任：**
　　陈晓春

**编委会副主任：**
　　刘云生　李达军

**编委会委员：**
　　邓国军　翁礼明　王　彤　陶　凤　刘亚明
　　张宪军　张昭兵　于军民　黄全彦　冯利华
　　高　佳　张文彬　梁明玉

# 总　序

2019年5月，教育部、科技部等13个部门正式联合启动"六卓越一拔尖"计划2.0，要求全面推进新工科、新医科、新农科和新文科建设，全面实现高等教育内涵式发展。自此，新文科建设已成为构建中国特色哲学社会科学的国家战略，成为新时代文科建设的核心问题，新文科建设对传统人文学科提出了新要求。

中国语言文学学科实为近代产物，1898年京师大学堂创办，始有"文学"科。1902年，京师大学堂师范馆设立中国文学门，中国文学形态初具。1910年分科大学开办，北京大学中国文学门作为文科的一个教学建制正式成立，1919年改称中国文学系，标志着中国语言文学作为独立学科得以确立。20世纪50年代，高校院系调整后，中国文学系改称为中国语言文学系，学科涵盖语言和文学两大类。20世纪80年代以后，即使在中国语言文学内部，学科分野越来越精细，学术语言越来越艰涩，不但使学科内部的隔膜愈加突出，也导致中文学科在人才培养中普遍存在领域限制、视野狭窄、博通不足等问题，这种"专业化"使学科发展渐失"活水"，学科创新不振。尽管学界内部对此也有诟病并力图有所改变，但作用有限，这大概也是新文科倡导学科融合的原因吧。

内江师范学院汉语言文学专业在2019年被四川省教育厅确定为首批"四川省一流本科建设专业"，为了打造成渝双城区域文化高地，避免"中部塌陷"，进一步探索"新文科"视野下中文专业的科研和教学实践，内江师范学院文学院组织教师结合自身专业背景及教学实践撰写"新中文探索"系列丛书。

本丛书分为学术专著和教材两种类型。学术专著力求在新文科建设背景下以汉语言文学专业为中心，将文学与哲学、艺术、历史学、心理学、传播学等学科深度融合，在各学科之间寻找结合点，在多维理论背景中阐释问题，力求梳理新的学术肌理，形成新中文研究增长点。如以儒、道、佛哲学思想融合为切入点分析文人画家在中华文化背景下的艺术思维，并针对当下文艺教育及影视文化创意产业发展过程中的偏差"对症下药"。又如将语言文学置于传播学的视野下，通过对文学传播的各要素做分析研究，总结文学传播的规律，研究文学传播的多样性，并从大众传播延伸到分众传播，把握高速发展的信息化时代文学传播的规律。又如将文学、语言学与心理学结合，发衍出文学心理治疗。再如对鲁迅这样的文化大家，进行跨文化、跨语境的历史文献梳理，在文化他者的观照中，揭示鲁迅形象的丰富性。还有研究现代主义的本土化历程既要在文学内外、中西之间探源溯流，更要在历史文化的特定需求中寻找文化变异、内化而创新的依据。上述研究力图让读者感受跨学科精神撞击的火花，相信这样的研究是在新时代对"文史哲"融合的回归。

教材类丛书侧重于对基础文本的解读，如国学教育注重对原典的解读。学习者的基本任务之一就是研读原典，夯实专业基础，在对原典的解读中重拾"学问乃千秋事，订讹规过，非以訾毁前人，实以嘉惠后学"的传统治学态度，在传统中领会中国文化之精髓，今日，国学教育已渐成国内高校课程体系的重要一环，也是新中文强调"中国方法"的基石。当然，回归传统并不是排斥现代，泥古不化。比如在解读唐代诗歌，列举"历代诗话"之后，教师与学生仍然会以更加鲜活的个体形式与古代对话。这是学生和唐代诗歌经典的新的联系，学习主体性在古今之间的建构，以及对传统文本进行一种激发新意的探索。

总之，我们既欲尝试学科融合对传统中文学科有所重构，力图研究有新见，又望这种探索能够在更大视野中深化学生对中文学科知识的理解，提升其创新能力，这就是我们编辑新中文系列丛书的宗旨。尽管作者著述力求辨析缜密、言出有证、自谓创见，但鉴于水平和学力，大概只能是抛砖引玉，期待专家指正！

编　者

2020年10月

# 前　言

竹内实（1923—2013）在日本学术界被称为"现代中国研究第一人"，是战后日本中国研究领域的开创者和泰斗，最开始为学术界熟知是因他于1965年与武田泰淳合著发表了《毛泽东：其诗与人生》，因此，他还是日本的毛泽东研究权威。竹内实出生于中国山东张店，在中国长大，直到19岁才回到日本，因此具有浓厚的中国情结。他把中国当成故乡，为了慰藉无尽的乡愁，为了更加了解中国，竹内实选择了研究中国。中国现代文学是他的主要研究内容之一，也是他瞭望中国的一个窗口。要研究中国现代文学，当然不可能少了对鲁迅及其文学的研究。

竹内实从20世纪50年代中期开始研究鲁迅，其代表作是《鲁迅远景》和《鲁迅周边》。在这两本书中汇集了竹内实关于鲁迅及其文学研究的主要著述，在他其他的研究论述里也零星地散落着一些关于鲁迅的研究。竹内实鲁迅研究的主旨就是"鲁迅是人不是神"。这个观点在今天看来或许已经落后于时代了，但在几十年前能提出这样的观点，在当时还是振聋发聩的。竹内实的主要研究方法是"让事实说话"，除了对鲁迅文学进行详细解读以外，还通过对大量的史实、材料进行详尽的考查，从风土人情的视角，让鲁迅成为"风土人情中的人"，再结合家族背景、时代背景等各个方面对鲁迅及其文学作品进行解读。

竹内实的鲁迅研究有其独特的视角，特别是其使用的大量文献资料是非常珍贵的。通过将竹内实的鲁迅研究分别与竹内好、藤井省三的鲁迅研究进行比较，更加突显出竹内实鲁迅研究的特色。竹内好、竹内实、藤井省三分别是日本第一代、第二代和第三代鲁迅研究的代表，他们的鲁迅研究又具有各自的时代特色，从他们的鲁迅研究的比较中可以看出日本鲁迅研究的一以贯之的共同点和各个时代的差异性。

竹内实的鲁迅研究属于日本鲁迅研究中不可缺少的一部分，然而多年来，无论是在中国还是在日本，往往被其在中日友好交流事业上的政治贡献或者在毛泽东研究领域所取得的斐然成绩所掩盖。学界对竹内实的鲁迅研究或者中国现代文学研究进行专门研究的都不太多。目前，国内更多的是对其研究成果的译介，例如2016年出版的程麻的《竹内实传》一书。该书对竹内实的传奇一生进行了介绍与研究。而对竹内实的研究成果汇集最全面的，则是由程麻等人翻译的十卷本《竹内实文集》。因为竹内实浓烈的中国情结，他对与中国相关的各个领域都有所关注，所以竹内实关于现代中国的研究论述纷繁复杂，这套文集第一次将竹内实的全部学术成果进行系统选编并结集出版。这套十卷本的《竹内实文集》虽说是目前国内最全面的关于竹内实研究成果的翻译，但也仅是竹内实"全部研究成果的三分之一"，关于竹内实的中国研究成果还需要更多的译介与研究。

本书在吸收前辈研究成果的基础上，扩大视野，深入挖掘，大胆提出了一些愚见，也在团队的努力下，收集了比较丰富的资料，论述也比较深入。尽管如此，本书有些地方的论述还不够深入，分析也不够充分；因为语言的原因，有的理解、分析也存在一些差异与不足，还请各位专家、读者批评指正。

另附三个附录，附录一是《中国的一九三〇年代与鲁迅》，附录二是《〈故事新编〉中的公愤与私愤》，这两个附录是笔者对竹内实原文的翻译，希望通过对这两篇文章的阅读，能让大家对竹内实超越善恶标准、跨越国际、力求客观的研究态度，以及他的鲁迅研究视角与方法有一个更加直观、深刻的了解。附录三是对竹内实关于鲁迅译、著的文献整理，由此附录可见其在鲁迅研究上的贡献。

陶　凤
**2020 年 2 月 1 日于重庆**

# 目　录

- 第一章　战后日本的鲁迅研究概况……………………（ 1 ）
- 第二章　竹内实与中国……………………………………（ 21 ）
  - 第一节　竹内实的中国情愫………………………………（ 25 ）
  - 第二节　"竹内中国学"……………………………………（ 35 ）
- 第三章　竹内实的鲁迅研究………………………………（ 43 ）
  - 第一节　鲁迅是人不是神…………………………………（ 51 ）
  - 第二节　有宗法思想的鲁迅………………………………（ 55 ）
  - 第三节　生活中有两个形象的鲁迅………………………（ 60 ）
  - 第四节　有认知缺陷的鲁迅………………………………（ 74 ）
  - 第五节　失去故乡寂寞的鲁迅……………………………（ 80 ）
  - 第六节　文学中渺小的鲁迅………………………………（ 97 ）
- 第四章　竹内实与竹内好的鲁迅研究比较………………（131）
  - 第一节　"竹内鲁迅"的影响………………………………（135）
  - 第二节　竹内好的鲁迅论…………………………………（139）
  - 第三节　竹内实与竹内好的鲁迅研究比较………………（146）
- 第五章　竹内实与藤井省三的鲁迅研究比较……………（173）
  - 第一节　藤井省三的鲁迅研究概述………………………（177）
  - 第二节　藤井省三的鲁迅研究特色………………………（181）
  - 第三节　竹内实与藤井省三的鲁迅研究比较……………（192）

第六章　硬质鲁迅研究……………………………………（211）
附　录…………………………………………………………（221）
　　附录一　中国的一九三〇年代与鲁迅………………（225）
　　附录二　《故事新编》中的公愤与私愤………………（262）
　　附录三　竹内实的与鲁迅相关的著作与译作………（271）
后　记…………………………………………………………（277）

# 第一章

战后日本的鲁迅研究概况

鲁迅1902年留学日本，在日本度过了七年漫长的青春岁月。而且，作为作家一登上文坛即受到日本文化界的注目。全集的日语译本亦已刊行，其作品被所有的中学国语教科书收录。可以说，日本人基本上一直是将鲁迅作为国民作家来接受的。

——藤井省三

"鲁迅是世界人民的，鲁迅研究也早已不是一国的现象，而成为国际上学术研究的一个专门领域。"① 作为邻国的日本，更因为鲁迅作为作家的诞生、成长与日本都有密切的关系，从进入文坛开始就被日本人作为"国民作家"来接受。早在1909年5月1日，在日本三宅雪岭主笔的半月刊《日本和日本人》的"文艺杂事"栏目中，就刊登过这样的一则报道："本乡周某，不过二十五六岁的中国人兄弟，读了很多英德两语的西洋作品，而后在东京出版了只需30钱的书《域外小说集》。"② 显然，其中的中国人兄弟就是指周树人、周作人兄弟，这是鲁迅在日本留学的最后一年。到了20世纪20年代，青木正儿又在论文《以胡适为中心卷起旋涡的文学革命》(《支那文学》1卷1号—3，1920年9—11月刊)中最早把鲁迅这个笔名介绍到了日本。正如藤井省三所说："鲁迅1902年留学日本，在日本度过了七年漫长的青春岁月。而且，作为作家一登上文坛即受到日本文化界的注目。全集的日语译本亦已刊行，其作品被所有的中学国语教科书收录。可以说，日本人基

---

① 刘柏青：《鲁迅与日本文学》，长春：吉林大学出版社，1985年，第207页。
② ［日］藤井省三主编：《日本鲁迅研究精选集》，林敏洁等译，北京：中央编译出版社，2016年，第2页。

本上一直是将鲁迅作为国民作家来接受的。"① "鲁迅在日本从战前就很受青睐,虽是一个外国作家,却是被看作国民作家。"② 这里的"国民作家"至少包含了文化的亲近感与阅读的普遍性两个方面的内容。

正因如此,日本的鲁迅研究很快就开始并发展起来,特别是第二次世界大战后,发展得更是迅速。鲁迅的存在,对中日学者、中日两国人民的友好交流都具有特别的意义。一方面,我们常常是通过鲁迅而了解日本的,对于东亚邻国的理解,经常受到鲁迅的影响。另一方面,一些日本人在读关于中国的作品时,也经常受到鲁迅的影响,看事物的视角和得出的结论都带有悲壮的色彩。因此,我们在论及近代以来的中日文化交流史时,是无法绕开鲁迅的。在谈到对中国现代文学的研究时,也是不可能忽略鲁迅的。鲁迅作为"中国现代文学创始人"③,是日本人最喜爱的中国作家之一,"在世界上许许多多的可以称为伟大的作家当中,日本人民最感亲近的是鲁迅"④。这一点是很重要的,这是日本学者研究鲁迅的基础,如果没有这个基础,日本的鲁迅研究,不可能有今天这样规模的发展与水平。伊藤虎丸等在鲁迅及其文学的研究笔耕不辍,应该也是"想通过研究鲁迅而能在中日两国人民之间建立一座互相了解

---

① 董炳月:《鲁迅形影》,北京:生活·读书·新知三联书店,2015年,第173页。

② [日]藤井省三:《鲁迅——活在东亚的文学》,东京:岩波书店,2011年,第152页。说明:本书引文中所引用的日文原文,没有写出译者的皆由陶凤翻译。

③ [日]竹内实:《竹内实文集》第一卷《回忆与思考》,程麻译,北京:中国文联出版社,2002年,第32页。

④ 刘柏青:《鲁迅与日本文学》,长春:吉林大学出版社,1985年,第207页。

和友好的桥梁"①。对鲁迅的研究应该就是在中日之间搭建一座友好的桥梁，人们已经在这条路上走了很久，并把这条路修建得越来越华丽、壮观，人们也会继续一直在这条路上走下去，并会走得更远。

作为一个外国文学家，鲁迅在日本的现代文学史上具有不可磨灭的影响。他的作品对几代日本的文学学者、作家都产生过极其深远的影响。鲁迅成为日本家喻户晓的"国民作家"，他的作品进入日本的教科书。日本战败后，中华人民共和国成立，在美军占领下的日本人对中国人民的关心提高了，更强烈地渴望全面了解中国，并且一直注视着这个新的国家的变化与发展。他们迫切需要了解现代的中国，中国现代文学成了一条途径。要了解中国现代文学就必须得了解鲁迅文学，鲁迅、鲁迅文学成为他们了解中国的一个媒介、一个窗口。鲁迅在日本成为国民作家，日本学者对鲁迅早期活动的关注比中国学者还早很多年。

鲁迅的作品不断地被接受并传播，在日本具有广大的读者。就以鲁迅的短篇小说《故乡》为例，"自从1953年的中学教科书采用短篇小说《故乡》以来，1966年的光村图书、1969年的三省堂与筑摩书房，以及在中日两国邦交正常化的1972年的学校图书与东京书籍的各个版本的教科书中都被采用至今。三十年来，几乎所有的日本人在中学都读过《故乡》。如此的作家，在日本实属少有，几乎是以国民作家而存在。"②2000年9月，大江健三郎在北京举行的演讲上说："我在大学

---

① ［日］伊藤虎丸：《鲁迅、创造社与日本文学》，孙猛等译，北京：北京大学出版社，2005年，第25页。

② ［日］藤井省三：《鲁迅——活在东亚的文学》，东京：岩波书店，2011年，第183～184页。

期间学习以萨特为中心的法国文学并开始写小说,对此时的我来说,鲁迅是具有巨大的存在感的。我将鲁迅与法国文学进行比较后,对世界文学中的亚洲文学充满信心。当我与包括自己在内的日本作家或和解或对抗时,鲁迅一直是我的一个重要参照系。直到今天,鲁迅仍是我心中的一种批判的标准。"① 正如藤井省三所说:"在30年代,鲁迅被'四国小山村'的年轻主妇喜欢,战后又被获得诺贝尔文学奖的儿子接着阅读,而且在21世纪的日本,也有广泛的读者。可以说读鲁迅就是阅读今日的日本。"② 这里所说的"儿子"就是指大江健三郎,他是在母亲的影响下开始阅读鲁迅的。日本现代作家村上春树从高中时就开始阅读鲁迅,从那时起他就和鲁迅结下深厚的渊源,"阿Q"形象便是村上从鲁迅那里继承而来的主题。"村上新作《1Q84》第3部中,与'青豆'和'天吾'共为主人公的原律师'牛河',他的容貌、性格、境遇和名字越想越可以说是阿Q的直系。而'牛河'二字反过来成为'河牛',其日语罗马字为'Kagyu,与阿Q的日语罗马字'Akyu'相似,这样的字谜正可以说是村上风格的幽默。"③

从太宰治到大江健三郎,再到村上春树,现代日本文学与鲁迅结下了深厚的因缘。由此可见,鲁迅在日本的存在不仅仅是作为一个外国的文学作家,鲁迅的作品也不仅仅只是文学的创作。对当时的日本国民来说,鲁迅已经成为日本的国民作

---

① [日] 藤井省三:《鲁迅——活在东亚的文学》,东京:岩波书店,2011年,第184页。

② [日] 藤井省三:《鲁迅——活在东亚的文学》,东京:岩波书店,2011年,第184页。

③ [日] 藤井省三:《日本鲁迅研究精选集》,林敏洁等译,北京:中央编译出版社,2016年,第12~13页。

家，他的文学作品成为日本国民的必读作品，成为日本了解中国的必然途径，甚至通过对鲁迅作品的阅读又可以反观日本本身。

既然鲁迅在日本国内被广泛地阅读、传播，对众多的日本作家、学者都产生过或多或少的影响，具有不可忽略的存在感，在日本必然就会有大量的鲁迅研究者。鲁迅的作品自从20世纪20年代末传入日本后，就深受广大知识分子的喜爱。鲁迅的作品到底有多少种版本，目前没有完全的统计。就如在日本鲁迅已经被当作"国民作家"所接受一样，日本的鲁迅文学研究也形成了相当的规模与传统。在这个过程中涌现出了大批成就卓越的学者，如竹内好、丸山升、竹内实、伊藤虎丸、木山英雄、藤井省三等。他们以迥异于中国学者的研究视角，表现出与中国学者不同的研究模式与特征，以斐然的成就在海外鲁迅学中独树一帜，代表了海外鲁迅学的较高水平，与中国学界的研究交相辉映，成为中国鲁迅研究的重要参照。在海外的鲁迅研究领域，日本的鲁迅研究具有遥遥领先的地位和极其强大的实力。他们不断提出新问题、新观点，引入新视角，呈列新资料。日本的鲁迅研究比较注重对史实的考证，在实证研究方面比较强劲。鲁迅研究在世界范围内都会是一个一直持续的话题，在日本更是半个多世纪以来从未熄灭过的话题，也将会是一个经久不衰的工程。就算是20世纪40年代，日本发起了侵略中国的战争，阻隔了两国人民的正常交往，但日本学者也没有中断过对鲁迅的研究。正如山田敬三所说："在第二次世界大战之后的废墟上，研究鲁迅的专著不断涌现，好像是人们一直都期盼着这一天的到来。在战败后不久，在还是一片废墟的几年里，一位外国文学家，而且是作为被日本人常常忽略的同时代的中国人，能够引起如此多的关注，显然这是极其少见的事。"①第二次世界大战后不断涌现出的这些鲁迅研究著述表明，日本的学者在战争中也一直持续进行着对鲁迅的研究。

此一时期，对鲁迅以及近现代中国文学的介绍起着重要作用的是竹内好、松枝茂夫、增田涉、小野忍等中国文学研究会的旧成员。在此后几年间，日本出版了 8 本鲁迅研究专著，分别是太宰治的《惜别》（1945 年 9 月），竹内好的《鲁迅》（1946 年 11 月），鹿地亘的《鲁迅评传》（1948 年 4 月），竹内好的《鲁迅》（1948 年 10 月），中日文化研究所的《鲁迅研究》（1948 年 10 月），增田涉的《鲁迅的印象》（1948 年 11 月），竹内好的《鲁迅杂记》（1949 年 6 月），小田狱夫的《鲁迅的生涯》（1949 年 9 月）。

作为第一代日本中国现代文学研究的代表人物，竹内好的代表作《鲁迅》第一次面市是在 1944 年，然而真正在思想界、学术界产生影响，则是从 1946 年日本评论社修改再版后。这本书的影响可以说几乎贯穿了整个日本战后时期，他让鲁迅这样一个"外国文学家"进入日本的历史语境中，将鲁迅研究推到了一个巅峰。1948 年的《鲁迅》是竹内好战后再读鲁迅作品而写成的。同 1946 年的《鲁迅》一样，此书也是竹内好在战争中完成的《鲁迅》（1944 年 12 月）的延续。"他的中国现代文学研究，特别是对于鲁迅的研究，在日本学术界，产生了笼罩一个时代的深刻影响。"②作为一个划时代的人物，竹内好在日本是一名杰出的思想家，在日本鲁迅研究史上起着承前启后的作用。早在 20 世纪 20 年代，日本人的"鲁迅观"就已

---

① ［日］山田敬三：《鲁迅世界》，东京：大修馆书店，1977 年，第 275 页。
② ［日］伊藤虎丸：《鲁迅·创造社与日本文学》，孙猛等译，北京：北京大学出版社，2005 年，第 4 页。

成了日本人中国观的一部分，并且还是构成日本现代思想史的一部分。"在日本人有关鲁迅的论述中，竹内好的《鲁迅》具有里程碑的意义，在其之前，日本的鲁迅研究没有上升到学理和系统的层面，基本上停留在译介的范畴"，"是'竹内鲁迅'把日本的鲁迅研究第一次提高到真正的研究阶段"①，"开始了具有深厚学术意义的研究，并将这一研究推向了历史的顶峰，同时又将其影响延续到身后的历史之中，令后来者在他的足迹中寻觅与挣扎，竹内的鲁迅研究已经成为历史性的财富和不易逾越的标尺"②。竹内好在《鲁迅》中塑造的文学者"鲁迅"形象成了其后的研究者们从未超越的鲁迅形象，竹内好的鲁迅研究被称为"竹内鲁迅"，日本的鲁迅研究工作在这之后，就是在继承与超越"竹内鲁迅"中推进与发展的。

"《惜别》是以在日本留学时代的鲁迅为原型的青春小说。"③小说以一位出生于东北的老医生的回忆形式讲述，在《惜别》中，太宰治以当年在仙台的青年鲁迅为原型塑造了为了拯救祖国而弃医从文的周先生。作品虽然很精彩地描写了青年鲁迅的形象，但是当时的鲁迅研究权威竹内好在太宰死后发表了严厉的批评："公然无视鲁迅的文章、仅凭作家之主观而捏造的鲁迅形象——毋宁说是作者的自画像。"④ 整部作品中，作者太宰治加入了很多自己的主观意思，展开了丰富的想象，

---

① ［日］丸山升：《鲁迅·革命·历史》，王俊文译，北京：北京大学出版社，2005年，第340页。
② 刘伟：《"日本视角"与中国现代文学研究》，北京：人民出版社，2011年，第37页。
③ ［日］藤井省三：《鲁迅——活在东亚的文学》，东京：岩波书店，2011年，第162页。
④ ［日］藤井省三：《日本鲁迅研究精选集》，林敏洁等译，北京：中央编译出版社，2016年，第4页。

完全可以看作是作者在借作品述说自己。但作品的主人公具有救国图强的远大抱负,这一点在一定程度上是从偶像鲁迅的角度在进行论述。

中日文化研究所编的《鲁迅研究》是岛田政雄等八位学者共同的成果。这是在战后的民主运动中,一群想将鲁迅的"人民文学"运用于日本现实的学者们的共同作品。当时在日本盛行"竹内鲁迅"关于文学与政治的关系的论述,他们在该作品中提出了与之不同的观念。这在当时是具有一定的挑战性与时代意义的。

增田涉是鲁迅晚年交往比较密切的一位日本朋友,1931年在上海通过内山完造的推荐,增田涉师从鲁迅。增田涉曾直接与鲁迅交流,并写成《鲁迅传》一书,还请鲁迅校阅过,鲁迅帮他改正了一些错字,删去了一些不好的字句。后来增田涉离开上海回日本时,鲁迅还作诗一首赠别:"扶桑正是秋光好,枫叶如丹照嫩寒。却折垂杨送归客,心随东棹忆华年。"[①] 可见鲁迅对增田涉的友谊,同时也可以看出鲁迅对日本人民的友好感情。增田涉在《鲁迅印象》中,记载了日常生活中的鲁迅形象,同时收录了鲁迅寄给他的信件,这些都是回忆鲁迅的宝贵记录,从中可以看出鲁迅是一个具有强烈人格的人。

从年龄上说,在日本的鲁迅研究者中,属小田狱夫最年长,他是后来的鲁迅研究者增田涉、伊藤虎丸等的老师。他的鲁迅研究以介绍为主,也翻译过一些关于鲁迅的文章。在第二次世界大战前夕的 1943 年 3 月,其《鲁迅传》第一版正式出版,不仅在日本甚至中国,都是比较早且较为完善的鲁迅传

---

① 鲁迅:《鲁迅全集》第七卷《集外集拾遗》,北京:人民文学出版社,2005 年,第 454 页。

记。作者广泛地引用当时能够搜集到的一切资料，将鲁迅从小时候直到去世的所有经历用比较简明的笔墨汇总了起来，成功地塑造了一个"在'冷静的态度'下'同时也具有透彻的瞳孔和充溢着鲜红血液的心脏'的鲁迅在黑暗中国的现实中苦闷的形象"[①]。也就是说，这本书塑造了一个爱国主义、民主主义的鲁迅形象，"在战前的日本成为鲁迅研究的纪念碑"[②]。鹿地亘的《鲁迅评传》具有明确的政治意图，正如其在《序言》中所说，《鲁迅评传》也许会成为"日本文化革命的一种有用的参考"。

虽然以上几部作品都是在战后四年间陆续发表，其中体现出的鲁迅观却都形成于战前或战争期间。虽然还有中华人民共和国成立后陆续发掘出的新资料，但要形成新的鲁迅观，还需要时间的积累。因此在中华人民共和国成立后的12年间，日本没有一部关于鲁迅研究的专著，直到1962年川上久寿的《鲁迅研究》出版。虽然1953年有竹内好的《鲁迅入门》，但这属于1948年发表的《鲁迅》的改版，算不上新作品。

20世纪50年代，日本的鲁迅研究出现了新的苗头。新一代的鲁迅研究者大都是革命的进步青年，他们是在50年代初期的学生运动的高潮中接触鲁迅，被鲁迅所吸引而走上鲁迅研究道路的。当时日本正处于美国占领之下，民族压迫感和屈辱感，他们都领略了，他们的心和鲁迅相通。有人说道："最近我读鲁迅的小说，感到非常之有兴趣，这说来实在难为情……鲁迅写的是中国的事情，那当然是和我们不相关的别国的事

---

① ［日］山田敬三：《鲁迅世界》，东京：大修馆书店，1977年，第277页。

② ［日］山田敬三：《鲁迅世界》，东京：大修馆书店，1977年，第277页。

情;他的杂文写的也是别国的事情。可现在却不能这样说了,因为今天的日本,倒成了当年鲁迅笔下的中国。"① 这段文字说明在美国军事占领下,日本人感到当时的社会黑暗,很像鲁迅笔下的半殖民地半封建的中国。鲁迅的作品引起了日本文学青年的共鸣,又加上竹内好的影响,青年们下定决心向鲁迅学习,解决日本的问题。60 年代,他们付诸行动,日本出现了从各个视角出发的鲁迅论,我们在此罗列出 60 年代初到 70 年代末公开发行的关于鲁迅的单行本作者及书名:

(1) 川上久寿　《鲁迅研究》　　1962 年 3 月;
(2) 尾崎秀树　《与鲁迅的对话》1962 年 11 月;
(3) 山田野理夫　《鲁迅传》　　1964 年 4 月;
(4) 丸山升　　《鲁迅》　　　　1965 年 7 月;
(5) 今村与志雄　《鲁迅与传统》　1967 年 12 月;
(6) 竹内实　　《鲁迅与现代》　1968 年 7 月;
(7) 桧山久雄　《鲁迅》　　　　1970 年 6 月;
(8) 高田淳　　《鲁迅诗话》　　1971 年 4 月。

这些著述的发表标志着日本的鲁迅研究进入到一个崭新的时代。其中《鲁迅研究》的作者川上久寿很擅长俄语,他将苏联的关于鲁迅的研究成果进行总结,从 1951 年开始执笔直到 1956 年,这是很珍贵的研究资料。《鲁迅与现代》中归纳汇总了杂志《新日本文学》为了纪念鲁迅去世 30 周年主办的连续讲座,是由竹内实与佐佐木基一等共编的。《与鲁迅的对话》的作者尾崎秀树对日本的大众文学很有研究,是竹内好开创的"文学主义"流派的继承与发展者,他有属于自己的独特的鲁

---

① 《每日新闻》,1954 年,6 月 17 日夕刊。

迅观。但是该书基本上是作者借鲁迅之口在言说自己，因此这部作品具有相当的主观色彩，几乎可以视为尾崎秀树的个人传记。丸山升与伊藤虎丸都是日本第二代现代中国文学研究东京地区的代表。丸山升继承了"竹内鲁迅"的鲁迅研究立场和视点，但与竹内好不同的是，丸山升"以历史方法和逻辑方法的结合，在深入的论析层面上建立起有异于竹内鲁迅论的全新的整体性的鲁迅观。在对新的审视框架和严密的逻辑表述的追求中，丸山拓展了认识鲁迅的思维空间"①。他用实证主义的方法还原了作为"革命者鲁迅"的鲁迅形象。在《鲁迅与革命文学》中，丸山升以慎重缜密的实证方法，解读了1927年以前的所谓前期鲁迅的人生经历和中国革命的复杂关系，对鲁迅直接参与并最终促使其成为"革命者"的辛亥革命时期的思想变化更是做了深刻的阐释。伊藤虎丸更侧重对鲁迅思想和文学形成的现实性与历史性的研究。在他的《鲁迅与终末论》中，对竹内好的"回心""赎罪文学"的思想有继承也有发展，还对《狂人日记》中的"狂人"精神进行了探索，继续求解鲁迅的生命与文学的命题，最后提出关于鲁迅的"终末论"思想。桧山久雄写于1970年的《鲁迅》大体上就是继承"竹内鲁迅"的研究成果，并企图超越其老师。在后来的《鲁迅与漱石》中，桧山久雄借助了比较文学的方法，以做新的开拓，但终究未能超越竹内好的鲁迅研究。总之，这一时期，学者分别从各个不同的角度，采用不同的方法对鲁迅及其作品进行了解读和研究。

到了80年代，中日学者写的关于鲁迅的论文或者文章不

---

① 刘国平：《论丸山升的鲁迅论——关于一种主体性思想·革命·历史解析法的阐述》，《鲁迅研究月刊》，1995年第11期。

计其数,增田涉、山本实彦、池田幸子、鹿地亘、内山完造等写了关于鲁迅的回忆性的文章,而竹内好、丸山升等的著述在日本构建起了鲁迅学。1980年迄今,关于鲁迅研究的专著、杂志上的鲁迅特集等继续发行,在这三四十年间发行的单行本就超过60多册。80年代中期,学习研究社出版《鲁迅全集》,共20卷,基本算是对日本鲁迅研究的一个总结与评价。《鲁迅全集》的出版是为了纪念鲁迅先生诞生100周年,饭仓照平、伊藤虎丸、伊藤正文、今村与志雄、竹内实、离间祥见、丸山升等日本具有代表性的研究者作为编辑委员,汇集了日本诸多学者的作品。与之前由竹内好、增田涉、松枝茂三位合编,岩波书店发行的13卷《鲁迅选集》相比,该书在内容上更加全面。由于该书的译注者达到了60余人,所以在质量上也参差不齐。在这之后,相信还会有更多的日本学者进入鲁迅研究的领域。

另外,由于鲁迅作为"国民作家"被广泛地阅读与传播,因此鲁迅在日本国民中拥有众多读者,这些读者遍布日本社会的各个阶层,不仅仅限于学院。因此,除了学院以外,还有很多像"鲁迅之友会""鲁迅研究会"等鲁迅学习研究会的民间组织。这些研究学会具有很好的群众基础,参与者不仅有知识分子,还有大量的家庭妇女和退休职工。他们一样的在用自己的方式接受、理解,甚至在想象、创造鲁迅。日本剧作家霜川远志在改编《阿Q正传》的基础上创作了《戏剧·鲁迅传》,呈现出的鲁迅很大一部分就是作者按照自己的理解而创作和虚构的。

从竹内好奠定日本的鲁迅研究传统后,此后的几十年里,日本的鲁迅研究发生了很大变化。"如果说竹内好的鲁迅研究是用主体的生命体验,去领悟鲁迅的精神世界,体现的是内趋性的阐释研究。到了丸山升和伊藤虎丸，则开始分化为向实证性和主体阐释性两个方向发展。而近二十年的研究却愈来愈趋于向外转的倾向，开始从政治研究向文化研究过渡，出现了文本分析或主体学研究。"①在接受、传播鲁迅的过程中，日本书写了一部绝好的"日本鲁迅研究史"。他们对鲁迅及其作品进行阅读、理解、传播，还有接受，在这一过程中他们不仅形成了一系列独特的理论，还从各个不同的视角对鲁迅及其作品进行了全方位的研究。另外，太宰治在《惜别》、霜川远志在《戏剧·鲁迅传》中还对鲁迅进行了想象与创作。

可以看出，在日本不管是在物质、精神都匮乏的战时、战后初期，还是在如火如荼的战后国内恢复建设时期，鲁迅在其文学史上都占据着一个重要的位置，日本从未停止过对鲁迅及其作品的解读与研究。因此，中国也就一直在日本国民的视线里，从未脱离。总的说来，在这些研究中呈现出三种鲁迅形象："小田狱夫的《鲁迅传》中的反抗政府的爱国者、民主主义的鲁迅；'奠定了日本中国现代文学研究基石'的竹内好先生提出的'虚无的（绝望的）文学者'的鲁迅形象；战后60年代在当时关于'政治与文学革命'论争中丸山升先生提出的始终为一个'革命者'的鲁迅形象。"②"竹内好是以'沉默的十年'的鲁迅作为其鲁迅观的切入点，伊藤虎丸先生更关注日本留学时期和五四时期的鲁迅，木山英雄先生特别钟情于《野草》时期的鲁迅，丸山升先生则始终如一地集中考察'作为问题1930年代'中的鲁迅，即和马克思主义与中国革命，以及

---

① 刘伟：《"竹内鲁迅"与战后日本鲁迅研究》，《吉林大学社会科学学报》，2010年第6期。

② ［日］伊藤虎丸：《鲁迅、创造社与日本文学》，孙猛等译，北京：北京大学出版社，2005年，《序》第6页。

苏联的社会主义实验发生了复杂关系，作为左翼知识分子的晚年鲁迅。"① 自从竹内好奠定了鲁迅研究的传统后，日本的鲁迅研究面临着不断的挑战与超越，在近二三十年里发生了很大变化，呈现出多元化发展的新格局。学者们用多样化的视角、方法解读鲁迅文学、剖析鲁迅人生，以呈现出不一样的鲁迅形象。日本的鲁迅研究有着悠久的历史，形成了独特的传统。这个传统正以巨大的力量，影响着现在的日本鲁迅研究。尾崎秀树在《鲁迅与日本》一文中谈道：在日本从 20 年代开始的鲁迅研究，大体可以分为两个系统：一个强调鲁迅是纯粹的文学家，他的意义始终表现在文学方面，从青木正儿开始，中经正宗白鸟、长与善郎、佐藤春夫到竹内好等都属于这个系统；另一个强调鲁迅是革命家，他们从反帝反封建的角度来看待鲁迅，强调鲁迅的政治性，山上正以、尾崎秀实等左翼作家属于这个系统。竹内实的鲁迅研究不属于这两个系统，既没有强调作为文学者的鲁迅，也没有强调作为革命者的鲁迅，而是通过大量的史实从各个方面对"鲁迅是人不是神"这一主旨进行了考查、论证和研究。

竹内实是日本浩浩荡荡的鲁迅研究队伍中的一员，大概从 20 世纪 50 年代中期开始从事鲁迅研究。主要研究专著有《鲁迅远景》和《鲁迅周边》。在《鲁迅远景》中，竹内实从鲁迅所处的时代、鲁迅的作品和鲁迅的文学理论等三个方面对鲁迅的作品和思想进行了比较系统的论述，阐发了许多独到的见解。特别是他以无可辩驳的大量事实，纠正了国内外一些所谓评论家对鲁迅的不正确的认识，捍卫了鲁迅的光辉形象。他的

---

① 钱理群：《中国现代文学史论》，桂林：广西师范大学出版社，2011年，第 300 页。

另一部研究专著《鲁迅周边》，虽然是1981年出版的，但收入的十七篇文章大部分都是在50年代写成，其中《鲁迅与柔石》一文，是当时日本很少见到的论述鲁迅与柔石关系的文章。这篇文章考证详尽，不仅论述了鲁迅与柔石的亲密关系，且旁及鲁迅和中国共产党的关系、鲁迅和左联内部一些同志的关系以及鲁迅在30年代的一些活动，如鲁迅和日本诗人、画家金子光晴的交往等。竹内实的其他论著里都有对鲁迅及其文学的研究。在《汉诗纪行辞典》中，竹内实列举了从古至今140余位中日诗人的代表性诗词四五百首，其中鲁迅的诗有4首。竹内实对这4首诗进行了详细的解读。在《竹内实（中国论）自选集》（3卷）、《解剖中国的思想》等论著中，都有较多竹内实对鲁迅及其文学的论述。竹内实通过文学接近真实的鲁迅，又通过对鲁迅的研究来了解中国。

# 第二章

竹内实与中国

# 第二章 竹内实与中国

从此以后，中国离我变得遥远了。可自己觉得，即使能有一条哪怕是细微的线索将我与中国联系在一起也好。因此我选择了研究中国。这便是所谓的"思乡"之情。

——竹内实

## 第一节 竹内实的中国情愫

作为第二次世界大战后成长起来的第二代现代中国文学的研究者,竹内实在现代中国研究领域成绩斐然。在日本学术界,竹内实被称为"现代中国研究第一人",是战后日本中国研究领域的开创者和泰斗。在中国学术界,竹内实也为大家所熟知,正如程麻所说:"在中国的学术界,如果是研究中国现代文学与鲁迅的学者,或者是毛泽东生平、思想和诗词的研究者,即使不怎么懂得日本语的,若说起日本的中国研究家竹内实先生,大家都不会感到怎么陌生。"①在日本,竹内实目前是日本京都地区最著名的中国研究学者之一。正如他的名字一样,他治学实在、严谨,尊重史实,追求文学的真实性,在研究中努力呈现出最真实的中国。他也始终以推动中日两国人民在真正相互理解的基础上友好往来为己任,并为之四处奔波。

因为在中国出生、长大,竹内实具有浓烈的中国情结,他对中国的依恋是与生俱来的,"称得上中国人的'半个乡

---

① 程麻:《愿更多的中国人认识竹内实先生》,《作家》,1998年第8期。

亲'——一位在中国出生并度过了青少年时代，终生在内心深处依恋着中国的日本人"①。他在《我的故乡在中国》中说道："拉依夏瓦在其自传里曾说：'我是在日本出生、长大的。'如果模仿他的说法，我则可以说：'我是在中国出生、长大的。'"② 也正如竹内实自己所说："我时常想起幼年时代，有时候深深地觉得我是中国的农民。"③ 在竹内实看来，中国就是他的故乡。竹内实在中国山东的张店出生，后来随母亲搬到东北长春，一直到19岁，竹内实才回到日本。就算是回到日本，他仍然认为"当时对我来说，日本是外国，从来没有想过要长久居住下来"④。然而因为战争，他再也没能回到中国。

竹内实的整个童年及少年时期都是在中国度过的，并且应该算是度过了一个比较愉快的童年。那里有母亲和弟弟，有教《急就篇》的中国语老师，有好吃的肉肠，还有那热烘烘的肉包子……儿时在山东的一切都那么美好，深深地烙在了竹内实的心底，让他一生都不能忘怀。

童年记忆对一个人的影响是很深刻的，有可能影响一个人的一生。正如林语堂所说："在造成今日的我之各种感梁力中，要以我在童年和家庭所身受者为最大。我对于人生、文学与平民的观念，皆在此时期得受最深刻的感染。"⑤ 在儿童心理学

---

① 程麻：《愿更多的中国人认识竹内实先生》，《作家》，1998年8期。
② ［日］竹内实：《竹内实文集》第一卷《回忆与思考》，程麻译，北京：中国文联出版社，2002年，第22页。
③ ［日］马场公彦：《战后日本人的中国观》（下册），苑崇利等译，北京：社会科学文献出版社，2015年，第487页。
④ ［日］竹内实：《竹内实文集》第一卷《回忆与思考》，程麻译，北京：中国文联出版社，2002年，第46页
⑤ 林语堂：《林语堂自传》，西安：陕西师范大学出版社，2005年，第6页。

看来，儿童时期那些"最先进入的深刻的印象必将深附着并化合到思维结构和方式中。在以后的过程会顽强地复现。而且即使受到现实严酷环境的制约以致长期沉睡着，只要理性自我稍微一放松或外部某种可能性的契合一出现，这种定势仍会顽强地复现出来"①。童年时期的经历与体验已经沉淀到了竹内实的生命里，通过生理、心理的储存，在中国生活的那段日子成为他最富有感情色彩的记忆，影响并决定了他今后一生的选择。

回到日本的竹内实，"犹如来到外国一般地难以融入。对我来说，中国是自己怀念的故乡"②。因此中国的张店一直都被竹内实看作是"第一故乡"，中国风土人情的熏陶于他而言刻骨铭心。他的普通话说得非常地道，这使他回到日本后就一直因为出生在"外地"③ 而被另眼相待。刚回到日本的竹内实觉得"自己竟是一个划归不到日本任何都道府县去的人"④，"觉得颠来倒去光说日本语，有时会觉得无聊"，回到日本的竹内实感到很难融入日本社会，中国山东那片自己出生长大的地方才是自己的故乡，可是令其痛苦的是中国已经变得遥不可及。因为难以融入日本的生活，童年时期的美好记忆会时时复现，竹内实已然把自己当成了中国人，虽然离开了中国，却总

---

① 姚全兴：《作家、艺术家童年记忆的启示》，《美与时代》，2007 年第 6 期。
② ［日］竹内实：《竹内实文集》第一卷《回忆与思考》，程麻译，北京：中国文联出版社，2002 年，第 20 页。
③ 竹内实 1923 年出生于中国山东，在国外的日本人曾称日本为"内地"，所以竹内实就自称出生在"外地"。参考［日］竹内实：《竹内实文集》第一卷《回忆与思考》，程麻译，北京：中国文联出版社，2002 年，第 56 页。
④ ［日］竹内实：《竹内实文集》第一卷《回忆与思考》，程麻译，北京：中国文联出版社，2002 年，第 35 页。

也忘不了在山东的那段生活。"自己曾经暗暗想过,最好什么时候能够再生活在山东。但由于日本战败,我不得不打消那种念头。"①

因为回不了中国,因为童年的美好记忆,对中国的怀念之情便化为了无尽的乡愁。正如竹内实 2010 年在北京举行的"战后日本对中国的理解与竹内实"的国际研讨会时的发言:"我写这些文章的动机是什么呢?那就是想家。"② 竹内实把他对中国的所有情愫都凝聚到了"想家"这个具有中国人情味的词语上,直白而亲切,表明了竹内实一直都牵挂着中国这一方土地,也注定了他无法将他的个人命运与中国割裂开来——他一生都在做着与中国相关的工作。"我认为,中国山东省是我的老家,是第一故乡(不是第二故乡)。"③ 在竹内实看来,中国山东就是他的第一故乡,无论何时何地,故乡都是人们心头永远的牵绊。"乡愁"是一种因对故乡的思念、遥望却又难以亲近的心灵磨难,人们一旦有可能、有机会回归到那日夜思念的故土,这种愁苦的思绪便可以得到慰藉甚至消解。然而因为战争的原因,回到日本的竹内实再难回到他所思念的那片土地,思乡的愁绪一直伴随着他。既然已经回不去了,那只有通过其他方式来消解乡愁,对于竹内实而言,那就是研究中国。

"或许是那种对于中国的眷恋,一种望乡的情愁,牵引我

---

① [日]竹内实:《竹内实文集》第一卷《回忆与思考》,程麻译,北京:中国文联出版社,2002 年,《前言》第 3 页。
② 程麻:《竹内实传》,北京:中国社会科学出版社,2015 年,第 222 页。
③ 程麻:《竹内实传》,北京:中国社会科学出版社,2015 年,第 222 页。

从事中国的研究。确切地说,除了研究中国自己已无出路。"①显然,对竹内实来说,研究中国的内在与根本动力,是对"乡愁"的慰藉,而并不是一种谋生的手段,心系中国文化是竹内实宿命般的身心依赖,"竹内实情愿并满足随心所欲地回味内心对那些栩栩如生的有关中国风土人情的记忆,甘心撰写自己眼里的普通中国人情调"②。竹内实也曾在不同场合多次倾诉过个人的生活道路、人生理想与出生在中国的内在渊源。研究中国成为竹内实填平乡愁的一种方式、一种出路。在《回忆与思考》的《作者前言》中,竹内实说道:"从此以后,中国离我变得遥远了。可自己觉得,即使能有一条哪怕是细微的线索将我与中国联系在一起也好。因此我选择了研究中国。这便是所谓的'思乡'之情。"③"为了填平无尽的乡愁,我渴读有关中国的书籍,撰写有关中国的论文。"④ 到了后来,"在新中国成立以后,我承认了中国属于外国",但"我心里一直对中国有怀念的感情"⑤。从此,竹内实对中国的情愫又多了一种复杂性,既饱含了浓郁的思乡之情,又有一种深深的怀念之情。就是在这种情愫之下,他开始了对中国的研究,他的研究目标主要是中国文学。最开始竹内实"自己也不知道中文究竟能通

---

① [日] 竹内实:《解剖中国的思想——传统与现代》,郭兴工等译,台北:前卫出版社,1996年,《序》。
② 程麻:《竹内实传》,北京:中国社会科学出版社,2015年,第229页。
③ [日] 竹内实:《竹内实文集》第一卷《回忆与思考》,程麻译,北京:中国文联出版社,2002年,《前言》第3页。
④ [日] 竹内实:《竹内实文集》第一卷《回忆与思考》,程麻译,北京:中国文联出版社,2002年,第20页。
⑤ 程麻:《竹内实传》,北京:中国社会科学出版社,2015年,第222页。

向什么样的世界,只是觉得颠来倒去光说日本语,有时候会觉得无聊。因此,在放学之后,我便钻进'新京神社'对面那座唯一的图书馆里。这大约是当时并不了解另外一个世界的我的一种幼稚的反抗"①。正如藤井省三所说:"日本人看'文革'以前的电影,主要是为了借助电影来了解中国,希望看看中国什么样的,所以即使不太期望电影本身的艺术水平,但我们也还是比较喜欢看,主要是为了了解。"② 当时的竹内实更迫切地希望了解关于中国的一切,他选择了从字里行间去了解他所不了解的"另外一个世界",这个"另外一个世界"应该就是指的中国。

"一个偶然的机会我弄到了一批《人民文学》杂志,从那里读到了充满新鲜气息的延安时期的解放区文学,我所不了解的另一个中国兀然出现在我的眼前,强烈地震撼了我。大概在1952年左右我按期看到了《人民文学》和《文艺报》。知道吗?甚至《文艺报》在创刊号以前还有试刊,我也弄到手了。根据这些资料我开始了对新中国文学的研究,包括上溯到'五四'时期的中国文学。"③ "我变得'左倾',开始读北京的《人民文学》,并决定从事与现代中国相关的研究。"④ 当时在日本国内,由于政治、传播途径等原因,竹内实不可能直接获得完全准确的关于中国的信息,显然竹内实在日本国内,从平

---

① [日]竹内实:《竹内实文集》第一卷《回忆与思考》,程麻译,北京:中国文联出版社,2002年,第46页。
② [日]藤井省三口述:《经由文学理解现代中国——藤井省三教授访谈》,贺昌盛整理,《扬子江评论》2015年第3期。
③ [日]竹内实:《世界最想了解的是活生生的中国人》,《对外大传播》,1996年第5期。
④ [日]马场公彦:《战后日本人的中国观》(下册),苑崇利等译,北京:社会科学文献出版社,2015年,第478页。

日里的书籍、报纸、杂志上看到、了解的中国与《人民文学》《文艺报》上所呈现出来的中国不同。他开始研究中国及中国文学,《人民文学》《文艺报》等这些直接来自中国的杂志、报纸成了他研究的直接资料,在文学的蛛丝马迹中他可以找到他想了解的真实中国。就这样,偶然的机会让竹内实找到了靠近中国的方式,这看似偶然实则必然——对中国的思乡之情一直都是那么真切。竹内实运用他所能找到的一切与中国相关的资料,开始了他对中国、中国文学的研究之路。"由于热心于中国的事情,每当看到相关的图书目录便去买。"① "当《人民文学》每期一到,即使是踏着薄冰,我也要去买。"② 对中国的阅读已经成为竹内实的一种习惯,一种需要;对中国的研究,成了竹内实排解乡愁的一种方式;对中国文学的研究则成了竹内实瞭望中国、接近现实中国、了解真实中国的一条线索、一种新思路。

后来竹内实进入京都大学文学系学习中国文学。因为给冰心当过翻译,冰心对他的关心及冰心的行动对当时的竹内实产生了很大的影响。大学期间,他又被教导说:"中国文学是人类的遗产。"③ 毕业后,竹内实进入东京大学研究生院专门学习中国现代文学,师从在日本首次将鲁迅的《呐喊》作为课堂讨论课文的仓石武四郎教授,开启了他走向中国研究专家的前进之旅。竹内实对中国文学的研究,并不是依靠空口的辩驳,

---

① [日] 竹内实:《竹内实文集》第一卷《回忆与思考》,程麻译,北京:中国文联出版社,2002年,第92页。
② [日] 竹内实:《竹内实文集》第一卷《回忆与思考》,程麻译,北京:中国文联出版社,2002年,第82页。
③ [日] 马场公彦:《战后日本人的中国观》(下册),苑崇利等译,北京:社会科学文献出版社,2015年,第478页。

而是尽量地多向日本舆论界、日本国内介绍与翻译中国的文学作品,迅速、如实地转述中国民众的新风貌。基于这样的想法,竹内实还在东京大学读研究班的时候就开始看翻译、介绍中国的文章,他在研究生院学习期间同时进入中国研究所进行研究工作。中国研究所是日本当时唯一一所研究中国的民间机构,其宗旨是真实、全面地把握中国真相,促进日中关系发展,推动日中贸易,检讨日本以往的中国研究等,带有传统色彩。"'中国研究所'这一名称看似简单明了,但当初成立时在日本的中国研究界却非同凡响。那是一群旨在开创与日本传统汉文、汉学、支那学以及东洋学等学术流派不同的研究中国新思路、新格局的学者,试图以当代中国的政治、社会、经济、人文诸问题为对象研究,筚路蓝缕地推动并形成名副其实的'现代中国研究'。"① 中国研究所侧重的新中国现状的研究正好与竹内实的研究旨趣相吻合。

日本舆论界自战败后特别关注与热衷于对中国的政治、经济变革的报道,日本国民也迫切希望了解与新中国相关的一切。人们或以采访、体验,或凭资料、文章,描述各自对中国的印象与看法,内容有中国革命历史、建设成就、抗美援朝和中苏友好等动态,其中既有真正看到的中国,也有听说或想象的中国。尤其突出的是,这种关注中国的热情,实质上变成了日本民众反对美国军队占领、争取民主化政治的观念素材和情绪的动力。竹内实的中国研究便裹挟在这样的日本社会热切了解中国的潮流中。进入中国研究所后,他陆续发表了大量的与现代中国相关的译文与评论文章。1953 年 3 月 21 日,竹内实

---

① 程麻:《竹内实传》,北京:中国社会科学出版社,2015 年,第 70 页。

在《经济评论》第 2 卷 3 号上发表《中国的土地改革和工业》（合著），1956 年 11 月在《中央公论》上发表文章《中国政治的现实主义和文学的现实主义——围绕对萧军的批判》，后来他还关注过日本文学中是怎样描写中国的（与此相关的文章《昭和文学中的中国形象》发表在《中国研究月报》第 106 号上）。

　　竹内实的视线从未离开过中国这个"舞台"，他一直以中国为傲，因为"中国无疑创造了最早的人类文明"[①]。日本战败后，竹内实又开启了对现代中国的研究。

　　1960 年，竹内实曾随野间宏一行到中国访问，还受到毛泽东的接见。这次与毛泽东的见面，对竹内实来说影响应该是极其深远的，开启了他的毛泽东研究之路。竹内实还在东京都立大学任过教，历任京都大学人文科学研究所所长与教授、日本学中心主任与教授、立命馆大学国际关系学系教授与关西大学、松阪大学以及中国的杭州大学、西北大学、厦门大学等各个大学的客座教授。竹内实还获得过"福冈亚洲文华奖"的学术研究奖，这是对他研究成果的极大肯定。竹内实一直都在做着与中国相关的研究工作，直到 2013 年 7 月 30 日在京都逝世，享年 90 岁。当年 8 月 1 日，日本的《朝日新闻》《读卖新闻》《产经新闻》等各大报纸都以"中国研究的第一人——竹内实先生去世"为题，报道了竹内实先生离世的消息，足见其中国研究在日本的影响力。

　　只要是与中国相关的研究，竹内实都很感兴趣。竹内实的论述涉及中国的历史、政治、经济、文化，还有中日关系，甚

---

① ［日］竹内实：《竹内实文集》第一卷《回忆与思考》，程麻译，北京：中国文联出版社，2002 年，第 67 页。

至包括中国的风土人情等各个领域。在对中国文学的研究方面，竹内实也有自己独到的论述。他希望通过文学来了解中国，通过对中国文学的阅读了解现实中的中国。"阅读解放区的文学作品，是为了了解中国革命和新中国。"① 对文学作品的阅读，是竹内实了解中国的一种重要方式。他从未停止过对中国文学的阅读，也从未停止过对中国文学的研究。

竹内实以此来靠近中国，并且取得了不错的成绩，正如其挚友佛教大学的名誉教授吉田高夫在悼念他时所说："在中国文学、历史等各个领域的专家很多，可是竹内在现代中国研究的总体上是一个像全能选手一样的研究者。研究的基础就是在中国生中国长大的经历，有汉语的语言能力，对这位讲座名家，我们想表达一下怀念之情，他的逝世让人寂寞，但无遗憾。"②

竹内实先生走了，他在中国研究方面留下了累累硕果。借用程麻教授的话说："可以走了。"确实，竹内实先生可以安心地"走了"，"他从小体衰多病，如今能年过九旬，称得上意外长寿，可以心满意足地走了；再是终生笔耕不辍，给日中两国民众和学术界留下的著述已不算少，也可以心安理得地走；或者还有最终会见的朋友竟是魂牵梦绕的中国人，称得上如愿以偿之类意思。总之，他仿佛身后已没有什么未尽的憾事，足以放心地离开这个世界了"③。

竹内实的一生都是与中国、中国文化、中国文学研究联系

---

① ［日］竹内实：《竹内实文集》第一卷《回忆与思考》，程麻译，北京：中国文联出版社，2002年，第77页。
② 《朝日新闻》，2013年8月1日。
③ 程麻：《竹内实："可以走了"——一位中国学者的哀思和纪念》，《中华读书报》，2013年9月4日。

在一起的，他选择了研究中国这条路，在这条路上一直前行，正如他说："开辟了中国现代文学的鲁迅曾经说，路首先意味着是人们走出来的。可是，人们如果不再走它，那路也许就会消失的。况且，还有人尽管也走路，却并不介意怎么样去走，或者是此路是否可以走得通之类。"① 或许竹内实在选择走研究现代中国、中国现代文学还有鲁迅文学，以及研究其他一切与中国相关的事物这条道路时，从未想过该怎么走，或者能否走得通，只是凭着他对"故乡"中国的一腔眷念之情，只因为做一切与中国相关的研究可以让他觉得"在执笔当中……在好些地方涌生出与中国的天空融合为一的那种神秘之感"②。竹内实进行中国研究，进行鲁迅研究，就是希望能和中国联系在一起，能离中国更近些。他也希望能将真实的中国传递出去，传递到日本，传递到世界的各个角落。

## 第二节 "竹内中国学"

竹内实先生在第二次世界大战后全力投身于现代中国研究中，在中国从混乱、衰败、屈辱转向统一、复兴、自信的历史进程中，他自始至终都站在东海岸的"观众席"上，翘首观赏着对岸舞台上演出的"时代大戏"③。竹内实以他对中国社会、

---

① ［日］竹内实：《竹内实文集》第一卷《回忆与思考》，程麻译，北京：中国文联出版社，2002年，第43页。
② ［日］竹内实：《竹内实文集》第一卷《回忆与思考》，程麻译，北京：中国文联出版社，2002年，第20页。
③ 竹内实在《舞台和观众席》中说："中国比作面向东方展示的舞台，那么日本列岛可以视为观众席。"［日］竹内实：《竹内实文集》第一卷《回忆与思考》，程麻译，北京：中国文联出版社，2002年，第441页。

文化的独特感受与理解,始终引领着日本民众甚至学术界关注中国的步伐,调整看待中国的视角,特别是在对时局动向的解释和展望上不同凡响。当日本人面对新中国前十几年的欣欣向荣景象不自觉地戴上"玫瑰色"眼镜时,他察觉到了中国"思想斗争"的苗头;当"文化大革命"博得众多日本文化人和学生喝彩时,他则不怕孤立驳斥毛泽东的某些号召;当改革开放引发日本某些"洁癖"人士的种种质疑时,他力倡"博杂"比"纯粹"的生机更可贵。中华人民共和国成立不久,在日本就可以不断看到赞扬新中国的发言和文章。可是"我觉得,这些发言和文章有的与实情似乎不太符合,于是,自己便想谈一谈以前的日本人曾经是怎样看待中国的"。"观察中国,然后把中国想象成什么样子,那未必就是真的中国。为了把这种想象的东西与实际的中国相区别,我把它们称之为'中国形象'。""以前曾有过'中国观'的用语。而'中国形象'这种说法,从来没有被使用过,这是我创造出来的。"① 竹内实观察中国,但并不把中国想象成某个样子,为此他还创造了"中国形象"这个词语。竹内实注重文化的传承,注重思想的根源,也注重风土人情的影响。"在这个模糊不清的领域中,就像寻找杂草丛生掩盖了的小道,或是像拨开杂草前进一样,一点一点地探寻前进。"② 从中国的思想本源开始追根溯源,结合中国的具体风土人情,竹内实特别重视各地的地理风貌、文化传统对当地人们的影响,《中国汉诗纪行纪》《中国历史之旅》《中国之世界 人·风土·近代》等多部作品都体现出地理对当地人们

---

① [日]竹内实:《竹内实文集》第五卷《日中关系研究》,程麻译,北京:中国文联出版社,2004年,《前言》第 2 页。
② [日]竹内实:《解剖中国的思想——传统与现代》,郭兴工等译,台北:前卫出版社,1996 年,第 2 页。

生活、性格极其文学等的影响。

因为中日两国传统文化根源的差异，虽同处东亚，但中日两国人民的性格却相差很大。因此竹内实特别看重文化的根源、风土人情等情况，提倡全方位研究中国，以无限接近真实的中国。竹内实研究中国现代文学，通过中国现代文学靠近真实的中国，了解现实的中国，他也想改变一些日本人想象中的中国形象，他曾在《昭和文学作品里的中国形象》中表明："我则主旨在考察日本人心目里的'中国形象'与实际的中国的错位，想通过分析这种错位，使日本与中国之间构筑起正确的关系。"① "儿童时代对中国北方乡镇平民生活耳濡目染的体验，使竹内实审视中国的眼光与研究同战后那些带有学院风格的日本学者有很大区别。他曾在感觉最敏锐、记忆难以磨灭的儿童时代全身心地感受过中国，而非仅仅从书本上去理解中国。"② 竹内实希望通过对现代中国文学的研究，呈现真实的中国，让日本人了解真实的中国，从而认知真实的中国。

从踏上现代中国研究这条道路起，竹内实的视线就没脱离过中国以及与中国相关的一切。对于中国的看法，或许是竹内实作为"外乡人"的原因，他不属于任何团体、组织，所以他所写的文字，不受任何组织、任何政治等因素的干预。在日本学术界有一种"师承""结社"之类的人际关系传统，"新米"要进入学术领域，一般都会追随一两位比较有名的"先辈"，成为某些"小圈子"的成员，如果不这样便会成为"圈外"人。或许是竹内实出生于"外地"的原因，他总觉得自己与有

---

① ［日］竹内实：《竹内实文集》第五卷《日中关系研究》，程麻译，北京：中国文联出版社，2004年，《前言》第3页。
② 程麻：《竹内实传》，北京：中国社会科学出版社，2015年，第315页。

这种传统的"潜规则"的日本社会有些格格不入,不愿意成为那样的人,一直在尝试开辟另一条关注、研究新中国的全新思路。正如他自己所说:"我没有什么所谓'背景'。我是根据自己的看法写文章,并不是按照什么团体、组织的指示去写作。"[1] 因此,竹内实笔下的中国相对来说比较具有客观性,他写的都是自己真实的中国印象。

他不会随波逐流,不人云亦云,不从想象中去认知中国,而是通过大量的文学作品来阅读中国、了解中国,以接近最真实的中国,为日本国人呈现出最接近真实的中国形象。竹内实在由程麻翻译的《竹内实文集》的《中国现代文学评论》的作者前言中说道:"文学称得上是社会的镜子。""文学是描写生活风俗,但也可以作为了解社会实际情况的材料。"[2] "文学要求准确的描写,因此要有敏锐的感觉。中国的散文与日本不一样,没有像余裕那样暧昧的情绪。"[3]因此文学并不纯属虚构,文学也是现实的呈现,也有对现实的准确描写,因此他把"文学作品作为资料,来借以了解中国社会"[4]。"那时,我们主要通过'人民文艺丛书'和《人民文学》来接触作品","作品中也反映了我们与中国之间还没有邦交这一事实,但它使我们感觉到中国就在我们身边,所以与其说读文学作品倒不如说是在

---

[1] 程麻:《竹内实传》,北京:中国社会科学出版社,2015年,第222页。

[2] [日]竹内实:《竹内实文集》第二卷《中国现代文学评论》,程麻译,北京:中国文联出版社,2002年,《前言》第3页。

[3] [日]竹内实:《竹内实文集》第一卷《回忆与思考》,程麻译,北京:中国文联出版社,2002年,第68页。

[4] [日]竹内实:《竹内实文集》第二卷《中国现代文学评论》,程麻译,北京:中国文联出版社,2002年,《前言》第3页。

读活生生的事实"①。竹内实一直关注着中国文坛发生的一切，视线从未脱离过中国文学，"人民文艺丛书"、《人民文学》等文学作品就是他的瞭望窗口。通过文学作品他可以了解到他远离的中国国内发生的事情，让他感觉到自己与中国在一起，这样也能让他那浓厚的"乡愁"得到一定的慰藉。他一直执着于对现代中国和中国现代文学的研究，并取得了为学术界所认可的成绩。

竹内实一生介绍与研究中国的著述字数惊人，在第二次世界大战后的日本舆论界、学术界都首屈一指。一直向国内翻译与介绍竹内实学术研究成果的程麻教授说："据至今仍不完全的统计，竹内实一生共出版关于中国的论著、译著约50种上下，几乎每月都在报刊上刊登三四篇文章，总数超过千篇以上。我编译的十卷中文本《竹内实文集》共300万字，仅约占其全部著述字数的三分之一。"② 程麻指出："竹内实先生在战后全力开创与投身的'竹内中国学'即日本现代中国研究。"③ 还指出："'竹内中国学'有两个突出特点，一是他对现代中国不仅怀有跟踪报道的新闻热情，重要的是结合中国传统，使现代中国在日本开始成为一门独立的学科；二是除了借助于文献思考之外，更热衷亲自观察和亲身体验当今中国，一生为促进日中友好，在两国之间奔波且乐此不疲。"④ "竹内中国学"既

---

① ［日］竹内实：《延安也是故乡——初读"人民文艺丛书"的时候》，《延安文艺研究》，1984年，创刊号。
② 程麻：《竹内实："可以走了"——一位中国学者的哀思和纪念》，《中华读书报》，2013年9月4日。
③ 程麻：《竹内实："可以走了"——一位中国学者的哀思和纪念》，《中华读书报》，2013年9月4日。
④ 程麻：《竹内实："可以走了"——一位中国学者的哀思和纪念》，《中华读书报》，2013年9月4日。

包含了竹内实在中国研究方面取得的卓越成绩，也包含了他一直对中国的关注并为此而付出的艰辛努力，还体现了他一直不人云亦云，寻求独特的中国观的学术态度。竹内实的这些成绩，渐渐改变了日本乃至各国人民对中国的不屑、怀疑还有偏见，让世界对中国复兴的必然趋势逐渐变得心平气和、包容，到后来变为欣赏。因此当"翻看译为中文的 10 卷《竹内实文集》，不难理解与尊重作者生前曾对中国驻日本外交人员坦诚而又幽默的表态：他们并非'中国共产党京都支部'，而是中国人的'乡亲'和'诤友'"。①

竹内实把他的研究现代中国的视角用"舞台与观众席"来表示，"要是将中国比作面向东方展示的舞台，那么，日本列岛可以被视为观众席。而位于这二者之间的海洋，像是贵宾席和乐池"②。竹内实在研究中尽量把自己置于"观众席"的位置，一直远望着在中国舞台上上演的一幕幕戏。当然，观众有时候也会不甘心只是当个看客，还想参与到剧情里去。竹内实在现代中国的历史进程中也并不只是一个看客，他也曾奔波于两国之间，为中日两国的友好交流事业而努力。但在对现代中国进行研究的过程中，他一直都静静地在看台上，注视着中国的历史舞台上上演的一切，然后客观实际地做出自己的评价。

竹内实的研究方法是"让事实说话"，他将实证主义与宏观理论相结合，查阅各种文献、史料，战后无数次奔走于中国各地。"历来的学说如何论述中国的种种，并不重要。而自己如何看待中国，透过各种资料的描述，厘清那些模糊点，并加

---

① 程麻：《竹内实："可以走了"——一位中国学者的哀思和纪念》，《中华读书报》，2013 年 9 月 4 日。
② [日]竹内实：《竹内实文集》第一卷《回忆与思考》，程麻译，北京：中国文联出版社，2002 年，第 441 页。

以援引，使自己的思想得以明确下来，这才是最重要的。"①竹内实通过自己的调查研究使自己的思想明确。正如司马长风在评论竹内实介绍中国风土人情的《茶馆》一书时所说："作者是脚踏实地同情了解中国的日本人。这里没有廉价的同文同种的友善表示（日本右派人士的惯常态度），也没有马列主义的偏见与和曲解（日本左派人士的'常见立场'），更没有明治维新以来狭隘民族主义者的一贯对中国人的轻蔑。表面看来只是客观求解的学术态度，但在活泼风趣的对谈之间、笔和纸之外，在沉默的执笔者内心，则充满亲切的同情和友谊，以及知见的喜悦。"②竹内实在对现代中国研究的过程中力求以客观、公正的立场看待与评价与中国相关的事物，不盲目崇拜，也不受世风左右而轻易褒贬，就算在中国发生"文化大革命"的时候，竹内实也没有如当时众多的日本文化人那样跟风呐喊，而是以低调冷静的态度密切关注中国社会的种种走向，及时跟踪发表了许多如今读来仍相当中肯与令人信服的评论。

在研究中，竹内实为自己确定了三个"原则"："（1）进行书桌上的研究。（2）以自己心目里的中国为对象。（3）有中国人的地方才有中国。"③"进行书桌上的研究"，就是以史料为证，让文献说话，不主观枉自评说；"以自己心目里的中国为对象"，就是坚持遵从自己内心最真实的想法，不跟风，不人云亦云；"有中国人的地方才有中国"，就是竹内实以中国人为

---

① ［日］竹内实：《竹内实文集》第一卷《回忆与思考》，程麻译，北京：中国文联出版社，2002年，第20页。
② 程麻：《竹内实传》，北京：中国社会科学出版社，2015年，第317页。
③ ［日］竹内实：《竹内实文集》第一卷《回忆与思考》，程麻译，北京：中国文联出版社，2002年，第148页。

主要研究对象，以人为本，从人性出发，通过对中国人的研究，最终了解中国，接近、认识真实的中国。竹内实在他的中国研究中一直恪守着自己确定的三个原则，他关于中国的研究从未停止，直到生命的最后。竹内实自始至终都恪守着自己的研究原则，只写自己眼里看到的中国，并尽量地"让事实说话"，实事求是地呈现中国的一切。这种视角与学术风格，在当时的日本显得与众不同。自明治时代开始，日本对中国的认识，主要是通过经院式的研究。竹内实在战后中国研究领域却有着与众不同的风格，打破了那种一统天下的陈旧模式。竹内实一直保持非经院式学者身份和非专业论文的文体，小而言之可作为日本战后中国研究随时反思得失的一面镜子，大而言之则可供各国中国研究的学者们借鉴与参考，推动世界的中国研究，使之更加丰富多彩、生机勃勃。竹内实一生都在以自己的方式为中国研究事业而奉献，为中日友好交流事业而努力。

# 第三章

## 竹内实的鲁迅研究

鲁迅是人不是神。

——竹内实

正是因为诸位把鲁迅当作神一样看待，鲁迅才是人类。

——内山完造

## 第三章　竹内实的鲁迅研究

在中国现代文学史上，鲁迅是一座不可逾越的高峰。"周树人，则是众所周知的鲁迅——中国现代文学的先驱者，并在晚年指导了左翼文学运动。"① "中国现代文学的开拓者鲁迅，以其代表作《阿Q正传》广泛闻名于世界。尽管除他之外的优秀者也不少，但若是谈论中国现代文学，则必须首先提到他的名字。"②对于鲁迅在中国现代文学史上的地位，竹内实给予了充分的肯定。对于鲁迅的研究，日本学者的贡献是卓越的，他们的研究成果数量繁多，视角多种多样，涉及范围广泛，研究各具特色，但总体上说都比较重史料研究而轻思辨。竹内好、增田涉、丸山升、伊藤虎丸、山田敬三等日本学者在中国文学研究特别是鲁迅研究方面都取得了斐然成绩。竹内实摆脱以往鲁迅研究的桎梏，用自己独特的视角，提出了不一样的观点，并坚持了自己的方法与原则，在鲁迅研究上取得了一定的成绩。

竹内实渴求了解现代中国，所以他选择了研究现代中国。他居于"观众席"的日本，想要了解、研究"舞台"上的现代

---

① ［日］竹内实：《竹内实文集》第一卷《回忆与思考》，程麻译，北京：中国文联出版社，2002年，第364页。
② ［日］竹内实：《竹内实文集》第二卷《中国现代文学评说》，程麻译，北京：中国文联出版社，2002年，第268页。

中国发生的一切，他便选择了中国现代文学这个瞭望窗口。"竹内实着手研究中国现代文学的一个重点，是鲁迅及其作品。"① 要研究鲁迅及其作品必然离不开对鲁迅文学的阅读与研究，因为"文字是不朽的、永恒的，这信念成了中国文学的根基"②，这里的文字是指文章或作品。竹内实认为中国人之所以喜欢将文字刻在石碑和峭壁上，是认为石头比纸更适合留下实体的文字，刻石头的习惯越发显示文字实体的观念，相信刻在石头上的文字的不朽性与永久性。竹内实认为文字是永久的，"文章由内容决定它的不朽与永久"③，他还提出了"孔子认为文章不是创作出来的。当时的文章、文学就是学问和道德，在他们的想法里，必须是有用的"④。由此可见竹内实强调文章内容的重要性，因为文章的内容来源于社会，是对社会的反映，竹内实看到了文章或者文学的社会功用。当然，他也高度赞扬青木正儿提出的"注重作品与作家个性的关系"⑤，并且也看到近代以来"中国以学问为主，陶冶人格之处若不将学问表现在艺术上，学问就变得不珍贵了。……不可将其分离为单纯的艺术或单纯的学问，我想我们应该认识到学问与艺术

---

① ［日］竹内实：《竹内实文集》第二卷《中国现代文学评说》，程麻译，北京：中国文联出版社，2002年，第4页。
② ［日］竹内实：《解剖中国的思想——传统与现代》，郭兴工等译，台北：前卫出版社，1996年，第140页。
③ ［日］竹内实：《解剖中国的思想——传统与现代》，郭兴工等译，台北：前卫出版社，1996年，第140页。
④ ［日］竹内实：《解剖中国的思想——传统与现代》，郭兴工等译，台北：前卫出版社，1996年，第142页。
⑤ ［日］竹内实：《解剖中国的思想——传统与现代》，郭兴工等译，台北：前卫出版社，1996年，第145页。

有着重要的关系"①。强调作品的"实践者"这样的思想在中国由来已久。鲁迅提出"文章归文章,并没有价值",认为在文章与"现实"之间横有不可逾越的深渊,为了跨越这个深渊,应把文章与"现实"视为全人格的表现。事实上,鲁迅1927年曾在黄埔军官学校的讲演中表示,"革命者所写的东西就是革命文学"②,鲁迅也批判过"文章=事实"③ 这一观点。因此"将文章与'实行'分离开来,可以说正确,也可以说不正确。正确之处,是想抓住文章成立之根据,与'实行'世界无关。不妥之处,是企图从'实行'世界挖掘出最终价值及其真实。鲁迅认为中国的文章思想,于提高正统的纯度同时,应根据根本性的批判,以构筑创造的新可能性"④。虽然不能说"文章=事实",但毕竟文章反映作家的个性,是现实的反映,有时文章也就是现实。中国的文章思想也是随时代在不断演变的,但无论在哪个时代对文章或者文章思想的研究都是可以成为对时代、作家了解的一种方式。因为"文章的社会性与实用性,是文章的社会作用创造出来的。'文章是实体',与构成'实在'与'超越'一环的中国思想一致。文章的买卖行为,若从'文章就是实体'本身这一观点来审视的话,也并不为奇。就如同我们从 A 地到 B 地,乘公共汽车和电车需要付款一样,付款的代价并不是获得'物',而是我们达到了'交通'

---

① [日]竹内实:《解剖中国的思想——传统与现代》,郭兴工等译,台北:前卫出版社,1996年,第148页。
② [日]竹内实:《解剖中国的思想——传统与现代》,郭兴工等译,台北:前卫出版社,1996年,第151页。
③ [日]竹内实:《解剖中国的思想——传统与现代》,郭兴工等译,台北:前卫出版社,1996年,第154页。
④ [日]竹内实:《解剖中国的思想——传统与现代》,郭兴工等译,台北:前卫出版社,1996年,第15页。

目的。文章具有的社会作用就像'交通关系'一样,将'物'换成货币是中国人——不只限于中国人的天才所发明,将自己的作品出售的文人,并不像公共汽车、电车司机一样使人感到是理所当然的职业,而是被视为奇怪的事例。其实,我们应当了解文章是创造行为,同时也是归属作者的'物'"①。因此,鲁迅的文章是应归属于鲁迅的创造行为,竹内实通过对鲁迅及其文学作品的研究,可以在鲁迅的文学作品中看到中国的风土人情,可以了解与鲁迅同时代的中国人,也可以看到其背后的现实中国,了解在现实中国那片土地上的风起云涌与事态变迁,也可以通过鲁迅文学反观鲁迅其人。

鲁迅的文学作品对于研究鲁迅来说是极其重要的,然而竹内实的研究并没有局限于文字,他还无数次地到鲁迅的故乡绍兴实地走访。竹内实来到绍兴那片土地,结合风土人情,从对文化传统的承袭与影响上对鲁迅其人及其文学作品进行解读;也通过了解当时的时代背景来了解鲁迅;通过分析鲁迅周围的人与事,概述鲁迅生活中的点点滴滴——包括他的作为文学者"鲁迅"的文学生活与作为"周树人"的官员生活。这些融在一起就为我们呈现出了一个立体的鲁迅,一个鲜活的鲁迅,一个作为平常"人"而存在的鲁迅。在竹内实的所有鲁迅研究里,他一直以一个比较客观的视角进行论述,不加入自己的主观意识,尽量让客观事实说话。在竹内实的鲁迅研究中呈现的是一个比较客观鲜活的鲁迅形象。

---

① [日]竹内实:《解剖中国的思想——传统与现代》,郭兴工等译,台北:前卫出版社,1996年,第153页。

## 第一节 鲁迅是人不是神

"鲁迅"这两个字,在中国几乎童叟皆知,在 20 世纪的中国,他是最瞩目的文化巨人,在中国现代文学中,鲁迅如奇峰屹立,形成一座白话文的文学金字塔。① "是中国近代影响最大、无与伦比的文学家兼思想家。"②在中国的近现代文学史上,鲁迅就是一座山峰。在中国近代革命历程中,在多次的政治活动中,鲁迅被推上了"神坛"。

在当时的中国,老百姓更是像神一样对鲁迅顶礼膜拜,在中国,无论是在政坛还是文学界都为鲁迅建立起了"神坛"。"人一经为圣成神,固然相当了不起,显得'神圣'不可侵犯,不过同时也就与人拉开了距离,成为离我们很远很远的可敬不可亲的他者。"③ "鲁迅头上的神圣光圈不被摘去,对鲁迅的重估就不可能真正去除阴云。"④ 作为"圣人"的鲁迅和作为"人"的鲁迅之间存在距离感,平常百姓只能仰视作为"圣人"的鲁迅。可是正如鲁迅自己在《呐喊自序》中所说的一样:"我决不是一个振臂一呼应者云集的英雄。"⑤ 因此必须摘掉鲁迅头上的"神圣"光圈,让他走下"圣坛",走回到"人间",

---

① 刘再复:《鲁迅论》,北京:中信出版社,2011 年,《代序》Ⅴ。
② 李泽厚:《略论鲁迅思想的发展》,《鲁迅研究年刊》,1979 年。
③ 高旭东:《跨文化视野中的鲁迅》,合肥:安徽大学出版社,2013 年,第 169 页。
④ 高旭东:《跨文化视野中的鲁迅》,合肥:安徽大学出版社,2013 年,第 170 页。
⑤ 鲁迅:《鲁迅全集》第一卷《呐喊》,北京:人民文学出版社,2005 年,第 439 页。

才能让人们认识真实的鲁迅。

  对于鲁迅,在当时的日本是如何评价的呢?正如日本学者山田敬三所说:"同一座山,因为观看者所处的位置不同,所看到的姿态也不一样,对鲁迅同一个人的评价,在中国和日本是有很大的不同的。"① 按理说,当时在中国和在日本对鲁迅应该会有不同的评价。然而在当时的日本,鲁迅作为一个外国作家,一直是被当作"国民作家"在对待,因此在很多作者、学者看来鲁迅就算不一定是"圣人",但肯定也是伟大的,在很多时候也有被神化、偶像化的倾向,代表着理想中的中国。用新岛淳良的话说:"对于我来说,当时的中国是什么?那是我的乌托邦!在将鲁迅与毛泽东结合起来的革命思想的指引下,将近十亿人民追求人类的未来社会,巨人一样迈开大步前行。那是我内心深处渴望的、存在于大地上的理想社会。"② 对年轻时的新岛们来说,鲁迅就是想象中国的存在。日本进步作家和新闻记者山上正义说:"鲁迅二十年来对中国文坛所作出的功绩,是不能简单地用泰斗等言词来加以论断的。他在具有特殊的发展形态、而今尚在发展中的中国当前文坛上,作出了极为特殊的功绩。"③ 佐藤春夫说过:"他的作品,的确具有很深的传统地位……经过不懈努力,终于成为中国近代文学之父,完全尽到了职责。他的成长,即使放在中华民国近代发展史上来看,也是非常伟大的。"他认为"鲁迅是中国最伟大的

---

  ① [日]山田敬三:《中国的鲁迅、日本的鲁迅》,《在"北京日本人学术交流会"上的讲话》,2009年5月。
  ② 董炳月:《鲁迅形影》,北京:生活·读书·新知三联书店,2015年,第208页。
  ③ 刘伟:《"日本视角"与中国现代文学研究》,北京:人民出版社,2011年,第46页。

小说家，全国左翼作家联盟的领袖"①。在日本，鲁迅成为中国现代文学偶像，代表着现代中国文学的存在。

　　竹内好在很早就提出过不要神化鲁迅，要将鲁迅还原为人。他说："中国文学只有不把鲁迅偶像化，破除对鲁迅的偶像化、自己否定鲁迅的象征，那么就必然能从鲁迅自身中产生无限的、崭新的自我。这是中国文学的命运，也是鲁迅给予中国文学的教训。"②竹内好认为中国文学只有不把鲁迅"神化""偶像化"，才能获得发展。虽然竹内好提出不要将鲁迅偶像化，反对"神化"鲁迅，可是在他的鲁迅研究的过程中却植入了很多自己的主观意识，认为"鲁迅的文学的根源，是可以称为'无'的某种东西"③，不认为鲁迅的文学是功利主义的，也不认为他的文学是为人生的、为民族的抑或是爱国的文学，鲁迅的文学是穿透一切而成立的。竹内好塑造的这样的文学者"鲁迅"，已经从其他一切俗世中剥离出来，是像"佛"一般的人。在日本，自竹内好以后的鲁迅研究，更是为了从政治与文学对立或扬弃的配景画面上来捕捉鲁迅，而忽略现代思想史舞台上的鲁迅作品的思想核心，给予鲁迅的都是盛赞，就算没有"神化"鲁迅，鲁迅也被金光闪闪的"佛衣"所包裹。

　　和在中国鲁迅被推为"圣人"，推上"神坛"相似，在日本也有偶像化鲁迅的现象，正如竹内实所说："鲁迅是在新中国成立前去世的，但在'文革'中及'文革'后的'批林批

---

　　①　刘伟：《"日本视角"与中国现代文学研究》，北京：人民出版社，2011年，第48页。
　　②　[日]竹内好：《鲁迅》，东京：未来社，2002年，第50页。
　　③　[日]竹内好：《鲁迅》，东京：未来社，2002年，第75页。

孔'运动里，他有些被神化了。这对鲁迅研究也有影响。"①这样"神化"鲁迅不仅影响中国国内的鲁迅研究，也会影响日本的鲁迅研究，还会影响日本当时对中国存在的想象。为了能更正确地认识、评价、研究鲁迅，竹内实明确指出："鲁迅是人不是神。"②

在对鲁迅及其作品的研究中，竹内实多次提出要剥离鲁迅的"神性"，还原其"人性"。可这在当时无论中国还是日本都是一片神化、偶像化鲁迅的声音中，无疑是一种异响，在当时有一定警醒世人的作用，提醒人们要从客观事实出发去正确认识鲁迅。

内山完造也说过："大家都觉得鲁迅是神，其实鲁迅就是一个人。"③ 在中国和日本都把鲁迅当神一样顶礼膜拜的当时，竹内实却根据自己获取的信息、资料，客观现实地提出了"鲁迅是人不是神"的说法。为了确认自己的观念与想法，他一次又一次往返于鲁迅的故乡绍兴，进入鲁迅生活的场域，通过了解那里的风土人情和传统文化，努力还原鲁迅的过去，分析鲁迅的家庭传统，从根本上去了解鲁迅作品与鲁迅其人。试图穿越到鲁迅生活的时代，通过了解当时的时代背景，更深层次地解读鲁迅，去解剖鲁迅与周围人的关系、日常生活琐碎、工作情况，以呈现一个立体的作为平常"人"的鲁迅。再进入鲁迅的文学，融入鲁迅的文学中，解读鲁迅文学，就是想获取一个作为"人"而存在的鲁迅，认识一个最真实的鲁迅。"影子你

---

① ［日］竹内实：《竹内实文集》第一卷《回忆与思考》，程麻译，北京：中国文联出版社，2002年，第269页。
② ［日］竹内实：《鲁迅远景》，东京：田畑书店，1978年，第8页。
③ ［日］竹内实：《鲁迅远景》，东京：田畑书店，1978年，第61页。

要知道,我一生下来,便想走进鲁迅所写的那种黑暗中。"①竹内实从一开始就想真正了解鲁迅,走进鲁迅的内心世界。因此竹内实认真仔细地阅读鲁迅的文学作品,慢慢地向鲁迅靠拢,走进鲁迅的世界。竹内实通过这些分析,看到了一个因袭了传统文化和风土人情的平常鲁迅,确实"鲁迅是人不是神",并且具有常人所拥有的特点:具有强烈的宗法思想——从大家族沿袭下来的家长制与越国这片土地熏陶而成的辛辣文笔;在认知上也存在缺点,不具有神的先知先觉,也并不是对任何事物都有正确的认知能力;在生活中、情愫上,还有文学作品中都完全呈现出作为一个"人"的特点。

## 第二节　有宗法思想的鲁迅

"鲁迅是人不是神",在竹内实的鲁迅研究中无处不传达着这样一个信息。竹内实细读鲁迅的文学作品,也无数次地往返于鲁迅的故乡——绍兴,走遍那里的每一寸土地,企图从那里找出鲁迅文学作品中出现的每一个主人翁的原型,找到作品中出现的每一条路、每一种食物或者每一个地方,找到作品中故事的来源。既然鲁迅是人不是神,那么他的文学创作中无论出现的是什么都会有来源,在他生活的空间里都会有痕迹。竹内实不断地在鲁迅作为"人"生活过的空间里进行着考证,不断寻找他文学的痕迹,在文学里寻求鲁迅作为一个平常人的特点与精神实质。

---

① ［日］竹内实:《竹内实文集》第二卷《中国现代文学评说》,程麻译,北京:中国文联出版社,2002年,第33页。

在竹内实看来，鲁迅有作为一个平常"人"的奋斗目标，具有平常人所应有的特征与特色。他一样受传统文化的影响，在一定程度上仍然逃脱不了封建宗法思想对作为"人"的他在思想上的桎梏。

"从左联到'国防文学'，还有在统一战线中，讨论了鲁迅在以什么为目标而战斗，那么算上今天讲的'鲁迅与国防文学'，总共有三回了，那么总体来看鲁迅这个人，有什么特色？有什么特征呢？"① 竹内实在《鲁迅远景》中对左联、统一战线，以及鲁迅与"国防文学"的论争等进行了一一论述，呈现了鲁迅是作为一个"人"而存在的。既然是"人"，鲁迅就具有一些作为"人"的特点。

竹内实认为作为"人"的鲁迅具有的第一个特点就是"家长制"："第一点就是鲁迅这个人有家长制的特点。""我想要说的是家长制，也可以说是长兄制。"② 鲁迅一直执新文化旗帜，在他的文学作品里一直都呼吁要推翻吃人的封建礼教，然而家长制影响已根深蒂固，浸渗到他的骨子里。

竹内实对鲁迅的家族传统及文化进行了考证。通过亲自跑到鲁迅生活的地方，通过切实体会，通过亲耳获取的各种信息，竹内实得出结论：鲁迅从小生活在一个传统的大家庭里，经历了家庭的兴衰嬗变，祖父被投狱后，鲁迅就担起了照顾家人的责任。16岁时，父亲去世，鲁迅更是担起了代理家长的责任。在后来的生活中，他一直照顾着弟弟周建人与周作人及其家人的生活，与周作人直到关系失和都一直住在一起。在竹内实看来，这样的家庭环境与传统制度所带来的影响深入了鲁

---

① ［日］竹内实：《鲁迅远景》，东京：田畑书店，1978年，第176页。
② ［日］竹内实：《鲁迅远景》，东京：田畑书店，1978年，第176页。

迅的骨髓，以致后来在他的生活与文学创作中无不透出这样的气息。因为他一直具有浓烈的"家长制"气息，所以他在外避难的时候也带着周建人一家，当他在北京为官了，需要买新房子时，也需要考虑母亲及兄弟一大家子，最后卖掉老宅，举家搬到了北京。还有他自己与朱安的婚姻也是一种封建家长制的呈现。他不爱朱安，却在母亲的包办下与之成了婚，后面的几十年里，朱安都只是伺候在他母亲身旁。

> 鲁迅比周作人也就是他下面这个弟弟长四岁，比建人长八岁。在这之前为了照顾他们，在一·二八事变的时候，外出避难都带着周建人的一家，作为一个年长八岁的哥哥，竟然要照顾弟弟的一大家子。①
>
> 鲁迅先生有家长作风，有兄长意识。他在一生中，矢志不渝地承担着自己认为属于家长或兄长责任范围之内的事情。有时并非是他的家属或亲戚本家，如果在他意识里，那事情是处于家长或兄长职责之内，他就会伸出手来帮忙，加以呵护。他的这种意识相当牢固，以至于自己竟做了这种意识的牺牲品。②

因为鲁迅的家族是个大家族，大家族就会长期有姑嫂婆媳等之间的争吵，从小在这种环境里长大的鲁迅就很容易与人树敌，以至于后来在文坛上到处都是论敌，与敌人论争，与学生、朋友论争，甚至也与自己论争，这也就导致了他的第二个特点：他喜欢与人论争，喜欢找人复仇。"鲁迅的另一个特色

---

① ［日］竹内实：《鲁迅远景》，东京：田畑书店，1978年，第176~177页。
② ［日］竹内实：《竹内实文集》第二卷《中国现代文学评说》，程麻译，北京：中国文联出版社，2002年，第367页。

就是复仇心理非常的强。"① 而且鲁迅犀利的笔法也是受这片土地的薰陶。

通过对鲁迅的出生地——绍兴的走访,竹内实知道绍兴这片土地以前就属于越国,越王勾践就住在绍兴附近,鲁迅从小就浸润在越王勾践卧薪尝胆的复仇故事里。"鲁迅从小就听着这些故事长大。在这片具有悠久历史的土地上,鲁迅作为一个平常的人具有复仇心理——说是复仇心理有点夸张——总之,在这片土地上连空气中都飘荡着传说,在中国有'九世复仇'一说,即使到了第九代都要报仇,指的就是越国这片土地的风貌。"② 竹内实知道鲁迅从小就深受传统文化的熏陶,越王勾践等的复仇故事当然会深深地烙在他的骨子里,这就养成了鲁迅爱与人论争的性格,这在他的文学中、生活里的都有呈现。鲁迅一生论争过的对象不仅仅有敌人,还有同伴、友人甚至同一阵营里的战友。在论争中,他把所有的人都作为对手。正如鲁迅自己所说:"墨写的谎说,决掩不住血写的事实。血债必须用同物偿还。拖欠得愈久,就要付更大的利息!"③正是这样的复仇观念熏陶出了鲁迅"这样的战士"。他毫不犹豫地"走进无物之阵",即使知道"这点头就是敌人的武器,是杀人不见血的武器,许多战士都在此灭亡",但他仍然"举起了投枪"④。在20世纪二三十年代的中国文坛,鲁迅一直在用他手中的笔与人论争,直到死,都没停止过。

---

① [日]竹内实:《鲁迅远景》,东京:田畑书店,1978年,第179页。
② [日]竹内实:《鲁迅远景》,东京:田畑书店,1978年,第180页。
③ 鲁迅:《鲁迅全集》第三卷《华盖集续编》,北京:人民文学出版社,2005年,第279页。
④ 鲁迅:《鲁迅全集》第二卷《野草》,北京:人民文学出版社,2005年,第219页。

"强烈的复仇观念,是鲁迅作品的特色之一。"① 鲁迅的小说《铸剑》的主人公眉间尺为了复仇砍掉了自己的头。竹内实认为"主人公眉间尺,就是周树人的另一面。他也曾憎恨亲戚里面的某个人。"鲁迅为了报仇,也经常手握短刀,因此"可以把《眉间尺》看作是一篇描写作者自己的故事的小说"②。竹内实还看到鲁迅通过文章向他人复仇这一特色。"鲁迅的笔法,是绍兴师爷的传统。""他出生的故乡——绍兴不仅仅产绍兴酒,还因产生了很多封建中国的高级官僚的人才而出名。所谓'人才'就是一种叫做'师爷'的秘书……以鲁迅的资质自然会从小受到浸润。"③ "绍兴位于古之越国。越国自古出名剑,远近驰名。剑与复仇,一向结为一体。"④ 竹内实看到鲁迅的辛辣笔法是受这片土地的熏陶。

正因为鲁迅是作为"人"而存在的,竹内实的研究一直把鲁迅置于风土人情中进行。20世纪六七十年代,因为政治等原因,有将近20年的时间,竹内实没能踏进中国,更没能亲访绍兴,但在《鲁迅远景》中,他仍然"通过书本来想象绍兴的样子,思索绍兴城内周家宅邸的模样,并根据想象,来尝试描绘周家的宅地图"⑤。在《鲁迅远景》中,竹内实用了30多页

---

① [日]竹内实:《竹内实文集》第一卷《回忆与思考》,程麻译,北京:中国文联出版社,2002年,第364页
② [日]竹内实:《竹内实文集》第一卷《回忆与思考》,程麻译,北京:中国文联出版社,2002年,第364页
③ [日]竹内实:《鲁迅周边》,东京:田畑书店,1981年,第262~263页。
④ [日]竹内实:《竹内实文集》第一卷《回忆与思考》,程麻译,北京:中国文联出版社,2002年,第364页
⑤ [日]竹内实:《竹内实文集》第一卷《回忆与思考》,程麻译,北京:中国文联出版社,2002年,第365页

的篇幅叙述了他想象中的绍兴城和绍兴城内的周家,并插入了他对周家宅邸的想象图。虽然该书的日文版印出两三年后,就有人写信指出了其错误之处,但也足见竹内实先生对文化传统根源的注重。就算只是一种对绍兴、周家的想象描述,但也是竹内实曾在内心深处追索的结果,也是他追根溯源,对鲁迅的出生与性格的形成从源头上进行的考证。为了最大可能地把握绍兴的模样,他甚至还多次前往日本九州的一个与绍兴环境比较像的叫柳州的小镇去考察。"也许有许多流水,因此与绍兴很相似。"① 竹内实之所以对鲁迅的出生地如此在意,是因为他比较注重风土人情的视角,看到了出生地文化、出生家庭背景对鲁迅性格及其文学带来的重大影响。

## 第三节　生活中有两个形象的鲁迅

在竹内实看来,因为鲁迅是一个"人",所以在很长的时间里,为了生活,他不得不以官员"周树人"与文学家"鲁迅"两个形象出现在生活中。因为"人必生活着,爱才有所附丽"②。物质是基础,人首先得好好生活着,生命价值的体现才能有基础。鲁迅作为"周树人"在政府做过官,也作为文学者"鲁迅"在中国现代文学史上留下了重重的一笔。"因此,就在北京的时期来说,鲁迅具有两种面貌:作为小说和杂文作者的'鲁迅',以及中华民国教育部的科长,也就是官员'周

---

① [日]竹内实:《竹内实文集》第一卷《回忆与思考》,程麻译,北京:中国文联出版社,2002年,第365页。
② 鲁迅:《鲁迅全集》第二卷《彷徨》,北京:人民文学出版社,2005年,第124页。

树人'。他还作为临时讲师,登上过几所大学的讲台。当时'鲁迅'的文名,已经广为人知。尽管大学当局标示出讲课者是'周树人',但学生去听课,则是因为知道他是鲁迅。"① 作为平常"人"的鲁迅以官员"周树人"而存在,就是为了给作为文学者的"鲁迅"提供足够的物质保障,因为文学者"鲁迅"也是常人,要活着就得需要足够的物质支撑。

在以"鲁迅"作为文学者创作文学前,他的社会活动角色首先是教员,是校长,后来则是教育部的官员。"鲁迅是从中年才开始小说和杂文的创作的。在发表小说以前,他的社会活动角色,首先是教员、校长,后来则是教育部的官员。他做教员和校长,是在绍兴、杭州;而当教育部官员,则是在南京和北京,特别是在北京的时间比较长。他写小说,并以杂文来讽刺与批判社会,就是从这个时期开始的。"鲁迅在很长一段时间里都一方面作为文学者"鲁迅"而存在,另一方面又以"周树人"的身份供职于政府。"鲁迅"是笔名,其本名则是周树人。"鲁迅"这一笔名是从 1918 年发表小说《狂人日记》开始使用的,当时他 36 岁;作为官员的周树人,从他 30 岁到 40 多岁,其前后约有 15 年。此后,"鲁迅"约有 9 年的时间不再是官员,而只是作为"鲁迅"的形象出现在社会上。当然"不好说'鲁迅'就等于鲁迅,而可以认为,'官员周树人'是鲁迅以周树人的面貌扮演着官员的角色。要是周树人至死都是'教育部的周树人',那我们便不会关注他"②。"他在实际生活当中,有相当的部分还是'周树人'。比如他给母亲写信时,

---

① [日]竹内实:《竹内实文集》第二卷《中国现代文学评说》,程麻译,北京:中国文联出版社,2002 年,第 269 页。
② [日]竹内实:《竹内实文集》第二卷《中国现代文学评说》,程麻译,北京:中国文联出版社,2002 年,第 269~270 页

便署名'树'。即使那不代表'教育部的周树人',也是指'鲁迅'以前的那个周树人。可以说作为单一的'鲁迅',他只有大约10年的时间。而担任官员的15年,时间既不能说短,又是其一生中被称为'中年'的时期。"① 作为文学者"鲁迅"与作为教育部官员的"周树人"共同构成了鲁迅的两个侧面,是鲁迅一个人的两个面孔。竹内实看清楚了鲁迅的这两个侧面和两副面孔,也看到鲁迅打破了作家无法作为官员来生活的一些先入为主的看法,他极好地扮演着这两个角色。

对于"鲁迅"和"周树人"这样两副面孔,郁达夫曾经这样写道:

> 这时候的教育部,薪水只发到二成三成,公事是大家办的,鲁迅很有工夫教书,编讲义,写文章。他的短文,大抵是由孙伏园拿去,在《晨报副刊》上发表;教书是除北大外,还兼任北师大。有一次,在鲁迅那里闲坐,接到了一个来催开会的通知,我问他忙么?他说,忙倒也不忙,但是同唱戏的一样,每天总得到处去扮一扮。上讲台的时候,就得扮教授,到教育部去,也非得扮官不可。②

"从郁达夫的当时所记,不也可以看见鲁迅的无奈心理么?""对身为'鲁迅'的鲁迅来讲,他并不适合当中华民国的官员。至少在1923年郁达夫见到鲁迅时,他自己有这样的感觉。同时,鲁迅也能够察觉到郁达夫有这样的感觉。""不过,

---

① [日]竹内实:《竹内实文集》第二卷《中国现代文学评说》,程麻译,北京:中国文联出版社,2002年,第270页。
② 郁达夫:《回忆鲁迅及其他》,上海:宇宙风社,1940年,第9页。

鲁迅并没有在嘴上明确强调自己的这种无奈感受。"① 是的，不管是教授也好，还是在教育部为官也好，对鲁迅来说不管合适不合适，都是一种角色的扮演。在鲁迅的内心深处也深深地矛盾着，但更多的，他还是超越了这种痛苦，往往会自我调侃或者是自嘲。他没有陷于矛盾之中，或因拘泥于某一身份而作茧自缚。可是通过那些解释"扮演"的话，也不难看出，"在郁达夫与鲁迅的问答中，他们的共识是：对鲁迅来说，无论做官还是担任中华民国的官员，都不怎么合适"②。因为作为官员的"周树人"，需要维护的是政府的形象与权益。步履蹒跚的中华民国新政体还存在很多逆时代而动的现象，而作为文学家的"鲁迅"，自然会尖锐地批评这些现象。但他又是管理这一政体的中央政府官员，因此在那些批评中，往往会出现矛盾。作为官员的"周树人"常常得执行一些政府任务，但作为文学家的"鲁迅"却不愿意做这些事情。

竹内实认为鲁迅虽然最终想放弃自己的官员生活，认为自己不适合做官、不适合任中华民国的政府官员，可是当被章士钊从教育部将自己免职时，他甚至还与之对簿公堂，后经诉讼胜利复职。对此事，他在给友人的信里也有提及："这次章士钊的举动，我倒并不为奇，其实我也不太像官，本该早被免职的了。但这是就我自己一方面而言。至于就法律方面讲，自然非控诉不可，昨天已经在平政院投了诉状了。"③

---

① ［日］竹内实：《竹内实文集》第二卷《中国现代文学评说》，程麻译，北京：中国文联出版社，2002年，第272页。
② ［日］竹内实：《竹内实文集》第二卷《中国现代文学评说》，程麻译，北京：中国文联出版社，2002年，第272页。
③ 鲁迅：《鲁迅全集》第十一卷《书信》，北京：人民文学出版社，2005年，第513页。

胜诉了的鲁迅，后来又官复原职。"鲁迅的道理是这样：如果辞职可以，但对手逼自己辞职，却不能接受，因此就要斗争。况且，当时他已有些想放弃自己的官员生活了。"① 竹内实看出这显然又是鲁迅骨子里的好与人争执的心态在起作用。"回顾鲁迅在担任官员的这 15 年，应该说他的这两副面孔，也确曾给他带来过某些苦恼。"② 竹内实看到作为官员"周树人"，文学者"鲁迅"也做过一些自己不愿意做的事，做过一些与文学者"鲁迅"身份不相符的事。文学者"鲁迅"与官员"周树人"相互渗透，相互屈服，共同组成一个完整的"鲁迅"。

作为官员的周树人曾因为政府迟迟不发薪水，随 200 余名教育部职员去财政部静坐，这应该是作为文学家的"鲁迅"不会干的事。因为是官员"周树人"，为了获取那份薪水，为了能好好地活着，他去参拜了作为文学家"鲁迅"曾批判过的孔子，作为"执事"或"演礼"参加了孔子的祭奠仪式。

鲁迅曾经批判过孔子，那确实是不可否认的事实。例如在文章《在现代中国的孔夫子》中，鲁迅回忆了自己留学日本在东京弘文学院读书时，学校的老师领留学生到汤岛的圣堂去的事。"这是有一天的事情。学监大久保先生集合起大家来，说：因为你们都是孔子之徒，今天到御茶之水的孔庙去行礼吧！我大吃一惊。现在还记得那时心里想，正因为绝望于孔夫子和他的之徒，所以到日本来的，然而又是拜么？一时觉得很奇怪。

---

① ［日］竹内实：《竹内实文集》第二卷《中国现代文学评说》，程麻译，北京：中国文联出版社，2002 年，第 277 页。
② ［日］竹内实：《竹内实文集》第二卷《中国现代文学评说》，程麻译，北京：中国文联出版社，2002 年，第 277 页。

而且发生这样感觉的，我想决不止我一个人。"① "如果看这些杂志中的论文或者小册子，鲁迅好像是百分之百地批判孔子和反对儒家。至少它们是那样反映鲁迅的。"②

可是，竹内实指出："鲁迅是百分百批孔反儒的人吗？1974年的小册子和杂志中的论文，确是那样描写的。"③ 竹内实认为，从一开始鲁迅就是带着看笑话一般观看着祭孔典礼的。鲁迅1912年开始就职于南京的中华民国临时政府教育部，后来机关移至北京，他也随之到了北京。同年10月，在上海成立了孔教会。看其1913年9月28日的日记，鲁迅曾去过国子监，观看祭孔的典礼。"星期日休息。又是孔子生日。昨天汪总长下令部员前往国子监，而且必须跪拜，众哗然。早晨七时前往观之，来者仅三十四人，有的跪有的立，有的旁立而笑，钱念劬则从旁大声骂，片刻就草率了事，确是一笑话。听闻此举是由夏穗卿主持，可谓阴骘也。……下午小憩。晚上国子监送来一方牛肉。""这里所说的国子监，就是指附属于国子监的孔庙。""晚上送来的牛肉，则是供品。按照习惯，在祭典后分配给典礼的参加者，就是所谓的'胙'。"④ 鲁迅就算笑话一般看孔子祭典，但仍然享受了祭典中分与的肉，而不是拒绝或者扔掉，说明鲁迅明白物质对于活着的重要性。

在1914年3月2日，鲁迅还去过国子监，同样是参加祭孔典礼。从这年开始，祭孔典礼成为全国性的活动。除在孔

---

① 鲁迅：《在现代中国的孔夫子》，《改造》，1935年第6月刊。
② ［日］竹内实：《竹内实文集》第二卷《中国现代文学评说》，程麻译，北京：中国文联出版社，2002年，第235页。
③ ［日］竹内实：《竹内实（中国论）自选文集（三）·映像与文学》，东京：樱美林大学东北亚综合研究所，2009年，第251页。
④ ［日］竹内实：《竹内实（中国论）自选文集（三）·映像与文学》，东京：樱美林大学东北亚综合研究所，2009年，第253～254页。

诞生日那天，由各学校举行祭典外，还在国子监分春秋两次，即旧历二月和八月的第一个丁日，各举行一次祭典。原来一直由袁世凯亲自参加的祭祀，改为由代理教育总长蔡儒偕主持。"在这天早晨，鲁迅邀约友人一起去国子监。看到祭典的神官是由孔教会的人担任，他在日记里写着，'其举止颇荒陋可悼叹'。这意思就是说这些人吊儿郎当，装模作样，令人愤慨。"① 竹内实从上述的记载中发现，鲁迅一开始是完全批孔反儒的，一直把自己当作一个旁观者在观看祭孔典礼，但作为教育部的一员，他还是不得不去参加相关活动。

到后来，竹内实发现一直作为旁观者的鲁迅对于祭孔典礼的记载发生了一些改变。在这年秋天的9月28日，袁世凯亲自参加了祭孔典礼。在这天的日记中，鲁迅只写道："晴。无事。"可是"到了中华民国，大总统亲自参加祭孔，而且连同被废黜的清朝宣统皇帝溥仪，一起去国子监。鲁迅对这天的祭祀活动不可能不知道。他在这天的日记里只记下天气和'无事'二字，反而更使人觉得其对活动的关注。"② 竹内实显然发现了鲁迅矛盾的心态：一方面，作为文学者"鲁迅"的内心是"批孔反儒"；另一方面，作为教育部的官员"周树人"，又不得不参加由教育部组织的祭孔活动。

从1915年开始，鲁迅就直接参与了这种祭典仪式。鲁迅1915年3月的日记记载如下：

> 10日："晴，午后昙。赴孔庙演礼，下午毕，同稻孙

---

① ［日］竹内实：《竹内实（中国论）自选文集（三）·映像与文学》，东京：樱美林大学东北亚综合研究所，2009年，第254页。
② ［日］竹内实：《竹内实（中国论）自选文集（三）·映像与文学》，东京：樱美林大学东北亚综合研究所，2009年，第255页。

觅一小店,晚餐已归寓。"

15日:"晴,午后昙。赴孔庙演礼。"

16日:"晴……夜往国子监西厢宿。"

17日:"晴。黎明丁祭,在崇圣祠执事,八时毕归寓。"①

"这年秋天,鲁迅同样到孔庙去过(9月11、12、13日,崇圣祠)。""后来在1917年春、1918年春、1919年春和秋、1920年春、1921年春和秋、1923年春、1924年秋,他也都去参加。其中有的年份里,未记明'崇圣祠',只写着去'孔庙'。关于1922年,鲁迅的日记都丢失了,其中有没有记载,不清楚。另外不了解1925年以后,祭孔典礼是否仍在北京的文庙里举行过。"②

作为受命参与这一祭典的官员,鲁迅究竟都做了什么呢?竹内实看其日记,写着"演礼"或"执事"之类。所谓"演礼",是事先彩排典礼的仪式;而"执事",按字面意思,就是做事,应该是分管祭典的官员所负责的一种工作。"演礼""执事"等是简单的字样,并没有表露心境。可是1923年3月25日的日记中,鲁迅却记载着:"黎明,去孔庙执事。归途,自车跌落,掉两齿。""这则从人力车上摔了下来,跌落了两颗牙齿的记事,带有某种自嘲的味道。"③

在《从胡须说到牙齿》这篇杂文里,鲁迅讲述过与"执

---

① 鲁迅:《鲁迅全集》第十五卷《日记》,北京:人民文学出版社,2005年,第163~164页。
② [日]竹内实:《竹内实(中国论)自选文集(三)·映像与文学》,东京:樱美林大学东北亚综合研究所,2009年,第257页。
③ [日]竹内实:《竹内实(中国论)自选文集(三)·映像与文学》,东京:樱美林大学东北亚综合研究所,2009年,第260~261页。

事"有关的事。他这样描述当时的情况:"袁世凯也如一切儒者一样,最主张尊孔。做了离奇的古衣冠,盛行祭礼的时候,大概是要做皇帝以前的一两年。自此以来,相承不废,但也因秉承政者的交换,仪式上,尤其是行礼之状有些不同:大概自以为唯新者出则西装而鞠躬,尊古者兴则古装而顿首。我曾经是教育部的佥事,因为是'区区',所以还不入鞠躬或顿首之列的;但届春秋二祭,仍不免要被派去做执事。执事者,将所谓'帛'或'爵'递给鞠躬或顿首之诸公的听差之谓也。民国十一年秋,我'执事'后坐车回寓所去,既是北京,又是秋,又是清早,天气很冷,所以我穿着厚外套,带了手套的手插在衣袋里。那车夫,我相信他是因为瞌睡,胡涂,决非章士钊党;但他却在中途用了所谓'非常处分',以'迅雷不及掩耳之手段',自己跌倒了,并将我从车上摔出。我手在袋里,来不及抵按,结果便自然只好和地母接吻,以门牙为牺牲了。"①竹内实发现"虽然这讲的是很久以前的事情,但仍然可以从其语气里想象出当时鲁迅怀有某种情绪"②。竹内实从鲁迅的日记、杂文等字里行间,读出了鲁迅对参加祭孔典礼的不情愿,也读出了他的无奈,因为那是作为官员"周树人"的工作。

从鲁迅给钱玄同的一封信中,竹内实看到了鲁迅个人心境的直接表露。"敝人当袁朝时,曾戴了冕帽(出无名氏语录)、献爵于至圣先师的老太爷之前、阅历已多,无论如何复古、如何国粹,都已不怕。""这其中的语感耐人寻味。我觉得有一种满不在乎的意味。""在这耐人寻味的讽刺意味里,也能察出鲁

---

① 鲁迅:《鲁迅全集》第一卷《坟》北京:人民文学出版社,2005年,第264页。
② [日]竹内实:《竹内实(中国论)自选文集(三)·映像与文学》,东京:樱美林大学东北亚综合研究所,2002年,第262页。

迅遭受屈辱的感觉。所谓'出无名氏语录',似乎暗指鲁迅受过某人的嘲讽。其中的屈辱感无疑是相当深刻的。"① 竹内实看出了鲁迅对祭孔活动中自己所做之事的不满,也看出了鲁迅满满的委屈。可是鲁迅为什么不拒绝此事呢?因为他还是官员"周树人",有他必须完成的工作与需要承担的责任。

显然,"从言论上说,如人们在《鲁迅批孔反儒文辑》中看到的那样,鲁迅是持批判和反对态度的。而在具体行动上,他也参加了袁世凯规定与举行的祭祀孔子的所谓'祭奠'(民国后称为'祭孔典礼')。祭典的责任人,相当于日本的神官。鲁迅则是神官之一,像属于日本文部省即教育部的官员。可能因为负责祭典,鲁迅尽管不愿参与也必须工作。要主动拒绝这一工作,恐怕是不可能的。"②

竹内实看到了鲁迅的两面性,看到了官员"周树人"做了作为文学者"鲁迅"所不愿意做的工作,即使觉得好笑、滑稽,仍然是做了;看到了他矛盾的人格存在,但这终究是因为鲁迅是一个常人,需要好好地活着,就得有活着的方式。作为官员"周树人"就是作为文学者"鲁迅"的一种生存之道。作为教育部的一名官员,为了教育部的那份薪水,即使内心不愿意,鲁迅仍然"装模作样"地去参加了一切政府安排的祭祀活动。因为鲁迅是作为一个"人"而存在的,他就必须得"活着"。为了自己、为了家人而"活着",有时他就得向生活低头,就得违背自己的意愿,做一些自己不愿意干的事。

蔡元培曾任教育总长,并将鲁迅介绍到教育部任职,但自

---

① [日]竹内实:《竹内实(中国论)自选文集(三)·映像与文学》,东京:樱美林大学东北亚综合研究所,2009年,第262页。
② [日]竹内实:《竹内实(中国论)自选文集(三)·映像与文学》,东京:樱美林大学东北亚综合研究所,2009年,第252页。

己却在 1912 年 7 月辞职。"听说很久以后，鲁迅在上海用笔墨进行战斗的时候，也曾以领取编辑费的名义，从中央研究院这样的研究机构得到过薪水。而那时，该院的院长同样是蔡元培。据说，蔡元培辞去教育总长之职，是由于受袁世凯的迫害。然而尽管如此，脾气并非顺从的鲁迅，没有跟着同时辞职。其次，恐怕也有出于生计的考虑。""鲁迅的父亲早逝，身为长子，必须负责照料家人。招惹免职的行为，肯定会慎重考虑。更何况，在当时的北京，除了教育部之外，另谋他业是十分不易的。"[1] 竹内实看到作为"人"的鲁迅，因为具有作为长子的责任心，就算具有文学者"鲁迅"的不顺从脾气，可也为了能"活着"，不得不做一些作为官员"周树人"需要做的工作。正如鲁迅在《我们现在怎样做父亲》中所写一样："自己背着因袭的重担，肩住了黑暗的闸门，放他们到宽阔光明的地方去；此后幸福度日，合理做人。"[2] 竹内实深深体会到鲁迅作为长子的责任感，这正是因为鲁迅是作为"人"的存在才会有的特质。

"字里行间，我们可以看出作为长子的义务、责任心等深深地束缚着鲁迅。""那么，也许鲁迅怀有如此屈辱的感受与复杂的心境与他担任祭孔官员的职务有关吧。"[3] 从参加孔子的祭奠活动，从他对蔡元培辞去教务总长职务的态度等，竹内实看到了一个为了生活，为了"活着"，一直在坚持着、忍辱负

---

[1] ［日］竹内实：《竹内实（中国论）自选文集（三）·映像与文学》，东京：樱美林大学东北亚综合研究所，2009 年，第 264 页。
[2] 鲁迅：《鲁迅全集》第十一卷《坟》，北京：人民文学出版社，2005 年，第 145 页。
[3] ［日］竹内实：《竹内实（中国论）自选文集（三）·映像与文学》，东京：樱美林大学东北亚综合研究所，2009 年，265 页。

重的官员"周树人"的形象。

另一方面,竹内实还发现作为官员"周树人"的鲁迅虽然时时让他心灵上感到屈辱感,需要做一些作为文学者"鲁迅"不愿做的事,但他又常常可以从作为教育部官员"周树人"那里获得一定的满足感。"在那样的时代里,官员的生活应该说是受人羡慕,而本人也是很满足的。周树人作为这种生活类型中的一位,虽然已经到了中华民国,但他所过的仍是类似清朝京官的生活。这也许让他不知不觉地联想到,自己的祖父也曾经是这样的京官。""去北京的时候,周树人可能有到旧王朝首都的感觉。大约他会感慨,祖父曾是'京官',自己作为孙子,也当了'京官',可能他会无法抑制自己作为参与创建新共和国的官员的那种自豪感。"①

在竹内实看来,鲁迅确实不算是百分百的批孔反儒的人物,他既不像其他祭孔的人那样去看孔子,也不像信孔的人那样信孔,但他在参加祭孔后发现孔子被政治利用,对那样的祭孔活动有不屑,有不满,但因为他当时是政府的官员,仍然还是参加了。同时,竹内实也看到了鲁迅带有一种屈辱的复杂心情。竹内实知道在当时鲁迅如果丢掉教育部的职务,在生活上会很困难,所以他仍然坚持着做自己不愿做的事。也就是说竹内实最终为我们呈现了一个"不管鲁迅是否情愿,但他确曾作为祭典官员参加过祭孔,给人当过副手"②的教育部官员"周树人"的形象。通过教育部官员"周树人"这个身份,鲁迅可以获取一定的薪酬,以维持自己及家人的生计,这对他完成作

---

① [日]竹内实:《竹内实文集》第二卷《中国现代文学评说》,程麻译,北京:中国文联出版社,2002年,第281页。
② [日]竹内实:《竹内实文集》第二卷《中国现代文学评说》,程麻译,北京:中国文联出版社,2002年,第251页。

为家里长子的责任也有很大的帮助,并且这个身份还可以给予鲁迅一种为官的虚荣感和一种光耀门楣的满足感。因此,竹内实认为鲁迅作为一个"人",为了生活,长期游离在教育部官员"周树人"与文学家"鲁迅"这两个角色之间。正如鲁迅在《影的告别》中的呐喊:

> 有我所不乐意的在天堂里,我不愿去;有我所不乐意的在地狱里,我不愿去;有我所不乐意的在你们将来的黄金世界里,我不愿意去。
> 然而你就是我所不乐意的。
> 朋友,我不想跟随你了,我不愿住。
> 我不愿意!
> 呜呼呜呼,我不愿意,我不如彷徨于无地。①

在很长的一段时间里,为了生存,鲁迅都是以文学家"鲁迅"与官员"周树人"两种身份而存在,这也是他人格两面性的一个体现。在鲁迅的一生中,他一直都以两面性而存在:作为从日本归国的"新党",却在清皇朝管制下的旧学堂供职谋生;激烈批判封建礼教,却坚守着与朱安守旧的婚姻;为了培养青年学生而奔走呼吁,却又与青年学生展开激烈的舌战;支持女学生造反,同时又在北洋官僚制度里拿着高薪……竹内实通过大量的事实证明了官员"周树人"与文学家"鲁迅"就是鲁迅的一种特定存在方式,是他在特定时期存在的两面性,他们以矛盾的悖论而存在。虽然文学家"鲁迅"不屑于参拜儒教孔子,可作为官员"周树人"是祭祀孔子的一名官员。虽然有

---

① 鲁迅:《鲁迅全集》第二卷《野草》,北京:人民文学出版社,2005年,第169页。

那么多的事情都是自己所不愿和不乐意的，然而"你就是我所不乐意的"，鲁迅对自己这样的生存方式是不乐意的，可他最终还是选择了屈服。这样的两面性的存在应该是鲁迅自己最不乐意看到的，他在《影的告别》中不断以一个悲观、怀疑、绝望的鲁迅来拷问着现实中的热情、奋斗与妥协的鲁迅。就如竹内实说："不好说'鲁迅'就等于鲁迅；而可以认为，'官员周树人'，是鲁迅以周树人的面貌扮演着官员的角色。要是周树人至死都是'教育部的周树人'，那我们便不会关注他。即使是关注，也应该出自其他的角度。所以，我们在这里所要说的，主要还是'鲁迅'。"① 在竹内实看来，鲁迅作为"鲁迅"是主要的存在，就算他不愿意，但作为官员"周树人"也是他必须扮演的一个角色。在生活中，鲁迅时常以两面性或者多面性而存在，这是他所不愿意的。在《影的告别》中，鲁迅比较抽象、含蓄地表达了这样的情绪。竹内实读懂了以这种两面性而存在的鲁迅的悲哀、无助与寂寞，他在《与寂寞的对话——关于〈野草〉及其他》中直接以对话的形式，将鲁迅的种种寂寞形象直观地呈现了出来。"我最近觉得，说起来颇有意思，人们所说的'寂寞'，实际上并非指百无聊赖、终日闲暇时的精神状态，它可以说是对某种生存方式的一种称呼。"② 以两面性而存在的鲁迅是寂寞的，但鲁迅需要以两面性来生活。

---

① ［日］竹内实：《竹内实文集》第二卷《中国现代文学评说》，程麻译，北京：中国文联出版社，2002年，第269~270页。
② ［日］竹内实：《竹内实文集》第二卷《中国现代文学评说》，程麻译，北京：中国文联出版社，2002年，第28页。

## 第四节　有认知缺陷的鲁迅

"鲁迅是人不是神，既然是人，那么鲁迅就应该是有缺点的。"①因为鲁迅是一个平常的"人"，如常人一样，他不可能先知先觉，只有在时间的发展中才能逐渐地正确认识事物，逐渐看清事物的真相。

竹内实在回顾历史、还原20世纪30年代鲁迅生活的上海时，通过对大量文献史料进行考证发现，在面对当时的一·二八事变及日军的侵略战争时，鲁迅一开始并没能认清日本发动战争的目的，对于这场战争的性质也不太清楚，连勇敢与日本军队战斗的十九路军的行为也没能看清。随着时间的推移和事态的发展，他才逐渐认识到日本发起的对华战争的侵略性，才看清楚了日本发动侵略战争的目的，才明白了十九路军对国家誓死守护的意义。

"话虽如此，可是看当时鲁迅写的文章、书信，并没有看到鲁迅明确表达对日本帝国主义有强烈抗议的意思，不仅如此，开始的时候鲁迅还怀疑殊死战斗的十九路的行为，甚至还冷笑之。"②

竹内实通过鲁迅关于九一八事变的前后五篇文章或发言稿，看到了作为"人"的鲁迅没有先知先觉，只能如常人一般看当时的时局，不但没有先知先觉，甚至有错误判断时局发展的认识。

---

① ［日］竹内实：《鲁迅远景》，东京：田畑书店，1978年，第8页。
② ［日］竹内实：《鲁迅远景》，东京：田畑书店，1978年，第26页。

1931年9月21日，在《答文艺报社的提问——日本占领东三省的意义》中，鲁迅是怎么说的呢？他说是日本在"惩罚"中国的军阀。为什么这么说呢？因为中国的军阀是日本的奴隶，而且也"惩罚"了作为军阀奴隶的中国民众。并且鲁迅认为这场战争日本是以苏联为目标的。这就是鲁迅的论旨。"鲁迅理解日本对中国的侵略，与其说是针对中国不如是以苏联为目标。其实不只是鲁迅这么认为，当时的共产党也并没有认为这是中国民族自身的危机，而是认为这将会是作为世界国际共产主义运动中心的苏联的危机，鲁迅应该也是大体沿着这条思路在理解。"[①] 对于战争的侵略性，鲁迅一开始根本没有充分的认识。

在《友邦惊诧论》中，鲁迅将"日本写成友邦，听起来是相当具有讽刺性的"[②]。鲁迅把当时的对华发起侵略战争的日本称为"友邦"，这显然是认知上的一大问题。1932年11月，在北京（当时叫北平）辅仁大学的讲演中，鲁迅又说道："昨年东北事变详情我一点不知道，想来'上海事变'（一·二八事变），诸位也一定不甚了然。就是同在上海也是彼此不知。"[③] 作为一个公众人物，一个人人膜拜的文学大师，居然对时事漠不关心，就算是可能引起全国战争的国际事变也不太了解。"也就是说1932年11月左右的鲁迅，自己对东北发生了什么都不甚了解，即使在上海，对一·二八事变也不太了解，每个人都这样各自生活着。总之，现在通过这五篇文章可以看出鲁迅这个人一点儿也不勇敢。"[④]

---

① ［日］竹内实：《鲁迅远景》，东京：田畑书店，1978年，第27页。
② ［日］竹内实：《鲁迅远景》，东京：田畑书店，1978年，第27页。
③ ［日］竹内实：《鲁迅远景》，东京：田畑书店，1978年，第29页。
④ ［日］竹内实：《鲁迅远景》，东京：田畑书店，1978年，第31页。

竹内实通过这几篇文章或者演讲还有当时鲁迅的书信，看到了鲁迅在认知上的缺陷。鲁迅在最开始并不是那么反对日本的侵略战争，甚至觉得日本的侵华战争是对国民党军队的一种教训，因此他也并没有作为猛士在战斗。最初，他甚至对于十九路军的抵抗还给予了冷嘲热讽，显然他也没能先知先觉地看出日本发动九一八事变的目的，对于自己对时局的错误判断，他也没有坦然的承认，只是说因为各自有各自的生活，自己对当时的一•二八事变不太了解。通过这些材料，竹内实看到了一个不太勇敢且有认知缺陷的鲁迅。

在与日本人的往来中，鲁迅一开始处理得也不是那么好。胡菊人曾指出的是鲁迅与日本人的关系。在"左翼"看板上，为军国主义政府工作的日本人并不少——也确实如此。我不仅认为这完全是事实，而且对于这样直接的指出，我是很欣慰的——在当时，有出于纯粹的友谊吗？胡菊人对此提出了疑问。鲁迅交往的有反战社会主义者，如由鲁迅执笔的《改造》，其社长山本实彦，实际上是与军部有往来的极右势力。[①]"还有在当时的中日关系中，鲁迅与内山完造的交往被传为佳话，但内山完造被认为有两个身份，一个是为日本政府提供情报的间谍，另一个是同情中国、热爱中国、具有侠义心肠的商人。"[②]在很长一段日子里，鲁迅与内山完造的关系非常密切，无论是生活，还是在与人的交往上，鲁迅都很依仗内山完造。可是随着时间的推移，"在鲁迅和内山完造之间也有这样的矛盾，虽然还没到引起冲突的地步，但据许广平的回忆录，我们

---

① [日]竹内实：《鲁迅远景》，东京：田畑书店，1978年，第32～33页。
② [日]竹内实：《鲁迅远景》，东京：田畑书店，1978年，第33页。

可以看出，鲁迅已经想切断包括和内山书店在内的和日本人的关系了"①。

虽然竹内实通过大量的材料证实了内山完造不可能是为日本政府提供情报的间谍，但在后来，鲁迅也不可能不受传言的影响，在生前就准备了要和内山完造等日本人切断关系。然而内山完造确实是在战争中竭尽全力帮助中国人，战争后又极力为中日友好奔波的日本人。"我时常都在想，有没有能埋骨在中国的日本人啊。如果有，那会是谁呢？有时是单纯的假想，也有时是夹杂了很复杂的情感在思考这个问题……每次我总是首先想到的是内山完造，我认为实际上，明治以后有很多日本人在接触中国，其中如果要说能埋骨于中国的，在与中国交往的人中，能说出名字的首先应该是内山完造吧。事实是内山完造也确实是埋在了中国，就算是不能埋葬在中国，我的想法也是不会改变的，我一直都很敬慕内山。"② 在竹内实看来，内山完造不仅不是日本政府的间谍，而且是可以埋葬忠骨于中国的日本人。"鲁迅在与内山决裂前就去世了，鲁迅的死另当别论，可是在与内山的关系上没有决裂这事，对我们来说或许是一种救赎，是一件庆幸的事。"③竹内实为鲁迅没能在生前和内山完造真正的决裂而感到庆幸，因为在那样的时局下，在众多舆论面前，鲁迅已看不清他周围的日本人的本质，也看不清内山完造的真实身份。由于看不清周围日本人的本质，因此就想切断跟全部日本人的关系。这些都终究因为鲁迅是一个"人"，在认知上有缺陷。

---

① ［日］竹内实：《鲁迅远景》，东京：田畑书店，1978年，第51页。
② ［日］竹内实：《鲁迅远景》，东京：田畑书店，1978年，第34页。
③ ［日］竹内实：《鲁迅远景》，东京：田畑书店，1978年，第52页。

鲁迅与内山完造等日本人之间的关系，就如当年黄埔军校里同一个寝室的室友一样，因为国共两党的分离，他们在战场上相遇，因为"情义"和"情势"的原因，互相呼叫着对方的名字而厮杀。因为鲁迅也只是一个平常的人，他与内山完造等日本人之间确已建立了深情厚谊，在遇到这样的"情义"与"情势"时，作为"人"的鲁迅也拿不出更好的办法，也只有想办法逃避，所以他想切断跟全部日本人的关系。甚至在1932年1月28日一·二八事变后，鲁迅及其家人在内山完造家躲藏了一周多的时间。一直坚持写日记的鲁迅，在他的日记里对这段经历却只字未提。"1932年1月28日发生了上海事变（一·二八事变），1月31日是漏写，从2月1日起连续五天都是记的'失记'。"① "鲁迅因为考虑到这场战争的性质，还有十九路军的原因，所以他不能写出自己藏在日本人的地方。"②

竹内实看到了作为当时具有一定影响力的文学家鲁迅终究也还是一个平常的"人"。在事变中，鲁迅为了躲避敌人的抓捕而躲到了日本人内山完造家里，因为这是一场由日本人发起的对华战争，故而在一直详细记录的日记中，鲁迅对此只字不提，直接用"失记"来代替。在竹内实看来，对于那几天的事情，鲁迅并不是真正的不记得，而是刻意地回避。虽然在日本侵华初期，鲁迅一直与内山完造等日本人来往密切，关系亲密，可后来当他逐渐认清这场战争的侵略性质，以及外界对于他与日本人关系的评价时，他也逐渐减少甚至断绝了和这些日

---

① ［日］竹内实：《鲁迅远景》，东京：田畑书店，1978年，第10页。
② ［日］竹内实：《鲁迅远景》，东京：田畑书店，1978年，第49～50页。

本人的往来。

"1936年10月，在鲁迅临死前，就想搬到另外的家。这个家选在了旧法租界，远离日本人的势力范围。"① 在竹内实看来，正因为"鲁迅是人不是神"，最初对于日本的侵华战争也无法做出正确的判断，对于与日本人之间的关系，在"情势"与"情义"之间，鲁迅也无法处理好，他只能选择回避、搬家。因为鲁迅是一个平常的"人"，他的认知能力并不是一开始就如"神"那样的成熟、完美，能正确看待、处理与日本人的关系，而是经过生活的历练，才慢慢转变、形成的。

在《鲁迅远景》中，竹内实论述了鲁迅的家乡绍兴的风土人情、传统文化，以及当时的时代背景对鲁迅的影响；在《鲁迅周边》中，竹内实谈及鲁迅与柔石、鲁迅与弟子、鲁迅与国防文学的论争，还有民间故事与鲁迅、鲁迅与儿童文学、鲁迅的书信、鲁迅与果戈理等鲁迅与他身边的人与事，以此来认识鲁迅、读解鲁迅。由此，竹内实看到了鲁迅逐渐变化的思想，认为鲁迅的文章也是需要慢慢来阅读与品味的，鲁迅这个人更是需要逐渐了解与走进的。通过学习、研究，竹内实逐渐了解到真实的鲁迅，发现鲁迅在认知能力上也是有缺陷的，他并不具有"神"的先知先觉。所以一开始他并没有看出日本侵华的野心，也无法判断自己与日本人的交往是对与错，更无法预知与日本人的交往会引来什么样的麻烦。"当鲁迅头上神圣的光圈被摘掉之后，你就会感到，鲁迅虽然是一位文化巨人与文学大师，但也是一个人，而且有一般常人所没有的矛盾和焦虑，直到晚年也不曾真正摆脱孤独的纠缠。你会看到他和任何一个有血有肉的人一样，有判断失误的时候，有误解人的地方，有

---

① ［日］竹内实：《鲁迅远景》，东京：田畑书店，1978年，第52页。

赶时髦赶得并不对劲的时候，他说的话也绝非'句句是真理'。"①竹内实一点一点地看到不具有完美"神性"的鲁迅的真身。鲁迅身上的"神性"光芒被一点点褪去，慢慢呈现出了一个同样拥有缺陷的"人"的形象。

## 第五节　失去故乡寂寞的鲁迅

竹内实在京都大学读书期间曾受教于吉川幸次郎。吉川先生终生以尊崇、恭谨的态度钻研中国古典文学作品，在内心深处日益积淀、升华出对中国的依恋之情。到晚年，吉川先生不再仅以日本人的眼光看待中国文化，其视野更为开阔，自觉并突出强调中国传统文化在人类历史长河与世界文明架构中的独特价值。他最深的感悟是："不管怎么说，中国的思想都是人类的故乡之一，一到某种时刻，有意无意的，就在讲述着对它的乡愁。"②"吉川先生所说的'乡愁'就是指人们对出生或者家居之地也就是故乡的留恋、思念和渴望回归的情愫。"③ 吉川先生所说的这样的"乡愁"应该正好拨动了竹内实的心弦，竹内实正是带着这样的"乡愁"开始现代中国研究的。正如台湾著名诗人余光中的诗歌《乡愁》所写：小时候，乡愁是一枚小小的邮票，我在这头，母亲在那头……如此强烈、浓厚的思

---

①　高旭东：《跨文化视野中的鲁迅》，合肥：安徽大学出版社，2013年，第173页。
②　[日]青木正儿、吉川幸次郎：《对中国文化的乡愁》，戴燕等译，上海：复旦大学出版社，2005年，第126页。
③　程麻：《竹内实传》，北京：中国社会科学出版社，2016年，第223页。

乡之情,正是竹内实当时心情的真实写照。"由于'乡愁'属于因对故乡遥望、思念却难以亲近的心灵磨难,人们一旦有可能、有机会回归日夜怀念的故土,这种愁苦的情绪便可以得到慰藉直至消解。""随着大陆与台湾之间的来往与交流逐渐便利,余光中们的'乡愁'已不像以前那样如影随形、无法排遣。他曾欣慰地告别:'我已经没有乡愁,现在要写的更多是还乡的感觉。'"① 但当时回到日本的竹内实回不了他出生长大的中国,他的"乡愁"无法得到慰藉。回到日本的他怎么也融入不到日本的社会去,成了"外乡人",那时的竹内实不仅仅是回不到他心目中的故乡,应该是"失去"了故乡。他只有从对现代中国的研究中才能寻到一丝慰藉,只有从文学的字里行间寻得关于中国的蛛丝马迹,从而让强烈的"乡愁"得到一丝消解。文学成为他了解鲁迅、窥探中国的一个窗口。

都说不论如何变化,故乡终归是可以在无处可去时最后的去所,当漂泊在外,无所依附时,这片土地便是永远的慰藉。然而鲁迅因为要在北京买房子,故而卖掉了故乡的老宅,接走了家人,这样他算是断了和故乡的一切联系,这样他就算是彻底地"失去"了故乡,故乡再也回不去了。鲁迅的小说《故乡》应该就算是一部他宣告彻底失去故乡的作品。不仅如此,他还失去了月光下的美好少年闰土,也失去了儿时的玩伴水生。故乡是他再也回不去的地方了,可对于故乡的那份情永远不会变。风景总在变,但血脉是永远不会变的,有时我们会淡忘了身体的记忆,可它不会消失,我们也不会彻底忘记,鲁迅更是不会忘记。对于失去故乡的"乡愁",鲁迅当然也只有将

---

① 程麻:《竹内实传》,北京:中国社会科学出版社,2016年,第224页。

其消解到文字中去，转化成各种文学作品。在鲁迅的很多作品中，主人翁都是失去故乡的人，故乡成为他们再也回不去的家园。竹内实与鲁迅同是"失去"故乡的人，因此对于失去故乡的痛苦、孤独与寂寞之情，他们是有同感的，竹内实对于鲁迅作品中所呈现的"失去"故乡的寂寞是能够完全体会的。

竹内实在字里行间看到了从故乡那片土地因袭了复仇心理的鲁迅，也看到了故乡绍兴带给鲁迅的巨大影响，当然也能够感同身受鲁迅"失去"故乡的孤独，感受其因远离故乡，如浮萍般游走于各地的寂寞。竹内实说："对于鲁迅，有各式各样的看法。一般来说，大都将其理解为革命文学家。那么，是否也可以把他看作是一位失去了故乡的人呢？"① 在竹内实看来，鲁迅有各种各样的名号，可以是革命者，也可以是文学家，但终究他是一个失去了故乡的人。因为乡愁是我们潜意识的一部分，对故乡的失去，鲁迅也如一般的"人"一样感到寂寞，失去故乡的寂寞带给鲁迅无限的影响，这种影响在他的作品中随处可见。所以竹内实把鲁迅"看作是一位失去了故乡的人"，对故乡的眷恋成就了鲁迅和鲁迅文学，在鲁迅文学中，竹内实能看到鲁迅故乡绍兴的风土人情和河流山川的影子。

关于故乡，古往今来的游子们有太多的感受，有太多的比喻。在我们的记忆里，故乡有母亲不息劳作的身影，有亲友离合悲欢的生活，有父亲殷切期盼的目光，当然还有傍晚时分在村头袅袅升起的炊烟，还有飘荡在那树影丛中儿时玩伴的欢声笑语。人生就是这样不可思议，没有故乡，就没有了自己的存在感。离开了故乡，便会觉得失去了自己的存在感。普通人都

---

① ［日］竹内实：《竹内实文集》第二卷《中国现代文学评说》，程麻译，北京：中国文联出版社，2002年，第261页。

有挥之不去的思乡情愁，何况是作为伟大文学家的鲁迅呢？在竹内实看来，鲁迅更有对故乡、对家庭的眷恋。正如鲁迅在《家庭为中国之根本》中所说："我们的古今人，对于现状，实在也愿意有变化，承认其变化。变鬼无法，成仙更佳，然而对于老家，却总是死也不肯放。""家是我们的生处，也是我们的死所。"① 对于故乡那个有家的地方，没有谁不眷恋，无论走到天涯海角，故乡永远都镌刻在我们记忆的最深处。因为从呱呱坠地，到最后的悄然离去，无论我们是在直驰平川，还是在穿越大漠；无论我们是在漫步林中，还是在攀爬山岳；无论我们是端坐在清泉石壁前，还是奔走于烈日暴风中……无论走到哪里，我们都会回望故乡，怀念故乡，魂归故乡。这是镌刻在我们骨子里的东西，是一种落叶归根的生命本质。故乡永远是每一个人心底的一方圣土，于鲁迅也不例外。

竹内实也清晰地知道故乡一直是鲁迅心头那方最美丽、最眷恋的地方，故乡绍兴的一切都已经镌刻于鲁迅的心底。为了找寻鲁迅文学的影子，竹内实多次前往在《故乡》《美丽的故事》等多篇文章里都有描写的，拥有美丽山水的鲁迅的故乡——绍兴。绍兴是一个具有悠久历史的地方，在这里，有禹庙，还有会稽山，也盛传着许多的传说和故事。

竹内实在这里找到了鲁迅创作的源泉，会稽山、禹庙山都是鲁迅文学作品的舞台。"从一九二〇年代到三〇年代写的《故事新编》短篇集这一系列作品群中出现的人物是鲁迅最早让在自己故乡的历史中出场的人物。"② "勾践被夫差破会稽

---

① 鲁迅：《鲁迅全集》第四卷《南腔北调集》，北京：人民文学出版社，2005年，第637页。
② ［日］竹内实：《鲁迅远景》，东京：田畑书店，1978年，第71页。

山,'会稽雪耻'讲的就是会稽山、禹庙山右边这一代的事。然后这个复仇的故事被鲁迅反映到了《故事新编》中的《眉间尺》,还有以后的《铸剑》等作品中。"①鲁迅文学作品中很多的人物原型也是绍兴人。"《阿Q正传》中的阿Q,与闰土一样,也是鲁迅故乡的人物。我觉得那似乎是鲁迅从另一个角度描写的《故乡》里的闰土。"②竹内实认为《故乡》《阿Q正传》都是绍兴乡土气息比较浓郁的作品,但"《阿Q正传》与《故乡》都是各自有自己鲜明的性格特点的作品"③。"假设阿Q与《故乡》中出现的闰土两个人物都一起坐在我的面前,这两人能共存吗?即使不能共存,这两个人还是有很多共同点,也就是说阿Q、闰土都透出绍兴人的特点。"④"阿Q的原形与闰土的原形——相当于闰土的儿子或者孙子的人还在绍兴鲁迅纪念馆做过管理者——要是两人都并排坐在那里——当然因为两个人都已经死了,是不会发生这样的事情的,可是他们非常具有绍兴本地人的特点。""《故乡》《阿Q正传》,还有《孔乙己》《酒楼》等鲁迅的初期作品很多都是产生于绍兴街道的。"⑤故乡绍兴是鲁迅文学作品的摇篮,是他文学作品发生的场域,为他的文学作品提供历史背景和人物原型。

竹内实发现故乡绍兴的特殊地理位置与地理形势也是鲁迅文学创作的源泉。展开《绍兴全县图》,水路、河流像网一样包围着全县,不管进绍兴,还是出绍兴,最终都要经过水路。

---

① [日]竹内实:《鲁迅远景》,东京:田畑书店,1978年,第71~72页。
② [日]竹内实:《竹内实文集》第二卷《中国现代文学评说》,程麻译,北京:中国文联出版社,2002年,第265页。
③ [日]竹内实:《鲁迅远景》,东京:田畑书店,1978年,第68页。
④ [日]竹内实:《鲁迅远景》,东京:田畑书店,1978年,第68页。
⑤ [日]竹内实:《鲁迅远景》,东京:田畑书店,1978年,第127页。

所以有了"在《故乡》最后，鲁迅乘船，躺着，听船底潺潺的水流声"①。整个绍兴城就像一个牛的胃一样，周围被四角的城墙包围着。"包围绍兴的城壁，现在被破坏了，变成了环状的道路，可是根据地图是可以想象的，城墙内外都是泛着光的水路，整个城市都没有超过两层楼的建筑物，全都是平房，屋檐是白色的墙壁，白色的墙壁与毫无光泽的黑色瓦砾相对应。在这里，我们的感觉是，选择道路就尽量选择水路。城外也是水路交叉，田园纵横，到处是山。"②"到此，给我们总的印象，绍兴就像是一座浮在水上的街道，通过船只来往于内外，总是处在如睡着了一般宁静中的街道，四周被城墙包围着，有一种安心感，也有一种安全感，就像处在静静孕育孩子的母亲的腹中一样安静。"③绍兴的石板路也被写进了鲁迅的作品。在《酒楼上》《孔乙己》中都出现了绍兴的特产——绍兴酒，甚至包括下酒菜——茴香豆、油炸豆腐等。绍兴还有一种特产——"平水茶"也在鲁迅文学中不可少。当然鲁迅生活过的"百草园""三味书屋"等更是鲁迅文学发生的场域。故乡绍兴的一切都铭刻在了鲁迅的脑海里，全都一一呈现在了鲁迅的文学作品里。竹内实在鲁迅文学作品的指引下来到鲁迅的故乡——绍兴，进入鲁迅曾经生活过的场域，感受到了这里浓郁的传统文化。他从鲁迅的文学走进了现实，"看到"了鲁迅文学作品中的人和食物。竹内实看到了鲁迅故乡的山山水水、一草一木都已经深深地烙在鲁迅的脑海里，可以说他是在鲁迅文学作品的指引下来到了鲁迅的故乡——绍兴，也可以说是通过走访鲁迅

---

① ［日］竹内实：《鲁迅远景》，东京：田畑书店，1978年，第74页。
② ［日］竹内实：《鲁迅远景》，东京：田畑书店，1978年，第77～78页。
③ ［日］竹内实：《鲁迅远景》，东京：田畑书店，1978年，第83页。

的故乡,看着那里的人与物来阅读鲁迅的文学作品。

后来鲁迅在北京做了官,便回到绍兴变卖了老宅,在北京买了房子,举家迁入,这次算是彻底地"失去"了故乡。竹内实看到"失去"故乡的鲁迅更加的寂寞,"他把这次回绍兴带领家族迁走的实际感受,写进了名为《故乡》的小说里。"① 在《故乡》里,"当乘着船离开故乡时,'我'的心里涌生出了一种无名的感慨。听着船底潺潺的水声,他感到自己与闰土已经有些隔绝了。"② 浓浓的"孤独"感萦绕着鲁迅。"'我'觉得,已不可能再回到故乡了。从此以后,必须一步一步地脚踏实地,不断走下去。就这篇《故乡》而言,'我'显然已经放弃了故乡。或者说,这是一篇向故乡宣告离弃的文学作品。"③ 就这样,鲁迅带着一种孤独与寂寞的情感"离弃"了故乡,还有儿时的玩伴——闰土,当年月光下的那个少年也已经不复存在了。

故乡的一切对鲁迅来说已经留下了不可磨灭的印记,竹内实看到离开故乡时鲁迅满满的孤独与寂寞。"故乡绍兴的美丽景色经常出现在北京书房的睡梦里。这些正如从一开始都在谈论的都是绍兴城外的景色,并没有直接的对此进行描写,而是乘船游经水路,将倒映在水中的事物、色彩描写出来,就如同短片电影一样,从一开始到结束,都只是拍的倒映在水中的风景,通过鲁迅这样的诗人,质朴地将绍兴的风光深情地讲述出

---

① [日]竹内实:《竹内实文集》第二卷《中国现代文学评说》,程麻译,北京:中国文联出版社,2002年,第262页。
② [日]竹内实:《竹内实文集》第二卷《中国现代文学评说》,程麻译,北京:中国文联出版社,2002年,第263页。
③ [日]竹内实:《竹内实文集》第二卷《中国现代文学评说》,程麻译,北京:中国文联出版社,2002年,第264页。

来。"① 故乡的一切仍然经常出现在鲁迅的梦中，在他的文学作品里尽是对故乡满满的眷恋。"我们的船向前走，两岸的青山在黄昏中，都装成了深黛色，连着退向船后稍去。""老屋离我愈远了，故乡的山水也都渐渐远离了我，但我却并不感到怎样的留恋。""我只觉得我四面有看不见的高墙，将我隔成孤身，使我非常气闷；那西瓜地上的银项圈的小英雄的影像，我本来十分清楚，现在却忽地模糊了，又使我非常的悲哀。""我在朦胧中，眼前展开一片海边碧绿的沙地来，上面深蓝的天空中挂着一轮金黄色的圆月。"② 这些都是鲁迅眼中的故乡，故乡的一草一木、山山水水都刻印在了他的心底，竹内实知道鲁迅"并没有完全舍弃故乡。他所以不能完全舍弃，是因为其中纠缠着复杂的情绪"③。

鲁迅离开这样的街道，这样的故乡，便产生了一种不安感，就像一个无依靠的孤儿，一种孤独、寂寞感将他萦绕。"在我的后园，可以看见墙外有两株树，一株是枣树，还有一株也是枣树。"④ 离开故乡的鲁迅，来到北京就如同院子里的枣树一般孤寂，一株是枣树，另一株还是枣树，形单影只，到后来树上的枣儿都被人打光了，"现在一个也不剩了，连叶子也落尽了"⑤。挥之不去的孤独、寂寞感充溢着鲁迅当时的作

---

① ［日］竹内实：《鲁迅远景》，东京：田畑书店，1978年，第97页。
② 鲁迅：《鲁迅大全集》第一卷《呐喊》，北京：人民文学出版社，2005年，第509—510页。
③ ［日］竹内实：《竹内实文集》第二卷《中国现代文学评说》，程麻译，北京：中国文联出版社，2002年，第265页。
④ 鲁迅：《鲁迅大全集》第二卷《野草》，北京：人民文学出版社，2005年，第166页。
⑤ 鲁迅：《鲁迅大全集》第二卷《野草》，北京：人民文学出版社，2005年，第166页。

品,《故乡》《在酒楼上》《孤独者》和《伤逝》等一系列作品中的主人公,全都是孤独、寂寞的人。

"鲁迅就这样失去了故乡。所谓失去了故乡,让人觉得可能像是成了一棵无根之草似的,四处放浪,有时甚至还会漂泊到海外。"① 中国有"南船北马"的说法。在中国北方几乎不使用船,只能坐用马或驴拉的车,或是骑马或驴,要不就是凭着自己的脚走路,而船则必须用手或者脚去划,不可能完全不使用人力。所以南方人对北方所说的地面,感受得自然不会那么真切,只是有意识到地面的存在,这与生活于南方的人的观念多少有些不同。因此,"鲁迅失去的故乡,是指在南方的故乡。他要去北方生活,因此,这对他的语言和说法,也多少有一些影响"②。"觉得北方固不是我的旧乡,但南来又只能算是一个客子,无论那边的干雪怎样纷飞,这里的柔雪又怎样的依念,于我都没有什么关系了。"③ "如果丧失故乡是极端痛苦的,那么另一个极端,则要数在城市里无家可归了。"④ 鲁迅离开绍兴,在北京也没有定居下来,而是在几年后离开北京,先移居到厦门和广州,也到过日本、韩国等,最后在上海生活了十年。他如一根野草,四处漂泊;又如浮萍,无根无底,游离飘荡。这些更是加深了鲁迅对故乡的眷念。因此在鲁迅的笔下,时时透出一种孤独和寂寞。

---

① [日]竹内实:《竹内实文集》第二卷《中国现代文学评说》,程麻译,北京:中国文联出版社,2002年,第262页。
② [日]竹内实:《竹内实文集》第二卷《中国现代文学评说》,程麻译,北京:中国文联出版社,2002年,第264页。
③ 鲁迅:《鲁迅大全集》第二卷《彷徨》,北京:人民文学出版社,2005年,第25页。
④ [日]竹内实:《竹内实文集》第二卷《中国现代文学评说》,程麻译,北京:中国文联出版社,2002年,第32页。

鲁迅最初离开故乡独自一人到仙台,那里当时还没有一个中国留学生。在考试被人怀疑作弊时,在幻灯片中播放一群中国人围着看要被枪毙的、给俄国人做侦探的中国人时,他是那样的寂寞,所以后来弃医从了文,用文字宣泄他的寂寞,欲唤醒国人。他一直都在努力使自己摆脱寂寞的状态,一直也在努力地使中国摆脱寂寞的状态,可是他却更加的孤独和寂寞,以至阴沉。鲁迅是寂寞的,离开故乡的他一直都是寂寞的,寂寞就是鲁迅的一种存在方式。竹内实完全感受到了失去故乡的鲁迅的寂寞,"只是至今还没有谁来说明,究竟'寂寞'的生活,是一种什么样子。尽管没有人解释,可他毕竟是人的一种样态,而且仿佛是那种常见的,就像镜子里的你、我的脸那样一种形象。""或者说,所谓'寂寞',也并非仅是人的一种形象。它那种样态,还笼罩着整个人类的生命。无论是白天还是黑夜,人们都在其中生活着。而当人们不太愿意作为人继续生活下去时,'寂寞'就会在其身上露面。""它有点像移动着的电影胶片似的,在人们之间晃动,悠悠地从人的身上无声浮现出来。"① 竹内实就这样形象地将抽象、缥缈的寂寞感用立体、实在的文字呈将出来,寂寞也就成了鲁迅的生活方式。当然,"'寂寞'是一种消沉的情绪,它不可能在空中趾高气扬。然而其似乎又想有所作为,所以总像是寝卧在席子上面。当它横躺着时,那四周的边缘,会一直向外延伸,紧贴到墙壁上去。它潜伏在暗夜之中,当你无意间稍一留神,其便会马上以那浓浓的气氛将你笼罩起来。"② 因为竹内实也是一个失去故乡的人,

---

① [日] 竹内实:《竹内实文集》第二卷《中国现代文学评说》,程麻译,北京:中国文联出版社,2002年,第28页。
② [日] 竹内实:《竹内实文集》第二卷《中国现代文学评说》,程麻译,北京:中国文联出版社,2002年,第28页。

所以他对鲁迅失去故乡后的那种寂寞感同身受,对于作为"人"的鲁迅为了生活,时常以两面性或者多面性而存在的生活方式也是完全能理解的。竹内实能够清晰明白地领会《影的告别》中影所要想告别的是什么。

"我将向黑暗里彷徨无地。你还想我的赠品。我能献你甚么呢?无已,则仍是黑暗和空虚而已。但是,我愿意只是黑暗,或者会消失于你的白天;我愿意只是虚空,决不占你的心底。""我独自远行,不但没有你,并且再没有别的影在黑暗里。只有我被黑暗沉没,那世界全属于我自己。"①鲁迅自己也说:"我的作品,太黑暗了,因为我常觉得惟'黑暗与虚无',乃是'实有',却偏要向这些作绝望的抗战,所以很多偏激的声音。其实这或许是年龄和经历的关系,也许未必一定的确的,因为我终于不能证实:惟黑暗与虚无乃是实有。"②但黑暗终会过去,黎明即将到来,因为鲁迅坚信一切还是充满希望的,他努力地在寂寞中挣扎。"希望,希望,用这希望的盾,抗拒那空虚中的暗夜袭来,虽然盾后面也依然是空虚中的暗夜。然而就是如此,陆续地耗尽了我的青春。""我只得由我来肉搏这空虚中的暗夜了。""绝望之为虚妄,正与希望相同。"③绝望带给鲁迅希望,"希望本是无所谓有,无所谓无的。这正如地上的路;其实地上本没有路,走的人多了,也便成了

---

① 鲁迅:《鲁迅全集》第二卷《野草》,北京:人民文学出版社,2005年,第170页。
② 鲁迅:《鲁迅全集》第二卷《野草》,北京:人民文学出版社,2005年,第170页。
③ 鲁迅:《鲁迅全集》第二卷《野草》,北京:人民文学出版社,2005年,第181~182页。

路。"①从这些字里行间,竹内实看到了孤独者的决绝,他独自远行,沉默于黑暗之中。离开故乡的鲁迅时刻处在黑暗中,黑暗带给了鲁迅寂寞,寂寞才是鲁迅的一种存在状态。

"生活于黑暗中的鲁迅的孤独,表现在《故乡》(1921年)、《酒楼上》(1924年)、《孤独者》(1925)和《伤逝》(1925)等一系列作品里。"② 这些作品中的主人公,全都是孤独的人。鲁迅将他对孤独的执着,不断地写进作品之中,以其创作的全部作品,来展现他心中的世界。鲁迅所执着的那些活生生的孤独的人们首先指《故乡》里的那个"我"。"我"在离开故乡二十多年后,第一次回到了故乡,但是自己已经无法与以"闰土"为象征的故乡联系在一起。因此,他的还乡,是为了永远不再回到故乡。孤独的人,是与故乡断绝了关系的人。"鲁迅的孤独的人的形象本是丧失故乡的人这一点,后来继续反映在《在酒楼上》等作品中。"③ 那其中的吕纬甫也是故乡的丧失者,他丧失了幼年的朋友。幼年的朋友都是孩子,对鲁迅来说,故乡就意味着是孩子的梦、孩子的语言和孩子的友情。"《伤逝》里的涓生,也可以说是丧失了故乡所导致的行为。即使是《孤独者》里的魏连殳,不也是终于被孩子们疏远了么?"④ 故乡对鲁迅来说就意味着幼年的朋友,而对竹内实来说,故乡还意味着"自己在心中残留着的少年时的梦境,是

---

① 鲁迅:《鲁迅全集》第一卷《呐喊》,北京:人民文学出版社,2005年,第510页。
② [日]竹内实:《竹内实文集》第二卷《中国现代文学评说》,程麻译,北京:中国文联出版社,2002年,第30页。
③ [日]竹内实:《竹内实文集》第二卷《中国现代文学评说》,程麻译,北京:中国文联出版社,2002年,第31页。
④ [日]竹内实:《竹内实文集》第二卷《中国现代文学评说》,程麻译,北京:中国文联出版社,2002年,第31页。

在星辰寥落的夜空之下，闪出黄光的长龙舞动着。它追赶着红球，在铜锣的响声中，疯狂地畅游欢舞。同时，还有火花'呲呲'地一直飞上天空，然后'叭叭'地炸成了一个个小小的星团"①。

在竹内实看来，鲁迅在他的很多作品中都渗入了失去故乡的孤独与痛苦，但还有一种人漂泊流浪于城市而无家可归，他们比失去故乡的人更寂寞。"丧失故乡是极端痛苦的，那么另一种极端，则要算在城市里无家可归了。"②《孤独者》中的魏连殳既是一个动物学者，又是一个历史教师。尽管别人觉得他很冷淡，其实他对不少事情也是很热情的。他嘴上说家庭应该被毁掉，可工资总是及时送给祖母。但不管是对亲戚还是对村民来说，他都是属于另一个世界的人。"故乡对他来说，就像是看待外国人一样。因此，他也是一种丧失故乡的人。"③ 因此当人们知道这个"外国人"，按照以前的规矩参加了他祖母的葬礼时，只是觉得可以"理解"，认为自己不过是作为旁观者的价值而已。"这种旁观者的意识，与鲁迅在《藤野先生》里所写的那些观看执行死刑的人们，是一样的。对丧失故乡的人来说，那些并未丧失故乡的人，就是旁观者。"④ 丧礼一结束，魏连殳突然流出了眼泪，禁不住号啕大哭起来。那哭声拖得很长，仿佛是受伤的狼深夜于旷野里吼叫似的，在痛苦之中

---

① ［日］竹内实：《竹内实文集》第二卷《中国现代文学评说》，程麻译，北京：中国文联出版社，2002 年，第 32 页。
② ［日］竹内实：《竹内实文集》第二卷《中国现代文学评说》，程麻译，北京：中国文联出版社，2002 年，第 32 页。
③ ［日］竹内实：《竹内实文集》第二卷《中国现代文学评说》，程麻译，北京：中国文联出版社，2002 年，第 34 页。
④ ［日］竹内实：《竹内实文集》第二卷《中国现代文学评说》，程麻译，北京：中国文联出版社，2002 年，第 34 页。

包含着愤怒与悲哀……后来当"我"想去访问他时,他已经死了。"我"在归途上,总觉得耳朵里有什么在躁动。在躁动很久之后,那响声终于出来了。似乎是在远方,像受伤的狼在旷野里嗥叫,那声音在痛苦中包含着愤怒与悲哀……"魏连殳也是与故乡割断了关系的人,那像受伤的狼一样远吠的声音,发自于孤独的人的内心世界。它作为一种象征出现在作品中,不能说有如同警句那样明确的意思。而与丧失故乡者形成强烈对比、在城市中放浪形骸的'我',其作为文学形象,则相当具体。如果说丧失故乡的代表是魏连殳,那么流浪于城市的代表便是'我'。"① 丧失故乡的人是寂寞的,而在城市中流浪的"我"更是痛苦的。竹内实认为鲁迅不仅仅丧失了故乡,也是一个在城市中流浪的人。在这种意识下形成的作品,里面所表现的内容当然是暗淡的。因此,绝不能说鲁迅是以阴暗的心境来写作品的。"如此以不同文学的形象来分别象征孤独,使作品呈现出美感,增强了其作为完美作品的艺术效果。"② 竹内实看到了离开故乡的鲁迅的寂寞,也感受了这种寂寞感让鲁迅文学作品的艺术效果更加完美。

竹内实认为那些只看假象,最终却不懂得那不过只是假象的人,肯定是意识不到阴暗,意识不到文学背后那些寂寞的存在的。"对鲁迅来说,那所谓的假象,便是指关于'革命'的梦。例如,那些激动人心的美丽梦境,总会让人有恍然大悟其终究只是一个梦的时候。夜晚的火花,到了白天,也就看不见

---

① [日]竹内实:《竹内实文集》第二卷《中国现代文学评说》,程麻译,北京:中国文联出版社,2002年,第34页。
② [日]竹内实:《竹内实文集》第二卷《中国现代文学评说》,程麻译,北京:中国文联出版社,2002年,第34页。

亮光了。"① 在《伤逝》中，"我"（涓生）就是如此，当两人忠实于爱情的时候，他们的世界是充实的。而当"梦"醒了之后，"我"便只能打发那虚假的生活，"我"竟想到要让她抛弃自己。于是，闲暇时，故意谈往事，谈外国作家作品，谈文艺，谈娜拉，还谈娜拉的勇敢……到了末尾，"我要向着新的生活跨进第一步去，我要将真实深深地藏在心的创伤中，默默地前行，用遗忘和说谎做我的前导"②。"如果人们按一般的习惯性的逻辑来推断，也许只能说，此时的鲁迅比创作小说《故乡》时，说要在没有路的地方前进时'退步'了。要是把从'五四'到'五卅'这一阶段的中国现代化史中的社会发展教条化，只允许将其中个人的路径描述为从落伍走向进步，那也可以说，鲁迅在这里是倒退了。而按照这一种逻辑，也会同时认为，其一系列孤独者的形象，他们的排列顺序是逆向的。"③ 竹内实认为文学作品并不是与现实相平行的，但鲁迅作品中这一系列的孤独者，正是其与孤独相抗衡的表现。

　　竹内实还说：我们还可以从鲁迅的作品中归纳出另一系列，即"狂人"系列。"这是指《狂人日记》（1918年）、《孔乙己》（1919年）、《白光》（1922年）、《长明灯》（1925年）等。"④ "《孔乙己》潜在地起着将孤独者系列与狂人系列联系起来的作用。"当丧失故乡的人浮现出思乡的念头，并产生回

---

① ［日］竹内实：《竹内实文集》第二卷《中国现代文学评说》，程麻译，北京：中国文联出版社，2002年，第35页。
② 鲁迅：《鲁迅全集》第二卷《彷徨》，北京：人民文学出版社，2005年，第133页。
③ ［日］竹内实：《竹内实文集》第二卷《中国现代文学评说》，程麻译，北京：中国文联出版社，2002年，第36页。
④ ［日］竹内实：《竹内实文集》第二卷《中国现代文学评说》，程麻译，北京：中国文联出版社，2002年，第37页。

忆的时候,"当他们被作为文学形象反映出来时,便是狂人的姿态。孤独在文学作品中,并非都表现在孤独者身上,有时它也可以从狂人身上看出来。作为一种形象,孤独在文学作品里的表现,远比日常的孤独更加惊心动魄。"①"丧失故乡的人是无法通过交通与外界联系的人的一种类型。而在丧失故乡的人那里,尽管失去了故乡,却仍旧残存着通过交通与所失去的故乡相联系的梦想。但对狂人来说,则完全是与外界隔绝的。于是,他们给人以心理原本很古怪或乖戾的印象。"② 鲁迅就是这样的一个人,看起来他的文笔很犀利、尖刻,可其实他都是虚张声势,实际上很"软弱"。当外界革命遭受挫折时,让人看起来他是很有力的样子。狂人是一种拼命与外界隔绝的孤独形象,会让排挤它的外界感到相当大的能量。"其实在狂人系列里,鲁迅那能够抵抗这种孤独的精神能量,也是同样巨大的。"③ 因此,孤独,就意味着对外界的抵抗。鲁迅一直在与外界抗争着,即使"已意识到失败,但仍然在生死的分界线上挣扎,由此便会产生出疯狂的心理。这种疯狂,也是孤独的内在精神支柱"④。失去故乡的鲁迅就在这样的精神支柱的支撑下,与黑暗的外界抗争着。

在鲁迅的作品中还有一种复仇者形象。"正是那种复仇的形象,使鲁迅的孤独表现得十分坚韧。重要的并非是复仇精

---

① [日]竹内实:《竹内实文集》第二卷《中国现代文学评说》,程麻译,北京:中国文联出版社,2002年,第37页。
② [日]竹内实:《竹内实文集》第二卷《中国现代文学评说》,程麻译,北京:中国文联出版社,2002年,第37页。
③ [日]竹内实:《竹内实文集》第二卷《中国现代文学评说》,程麻译,北京:中国文联出版社,2002年,第38页。
④ [日]竹内实:《竹内实文集》第二卷《中国现代文学评说》,程麻译,北京:中国文联出版社,2002年,第38页。

神,而是复仇的形象。如果仔细分析《摩罗诗力说》(1907年)一文里提到的那些诗人和作品,会发现那几乎全都是歌颂复仇的诗人及作品。显而易见,后来它们则变成收入《野草》中的散文诗《复仇》(1924年)里所刻画的那种形象。"① 后来"这一复仇的形象,发展到《铸剑》(1926),则变成了短篇小说,在那其中是一个活生生的人物"②。复仇是人们心灵中的敌对状态。"但若没有孤独,便不会产生这种具有人类特色的对立形式。也正是这种对立,使孤独显得很真诚(即使是变为消极的真诚)。如此心灵上的对立,是给鲁迅实际行动以巨大推动的力量。"③ 竹内实看到鲁迅正是在这样的复仇心理推动下,一直积极地、孤独地与人抗争,与周围的黑暗抗争。

作为一个平常的人,离开故乡后,鲁迅有着对故乡的眷恋,他把故乡的一切都写进他的文学里。离开故乡的鲁迅一直"为了活着"而如无根野草、浮萍一般漂泊于四处,越发感到孤独、寂寞。在当时黑暗的中国,他一直在努力地抗争着,与敌人抗争,与黑暗抗争。"所谓寂寞,也并不是不行动,倒是一种杰出的行动。"④ "可以把那种执拗地背过脸去,潜心于自己心灵的幽静之处的否定性情绪,称之为'寂寞'。"⑤ 鲁迅将

---

① [日]竹内实:《竹内实文集》第二卷《中国现代文学评说》,程麻译,北京:中国文联出版社,2002年,第39页。
② [日]竹内实:《竹内实文集》第二卷《中国现代文学评说》,程麻译,北京:中国文联出版社,2002年,第39~40页。
③ [日]竹内实:《竹内实文集》第二卷《中国现代文学评说》,程麻译,北京:中国文联出版社,2002年,第40页。
④ [日]竹内实:《竹内实文集》第二卷《中国现代文学评说》,程麻译,北京:中国文联出版社,2002年,第40页。
⑤ [日]竹内实:《竹内实文集》第二卷《中国现代文学评说》,程麻译,北京:中国文联出版社,2002年,第41页。

他的抗争和离开故乡的孤独、寂寞也都写进了字里行间，在他的作品中刻画了离开故乡的孤独者的形象、狂人的形象以及复仇者的形象。他以这三类人物形象来突显他与寂寞所做的抗争，他一直都在抗争着，从未停止过。

竹内实多次前往鲁迅的故乡绍兴，游走于会稽山与禹庙，探索了从越王勾践传承下来的复仇文化，解读了鲁迅对家族文化的传承，更是走访了鲁迅曾走过的大街小巷与绍兴的山山水水。竹内实也看到在鲁迅的作品里到处都是鲁迅故乡的影子，到处都镌刻着鲁迅对故乡的思念，到处都呈现出离开了故乡的鲁迅的孤独与寂寞。在竹内实的笔下，我们看到了一个离开故乡努力求索的鲁迅形象；看到了鲁迅所传承的故乡绍兴师爷的辛辣笔法与复仇文化的继承；还看到了沉淀在故乡的家族文化的家长制在鲁迅身上的体现；看到离开故乡的鲁迅在文学作品里抒发的孤独和寂寞……对于此，竹内实感同身受，因为他们同是"失去"故乡的人。竹内实通过追根索源，通过条分缕析，通过解读其作品，将鲁迅所具有的作为"人"的情愫——对故乡的眷恋全面地呈现在人们面前。

## 第六节　文学中渺小的鲁迅

"文学作品对了解革命洪流与社会变革中人们的生活和心理变化，是很有用的。"[①] 文学是竹内实了解社会与人们生活以及心理变化的重要方式，因此他"阅读解放区的文学作品，

---

① ［日］竹内实：《竹内实文集》第一卷《回忆与思考》，程麻译，北京：中国文联出版社，2002年，第77页。

是为了了解中国革命和新中国"①。竹内实要了解现代中国，必然会阅读中国现代文学作品，鲁迅作为"中国现代文学的创始人"，阅读和研究他的作品是很有必要的。

竹内实通过鲁迅的文学作品看到了一个真正的作为"人"而存在的鲁迅，他看到褪去头上"圣人"的光环时，鲁迅作为一个平常"人"，过着平常的生活，具有平常"人"的情愫。当然也就更加明白鲁迅"是人不是神"，不具有"神"的能力。在面对军阀混战、国破山河时，在面对国民政府的残暴行为时，鲁迅不能力挽狂澜，显示出了其作为"人"的无助与渺小；在蒋介石反革命集团当道的时局下，鲁迅无处诉说；当发现被自己的学生、被自己关心的年轻人利用时，鲁迅不能如"神"一般凛然，一样会具有作为"人"的渺小人格——用犀利的文笔对其极尽挖苦。因为文学是鲁迅存在的方式，这些当然就会在他的文学作品中呈现出来。竹内实通过对鲁迅作品进行详尽的解读，慢慢地走进鲁迅，将鲁迅作为"人"的生活与人格，作为"人"的无助与渺小淋漓呈现出来。

## 一、诗中的人情

鲁迅一生创作无数，但他创作的诗歌并不多，即使将散文诗集《野草》算在内，也仅有三十多首新诗外加五十多篇旧诗而已。但是在鲁迅作品的字里行间却迸发出"诗性精神"，正如鲁迅所说："要我论诗，真如要我讲天文一样，苦于不知怎么说才好，实在因为素无研究，空空如也。……我自己实在不

---

① ［日］竹内实：《竹内实文集》第一卷《回忆与思考》，程麻译，北京：中国文联出版社，2002年，第77页。

会做，只好发议论。"① 所以鲁迅算不得诗人。

鲁迅一生创作的诗歌虽然不多，但对于竹内实来说，诗歌仍是了解、走近作为"人"的鲁迅不可或缺的一个途径。因为"诗言志"，通过诗歌可以见诗人所见，闻诗人所闻，感诗人所感。通过对鲁迅为数不多的诗歌进行解读和剖析，竹内实看到了在诗歌中包含着鲁迅满满的人情。

首先看一下竹内实在《汉诗纪行辞典》中对引用的鲁迅的几首小诗的解读，以窥一斑。《汉诗纪行辞典》是竹内实根据中国的地理位置编著的一本诗词辞典，每一个地域他都选取了从古至今的一些比较有代表性的诗词，全书总共收录了140多位诗人的六七百首诗词，其中收录了四首鲁迅的诗。竹内实从异于常人的视角对鲁迅的诗进行了解读，努力为读者呈现一个真实而平常的鲁迅。其中在绍兴地区选取了六首诗歌，鲁迅的《自题小像》便是其中之一。

> 灵台无计逃神矢，风雨如磐闇故园。
> 寄意寒星荃不察，我以我血荐轩辕。

"这首诗创作于1903年，鲁迅在1931年才写道：'创作于21岁，51岁时书写于此，时间是辛未二月十六日。'51岁，50岁是知天命的年龄。还是在1903年（明治三十六年）三月的某一天，鲁迅剪掉了发辫，这是在留学生的预备校弘文书院的江南班里的第一个，他向仙台医学专科学校提出申请时刚好满20岁，9月25日的生日。1902年的生日一过，他就21岁了，为了对这一年进行纪念，他剪了发辫，拍了照片，拜托回

---

① 鲁迅：《鲁迅全集》第十三卷《书信》，北京：人民文学出版社，2005年，第249页。

国的朋友带给了弟弟周作人，这照片也送给了朋友许寿堂。"①竹内实为该诗作的注释是："我的心里被塞得满满的，丘比特神发出的剑已经将我射中，我无法逃脱。狂风暴雨就像巨大的岩石一样向我压来，让我的天空一片黑暗，在寒冷的夜晚，只有对着天上的星星诉说，民众对于祖国处在危机中还全然不察，我只有用我的血恭敬地敬献给黄帝。"② 在中日战争中，清朝政府战败，日本获胜，中国的知识分子都很关心为什么日本可以获胜，以致留日学生激增。

"我以我血荐轩辕"，在一般人看来，这就是一首表达鲁迅为了中华之强盛而愿意抛头颅洒热血的诗歌。可是竹内实却结合时代背景，考查了大量的历史史料，提出："或许鲁迅的日本留学也是受时代浪潮的驱使吧。"③ "但从根本上说还是具有国家、民族的危机感、焦躁感的。作为个人的事情，他从矿山学校毕业了，不管矿山什么的在哪里，他考取了浙江省的官费留学生，这样他的生活费与学费便有了保障。"④ 在竹内实看来，生活费与学费有保障是留学日本的关键。鲁迅当时留日就算具有一定的国家与民族的危机感、焦躁感，但也有受时代潮流驱使的因素，并且他的留日生活也不过是因为考取了浙江省的官费留学，在生活费、学费有保障的情况下才开始的。鲁迅并不是从一开始就有为国、为民的远大抱负，作为一个平常的

---

① ［日］竹内实：《汉诗纪行辞典》，东京：岩波书店，2006年，第90～91页。
② ［日］竹内实：《汉诗纪行辞典》，东京：岩波书店，2006年，第91页。
③ ［日］竹内实：《汉诗纪行辞典》，东京：岩波书店，2006年，第92页。
④ ［日］竹内实：《汉诗纪行辞典》，东京：岩波书店，2006年，第92页。

"人",只有在"活着"的基础上才可能谈及国家与人民,这时鲁迅"立人"思想应该开始萌生。1902年鲁迅到日本留学,在这之前一直接受的是皇帝一统天下的教育,而此时中国的新文化思潮已经开始萌芽,在西方思想的浸润下,鲁迅应该已经开始有了"个人"的自觉,正如他在《文化偏执论》中所说:"是故将生存两间,角逐列国事务,其首在立人,人立后凡事举;若其术道,乃必尊个性而张精神。"① 这里的"立人"应该就是要立一个自觉、自由、独立的自我——一个个体的人。正是因为鲁迅是一个个体的"人",他首先得活着,才能谈理想,才能谈民族、国家,只有在"活着"的基础上才可能谈及国家与人民。他没有"圣人"说走就走的风范,当年孔圣人赶着马车就周游了列国十四年,从这一点来看,鲁迅的抱负应该是"渺小"的,但也是现实的。

其实在竹内实看来,鲁迅本来就是一个平凡的"人",具有"渺小"的心胸,具有强烈的复仇心理,遇到批判,遇到论敌,也一点都不退缩、忍让,并没有做到"横眉冷对",却是与人论争到底。因为在"四面都是灰土"的社会里,鲁迅常常为了青年学者们的成长,不得不扮演猛士一般的角色。

在"租界"区域,竹内实还选取了鲁迅的两首《无题》诗,这两首诗是当时租界内包括鲁迅在内的人们的生活真实写照。第一首是:

---

① 鲁迅:《鲁迅全集》第一卷《坟》,北京:人民文学出版社,2005年,第58页。

> 惯于长夜过春时，挈妇将雏鬓有丝。
> 梦里依稀慈母泪，城头变幻大王旗。
> 忍看朋辈成新鬼，怒向刀丛觅小诗。
> 吟罢低眉无写处，月光如水照缁衣。①

竹内实对此诗的解读是："春天的夜晚，漫漫长夜却无法入眠，带着妻儿的我都有了白发。（如果是在家的话，就不用特意说带着妻儿，读者显然能明白是因为带着家人外出避难。）想到在北京的母亲，梦里都不由泪满面。一觉醒来，却发现城头已变换大王旗。（大王并不是表达敬意，而是对国民党政府的挖苦。很艺术地转到了自己的立场。）年轻的朋友们丧失了生命，怎么都无法保持沉默。看着刀丛中的伙伴们，作下了此诗。（与作者亲密的青年作家们被国民党在郊外的龙华秘密地杀害了，处于危险境地的作者，却避难在外。）埋头作下此诗后，却发现无处可发表，只有在如水的月光中深深哀悼。（杂志都被禁止了，作者只有通过地下出版杂志，向世界控诉。）"②

"鲁迅把'大王'当作敌人，'朋辈'作为自己的分身……因此，'怒向刀丛觅小诗'不得，就迎向敌人林立的刀丛，可是因为没有武器、力量微弱，作者除了作下此小诗别无他法。"③

作为"人"的鲁迅，因为具有从家族沿袭下来的家长思想，即使外出避难也会带上家人、照顾家人，会担忧家里年迈

---

① ［日］竹内实：《汉诗纪行辞典》，东京：岩波书店，2006年，第578页。
② ［日］竹内实：《汉诗纪行辞典》，东京：岩波书店，2006年，第579页。
③ ［日］竹内实：《鲁迅周边》，东京：田畑书店，1981年，第14页。

的母亲，这是作为"人"而拥有的儿女情长。作为圣人是不可能具有这种情愫的，圣人关心的只有天下大事，儿女情长在圣人看来应该是成大事的羁绊。面对敌人的追捕，鲁迅只能逃避。竹内实在字里行间看到了鲁迅作为"人"的渺小的一面，看到鲁迅关心文学青年们的生死，也关心家人。鲁迅不能如孔圣人那般为了推行仁政礼教，周游列国，放下妻室儿女十四载而不顾。但竹内实也看出了鲁迅作为"人"的无助，在国民党的黑暗统治下，鲁迅为了不被逮捕，不得不带上妻室儿女逃亡；面对敌人林立的刀丛，却因无武器而力量微弱，只有作下此诗；拿起手中的笔写下这首诗，却无处发表，只有让如水的月光照在深色的衣服上，带去对逝去友人们的哀悼之情。为了向世界控诉国民党的暴行，最后也只能通过地下杂志发表。通过竹内实对此首小诗的解读，我们看出鲁迅作为"人"的渺小与无能为力。

　　1931年的2月中旬，在上海传言：听说红色文学青年被逮捕了，接下来就应该是鲁迅了。这个传言还有另外一个版本：敌人在说同志被捕了，然后就会是鲁迅先生有危险。柔石他们被捕的时间是1月17日，三天后的1月20日，鲁迅就带着妻子许广平和儿子海婴离开了自己的家，藏身于日本人在花园庄经营的旅馆。2月7日深夜，被捕的人被秘密枪决。在2月7日深夜时分，鲁迅还不知道他们被枪决了，也不可能知道。鲁迅离开避难地是2月28的事了。他在那里躲藏了39天，其间冯雪峰在确定柔石等人的死讯后，拜访过鲁迅，鲁迅在日记里记有冯雪峰的来访，但日期不确定。此时，鲁迅已知道柔石死了，于是就写下了这首诗。冯雪峰是第一个看到这首诗的人，"出示诗稿的时候，鲁迅的表情一直沉着，然后就是沉默，那是一个让人恐怖的长时间的沉默"①。

"鲁迅把这首诗给他看的时候，说了句'拼凑了几句'，当然这是谦虚客套语，但正是这几句是想传达给对方多么凝重的感情。"② 那天晚上，同冯雪峰吃了晚饭，鲁迅喝了点酒，可几乎没说话，太过于沉默了，冯雪峰也一直犹豫着该不该说话。鲁迅的妻子许广平也因愤怒、悲伤，太过激动而沉默着。饭后不久，冯雪峰离去。"鲁迅那天总共说话不超过十句。""沉默、沉默、沉默……沉默中，而'怒向刀丛觅小诗'的鲁迅，在此他看到了什么呢？""'中国就这样让他们死了吗？'长时间的沉默后，鲁迅这样怒吼道。""然后又是长时间的沉默。"③ 面对国民党反动派的暴行，看着自己的学生、挚友被无情地杀害时，鲁迅也只能如此渺小而无能为力，什么都不能做，只有在沉默中拿起手中的笔对其讨伐。"这首诗虽是以柔石为对象书写的，可是在这样的情感中，将柔石一个人的生死扩展开来，虽然柔石一个人的生命结束了，但他仍然还活在人们心中。以柔石的死作为象征，中国这样的世界也必将灭亡。鲁迅通过此事看到了中国的现在与未来，诗歌没有题目，但是在歌颂谁的死是显而易见的，而且是一种无可名状的情感。正是这种无可名状的感情，才会无限蔓延开去，让人无可忍耐，想忘却。"④ 因此鲁迅在柔石他们死后两年写了《为了忘却的记念》，"可是'记念'并不是不能忘记的事，正是因为想忘记却无法忘记，铭刻在了心里。正是通过这样的文章想忘却，悲

---

① ［日］竹内实：《鲁迅周边》，东京：田畑书店，1981年，第15页。
② ［日］竹内实：《鲁迅周边》，东京：田畑书店，1981年，第15页。
③ ［日］竹内实：《鲁迅周边》，东京：田畑书店，1981年，第16页。
④ ［日］竹内实：《鲁迅周边》，东京：田畑书店，1981年，第21页。

愤却阵阵袭来，怎么也无法忘却。"①对于柔石们的死，鲁迅是非常伤心的，"这个问题一直压在鲁迅的心上，对于那样的事情他一直回避，至少对于前年柔石们的死他是逃避的，我认为鲁迅不会发出什么别的议论的。"② 柔石是与鲁迅关系很好的青年学生，鲁迅挚爱柔石。面对柔石们的被害，作为一个平常人，鲁迅会在很长的一段时间里不愿面对，当然他也会为自己当时的逃避，没能与青年学生们站在一起而感到愧疚。面对国民党的反动势力，鲁迅是如此渺小，无能为力，连写文章也不能写自己想写的，"鲁迅虽然被拜托写这篇文章的，但却不能写自己想写的，或者必须写的东西，最后留下了一句'临末，用血写添几句个人的预感，算是一个答礼吧'，结束了文章"③。

竹内实认为正因为鲁迅是一个"人"，才会充满了人情，因无法忘记的情感而感到痛苦。也正因为鲁迅是一个"人"，一个手无寸铁的"人"，面对国民党政府的残暴行为才显得力量渺小，无能为力，除了拿起手中的笔写下对国民党的控诉，别无他法。

在20世纪30年代的中国，鲁迅的这首诗是一个时代的记忆。而在战后的日本，这首诗同样也被镌刻进了时代的记忆。在武田泰淳的《风媒花》中，稀里糊涂地在公娼街做了一夜娼妇的蜜枝，在一群由一个汉学教授带领下来嫖娼的军国主义者拿出的日本国旗上也能挥毫写下这首诗。"在武田泰淳的《风媒花》中鲁迅的诗'惯于长夜过春时……'被新宿二丁目的公

---

① ［日］竹内实：《鲁迅周边》，东京：田畑书店，1981年，第21页。
② ［日］竹内实：《鲁迅远景》，东京：田畑书店，1978年，第59页。
③ ［日］竹内实：《鲁迅远景》，东京：田畑书店，1978年，第59页。

娼街上的妓女用墨痕鲜艳地挥毫写下,这首诗镌刻着 1952 年（昭和二十七年）的时代的记忆。"① "鲁迅的诗不仅是在新宿二街,在日本到处都有被标识。"②

竹内实知道蜜枝写下这首诗时,肯定不知道作者是鲁迅,更不可能知道其中的意思。"这是鲁迅的诗句,她已经忘了。现在东京的城头大王旗变了,她也不知道。她也不会知道这些诗句是鲁迅在妻子熟睡后,徘徊于旅馆庭院里的悲痛记忆涌上心头的书写。从 1931 年 2 月 7 日的半夜到 8 日清晨,仰慕鲁迅的文学青年们被行刑了。在上海郊外,龙华警备司令部的一角,24 个年轻人被枪决了。鲁迅存活了下来,而他们却被埋在了无人知晓的某个地下。逃到英租界的老文人看着好友一个接一个地变成了新鬼而消失掉,却无能为力。对于这些,蜜枝是不知道的,她手中的笔,字写得越来越大,想将旗子全都掩盖。"③ 日本国旗渐渐地被墨汁的颜色浸染,鲁迅的诗就像在蜜枝的脑袋的某个角落里存放着,如潮水一般涌出来。在这里,作者借蜜枝的手,表达了鲁迅的诗就像潮水一样侵袭了战后日本国民的意识,由此可见鲁迅的诗在日本已经家喻户晓、妇孺皆知。

竹内实在《鲁迅周边》的第一节《城头变幻大王旗》中就指出武田泰淳在小说《风媒花》中,让作为妓女的蜜枝用墨汁信手写出鲁迅的这首诗,意在表明鲁迅的这首诗,是他作为一个"人"的情感表达,是对中国 30 年代的时代意识的一个呈现。这种时代意识在 50 年代的日本仍然能引起共鸣,浸入了

---

① ［日］竹内实:《鲁迅周边》,东京:田畑书店,1981 年,第 7 页。
② ［日］竹内实:《鲁迅周边》,东京:田畑书店,1981 年,第 7 页。
③ ［日］竹内实:《鲁迅周边》,东京:田畑书店,1981 年,第 9 页。

日本社会各个阶层的意识，即使是不怎么识字的妓女也可以挥毫写出。只是因为这首诗的字里行间都洋溢着作为一个"人"的情感，才会被如此广泛地接受、传播。圣人的言语只能被作为金科玉律来遵守，而不可能会是"人"的情感表达。或许当时鲁迅的心情和作为常人的妓女蜜枝的心情是一样的，因看到国破山河和政府的腐败无能而感到伤悲，感到自己的无力与无助。

面对国民党政府的暴行，作为"人"的鲁迅感到无能为力，但他可以借助诗歌的力量将国民党的暴行以及自己的心思传递出去，从而有了另一首《无题》：

万家墨面没蒿莱，敢有歌吟动地哀。
心事浩茫连广宇，于无声处听惊雷。

毛泽东曾说过：这一首诗，是鲁迅在中国黎明前最黑暗的年代里写的。1934年5月，日本社会评论家新居格从日本来到上海旅游访问。通过上海内山书店的老板——内山完造的介绍，新居格认识了鲁迅，同年5月30日鲁迅就挥笔为他写下了这首诗。当时，继1931年"九一八"事件侵占我国东北全境之后，日本帝国主义又向华北地区大举侵犯，妄图将中国变为日本的殖民地。国民党政府推行"攘外必先安内"的反动政策，不仅不抵抗日本帝国主义的侵略，反而从1933年10月起，征调了一百多万军队，聘用了德国、意大利的法西斯军人作顾问，对我革命根据地进行第五次反革命大"围剿"，妄图一举消灭革命武装力量，破坏全部革命根据地。在鲁迅写作这首诗时，这个所谓的第五次大"围剿"已经进行了七个多月了。由于党内王明"左倾"冒险主义路线的错误领导，革命受到了挫折。在上海，国民党当局还进行了反革命的文化"围剿",查禁、没收、销毁进步的文化书籍,强行检查一切印刷品、书籍与新闻。1933 年 9 月 11 日,鲁迅在《关于翻译(下)》一文中说:"姑不论民穷财尽,即看地面和人口,四省是给日本拿去了,一大块在水淹,一大块旱,一大块在打仗。"① 就这寥寥数语,淋漓尽致地刻画了当时中国的苦难面貌。就是在这样一个"中国黎明前最黑暗的年代",鲁迅悲痛万分,却又无能为力,只有拿起手中的笔写下了这首诗。

"一些关心中国的人来到上海,希望能见到作者,于是就通过鲁迅的至交内山书店的老板内山完造,达成了愿望,当然其中也有人希望得到鲁迅的墨宝,于是这首诗就通过这种方式得以存留下来。可得到此诗的人能将鲁迅的心境传递到什么地方呢?在这首诗的最后一句'于无声处听惊雷'是作者想传递的。"② 当时,在日本的侵略下,在蒋介石反革命集团的压迫下,中国人民过着贫苦的生活,田园荒芜,杂草已经将房屋掩盖,甚至都看不见房屋了,对此大地都颤抖了。但是在法西斯的统治下,人们连诉苦的权利都被剥夺,无处诉说。在没有声音的地方,如果你侧耳倾听,会听到巨大的雷声。鲁迅希望能通过此诗将中国的现状传播出去。当时的中国,军阀混战,民不聊生,"每一家都过着贫困的生活,杂草丛生,可是如果能将这种心情传递出去的话,也会引起大地的共鸣、共同的担忧吧。我的担心焦虑是无止境的,如果你在没有声音的地方能侧

---

① 鲁迅:《鲁迅全集》第五卷《准风月谈》,北京:人民文学出版社,2005 年,第 316 页。
② [日]竹内实:《汉诗纪行辞典》,东京:岩波书店,2006 年,第 580 页。

耳倾听的话,是会听到巨大的惊雷声的"①。面对国民党政府的暴行,面对山河破碎,鲁迅无能为力,深知自己的渺小,只有痛定之后,长歌当哭,期待着惊雷的到来:"于无声处听惊雷。"由此竹内实更是看到作为"人"的鲁迅,力量是有限的、渺小的,他无法改变民不聊生的现状。他只有寄希望于笔端,希望将此现象传递出去,传递到日本和世界的其他地方,希望日本以及全世界的人们能解救多灾多难的中国。

如果这几首小诗呈现出的是鲁迅无助、渺小的"人性"的人情味,那么诗集《野草》则展现了鲁迅无尽的寂寞。失去故乡的鲁迅是寂寞的,无论在他的小说中,还是在诗歌中,以及杂文中都充满了无尽的寂寞。在竹内实看来,诗集《野草》就是鲁迅与寂寞的对话。在《野草》中,鲁迅是"这样的战士"——他毫无乞灵于牛皮和废铁的甲胄;他只有自己,但拿着蛮人所用的,脱手一掷的投枪。

竹内实在《与寂寞的对话——关于〈野草〉及其他》中,通过与影子进行对话,直接发起了与鲁迅的对话。因为竹内实与鲁迅不在同一个时空里,所以文中就用影子代替了鲁迅,以对话的形式,将鲁迅在《野草》以及其他文学作品中抽象的寂寞之感,形象地展现出来。"说起寂寞来,尽管它要不得,可人在一生中,大约总会遇上过一、两次。在人的一生里,至少会有那么一个夜晚,虽然并不能明白知道寂寞究竟是个什么模样,但无法躲开,而不得不谈到它。"② 创作《野草》时,鲁迅正独自彷徨于"寂寞"的深渊,这种寂寞正如他在《〈呐喊〉

---

① [日]竹内实:《汉诗纪行辞典》,东京:岩波书店,2006年,第581页。
② [日]竹内实:《竹内实文集》第二卷《中国现代文学评说》,程麻译,北京:中国文联出版社,2002年,第28~29页。

自序》中所吐露的一样：

> 凡有一人的主张，得了赞和，是促其前进的，得了反对，是促其奋斗的，独有叫喊于生人中，而生人并无反应，既非赞同，也无反对，如置身毫无边际的荒原，无可措手的了，这是怎样的悲哀呵，我于是以我所感到者为寂寞。
>
> 这寂寞又一天一天的长大起来，如大毒蛇，缠住了我的灵魂了。①

竹内实看到了生活于黑暗中的鲁迅的孤独与寂寞，竹内实将鲁迅化成影子，与鲁迅发起了一场隔空对话。通过对话的形式，竹内实直接走进鲁迅的思想。当然竹内实所获取的鲁迅的这些思想肯定也只能通过字里行间来获取，只不过他采取了对话这种比较直观而容易被人接受的方式。

> 作者　好罢。只是，如今的夜色这样深沉，大约即使如鲁迅，也将失去耀眼的光辉。不过实际上，鲁迅对我的吸引，与其说是因其所散发的光辉，毋宁更是那种孤独的阴沉。但是，鲁迅并没有身陷于那样的孤独中，而是将孤独深藏在心里。因此从外表上看起来，鲁迅仍富于活力，其身上闪烁着来自白昼的太阳那样的光芒。可在鲁迅的心里，那颗被阴暗的高墙封锁着的心灵，却始终凝视那黑暗的深处。我觉得，在那种没有阴暗的地方，鲁迅也就不可能存在。对鲁迅来说，那种阴暗，便意味着生命。若非如此，那还得把鲁迅引进黑暗里去。因为只有那样做，鲁迅才有生存的可能。在那黑暗中，其生命才能够生存。

---

① 鲁迅：《鲁迅全集》第一卷《呐喊》，北京：人民文学出版社，2005年，第439页。

> 影子　你是在说黑暗么？我便是啊！你要想生存，就必须在我这样的黑暗中栖息与生活。你所说的光明，其实就是与我的黑暗之间所形成的反差。①

在竹内实看来，只有存在于黑暗中，也只有与寂寞相伴，鲁迅的生命才具有意义。寂寞笼罩了鲁迅的一生，无时无刻不绕缠在鲁迅的周围，侵蚀着他的魂灵。黑暗给了鲁迅生存的环境，而寂寞给了鲁迅生命。离开故乡的鲁迅一直都处在属于他自己的黑暗里，与寂寞相对话，与寂寞相交融，或许寂寞就是鲁迅的一部分，寂寞在鲁迅的文学里无处不在。竹内实从鲁迅的文学作品中看到了鲁迅对于寂寞的执着，也看到了鲁迅对光明未来的期许。

> 影子　"……其实地上本没有路，走的人多了，也便成了路。"
>
> 作者 是这样说的。这句话经常被引用，被用来说明鲁迅对光明未来的期许。就这句话本身而言，如此引用也许并不错，但是，鲁迅所期待的光明的未来，还表现在其他什么地方呢？他倒是将对孤独的执着，不断地写进了作品之中。引用作品的哪一部分，那自然是引用者的自由。不过，那毕竟并非是作品的整体。而作家以其创作的全部作品，来展现他心中的世界的。鲁迅所执着的，是那些活生生的孤独的人们。这首先是指《故乡》里的那个"我"。②

---

①［日］竹内实：《竹内实文集》第二卷《中国现代文学评说》，程麻译，北京：中国文联出版社，2002年，第29~30页。

②［日］竹内实：《竹内实文集》第二卷《中国现代文学评说》，程麻译，北京：中国文联出版社，2002年，第30页。

透过鲁迅的文学作品，竹内实更多地看到了作品中的人们以及他们作为常人的情愫，当然也包括隐藏在作品后面的作为"人"的鲁迅的情愫。竹内实与鲁迅都是离开了"故乡"的孤独的人，因此与鲁迅产生共鸣，能明白"被故乡赶走时的那种惊恐、无依无靠与痛苦的感受，也许就像鲁迅丧失故乡时的那种心情"①。竹内实对鲁迅那种失去故乡后所陷入的无限寂寞之中的心情感同身受。正因为竹内实把鲁迅当成了一个平凡的"人"，才能与其产生共鸣，才能将鲁迅置于影子的位置，直接与其对话。"您富于伟人的聪颖，而自己正缺乏这种聪颖，于是便难免让您讨厌。不过如今看来，要想装扮成美丽的您，也确实得真有胆量。因此要说起伟人的聪颖，我恐怕连反感那样的力量也没有了。"② 显然竹内实没有把鲁迅当成一个"伟人"来看待，他只是把鲁迅当成了一个平常的"人"，所以才能与之对话，并进行了比较深入的交谈，还与之产生了共鸣，这都有因为失去故乡而产生了"寂寞"的情愫的缘故。

竹内实通过与影子（鲁迅）的对话看到了鲁迅的求生之路，当然也看到了鲁迅精神的跋涉，看到了鲁迅本人的战斗人生。留日时期，生命自由飞扬，大呼"精神界之战士安在哉"？——"沉默鲁迅"亲身遭遇虚无，不得已沉潜其中，咀嚼其味——《呐喊》《彷徨》时期，一边有对虚无人生的狂人、疯子进行反击，一边却是清醒地意识到狂人、疯子愈后的"无聊"，刻写了一系列在无奈中"候补"的沉沦型人物。当看到在《孤独者》《在酒楼上》《祝福》中，或矛盾犹疑、暧昧晦

---

① ［日］竹内实：《竹内实文集》第二卷《中国现代文学评说》，程麻译，北京：中国文联出版社，2002年，第31页。
② ［日］竹内实：《竹内实文集》第二卷《中国现代文学评说》，程麻译，北京：中国文联出版社，2002年，第29页。

涩、或自曝沉沦、自戕自毁、背弃往昔理想的诸般人物时,我们就要小心了——这不仅仅是小说里的人物,同时也暴露了鲁迅本人的"危机"。现实中,1925年,鲁迅被教育总长章士钊免除了教育部佥事职务。生计的危机,以及由此可能引发的精神异变,都是客观存在的。在《祝福》之"我"、《在酒楼上》的吕纬甫与"我"、《孤独者》中的魏连殳与"我",以及《伤逝》中的涓生那里,敏锐的读者要看到鲁迅本人精神求索的深处,要联想到生活中,鲁迅及其同仁们的漫漫求索路——鲁迅一直在探索一条在酷虐现实中坚守自我理想,并且能够幸存的路!鲁迅一路走来,正如吕纬甫、魏连殳等一样,孤独、寂寞。

竹内实对鲁迅的诗歌进行详细的解读,看到了存在于字里行间的一个为了活着而努力、无助、渺小,还很"寂寞"的鲁迅,这些都是作为"人"的常有之情。竹内实没有仅凭自己的主观臆断对文义进行揣测,而是结合时代背景和大量的历史史料进行了分析解读。在竹内实看来,地理位置对文学创作是有影响的,他在《鲁迅周边》和其他研究中对鲁迅的出生地绍兴那片土地从古至今的历史文化都进行了比较详尽的考证。对于鲁迅的诗,虽然今天或许已经有了更好的解读,但在几十年前,竹内实就结合大量的史实,把鲁迅诗歌的解读尽量放到当时的时代现实中,从字里行间努力地还原一个真实的鲁迅,呈现出一个时常被"人情"裹挟的真实的"人"的鲁迅,这在当时是具有先进性和实际意义的,当然也需要承受相当多的舆论压力。

## 二、小说中的私情

在诗歌中,鲁迅的心情和人格得以淋漓呈现,他的小说、杂文等更是尽情书写了他的心情和人格。褪去"圣人"光环的鲁迅也是凡夫俗子，骨子里又有从越国这片土地上沿袭下来的强烈的复仇心理。当发现自己被人利用后，他很愤怒，拿起了手中的笔，对此加以讽刺，用以泄愤。鲁迅笔下的很多文章都有对现实生活和现实中的人的影射，甚至有对现实中的人的挖苦和讽刺。

竹内实认为，《故事新编》的创作，鲁迅虽然构建了一个古代传说世界，但是"如果说《故事新编》是伊克奥尔，是一个古代传说的世界，也并不是这样的，不用说是经过改编了的。正如他在《序言》中回顾构想写八篇的当时的心境一样，是一种'不愿意想到目前'的状态。就像古代文物从厚重的地下'出土'一样，如他所说幼时的记忆全都化着《朝花夕拾》的诸篇了，因此《朝花夕拾》（原来题为《旧事重提》）从来厦门前就开始在杂志《莽原》上连载了，因此到了厦门后，他不可能完全从'眼前事'远离"①。很多学者就指出《故事新编》影射了当时的文坛以及学界。

这样看来，竹内实认为鲁迅的文学创作终究是不可能远离"眼前事"的，他也认为鲁迅的《故事新编》是有所影射的，其中包含了一定的私情。"这从他开始准备写《故事新编》后，写的第一篇《奔月》可以看出。"②《奔月》从故事情节上讲的是嫦娥把丈夫羿从西王母那里得到的不死药吃了，逃到月亮上的故事。羿是古代传说中的名人，逢蒙向他学习射术，可是逢蒙想成为天下最好的射手，就把羿给杀了。在《〈故事新编〉的公愤与私愤》中，竹内实指出："鲁迅只是借用了弓的名人，

---

① ［日］竹内实：《鲁迅周边》，东京：田畑书店，1981年，第261页。
② ［日］竹内实：《鲁迅周边》，东京：田畑书店，1981年，第261页。

然后谈了一个相似的话题,他的《奔月》中登场的人物就属于现代的,几乎都是身边人物的投影。也就是说羿——鲁迅、嫦娥——许广平、逢蒙——高长虹。"① 高长虹是鲁迅在北京时,主动靠近鲁迅,在文学上也曾受到鲁迅很多照顾的一个学生。可是当鲁迅去厦门后,高长虹就组建了其他的文学社。一方面利用鲁迅的名声,另一方对鲁迅进行诽谤与攻击,还曾诽谤过鲁迅梦为皇太子,梦为思想界权威者。还有因为对许广平的感情,高长虹就将其写进诗歌,创作了著名的"月亮诗"——《给——》。在诗中高长虹写道:……月儿我交给他了,/我交给夜去消受。/夜是阴冷黑暗,/…… 在诗歌中,许广平是月亮,鲁迅被比喻成阴冷黑暗的夜,而自己是太阳,月亮被夜夺走了。鲁迅就顺着高长虹的比喻创作出了《奔月》。鲁迅带着许广平离开北京南下,这在当时也是有很多传言的,了解事情经过的人,只要读一读这篇文章就会明白所指。

"从根源上说,还是高长虹自己播下的种子,鲁迅的反击就像全身撒了火药一样,文笔辛辣。"② 在作品中,逢蒙最后没打败羿,企图杀害羿失败了。"显然,这不是鲁迅的本意,他只是想借羿的口狠狠地骂上一句'偷去的拳头是打不死对手的,要自己有真本事才好'。"③ 鲁迅死后,高长虹在重庆的报纸上登载了一篇文章为自己辩护,可见《奔月》这篇文章的打击力是多么猛烈。"鲁迅的打击力,就是在这篇文章中也不是只对高长虹一个人的。据与鲁迅有交往的曹聚仁说,鲁迅通过文章与人干仗,而被击败的对手是无法想象的。"④ 足可见鲁

---

① [日]竹内实:《鲁迅周边》,东京:田畑书店,1981年,第261页。
② [日]竹内实:《鲁迅周边》,东京:田畑书店,1981年,第262页。
③ [日]竹内实:《鲁迅周边》,东京:田畑书店,1981年,第262页。
④ [日]竹内实:《鲁迅周边》,东京:田畑书店,1981年,第262页。

迅文笔的犀利。当鲁迅被人利用后,他会通过文章进行反击,这是一种复仇心理。因为越国土地上复仇的血液在他体内流淌,绍兴师爷的辛辣笔法也被他很好地承袭,他通过文章对人进行打击、讽刺、挖苦。

竹内实认为正因为鲁迅是凡夫俗子,具有"人"的品性,当发现自己被人利用、攻击时,并没有如"神"般沉默无语,而是以手中的笔为武器,以辛辣的文笔用力还击。"比起语言用于相互理解,作为伤害对方的武器被意识到的社会,和从平民中培养出敬而远之的职业人的故乡风气,不能否认更是在不知不觉间渗透到鲁迅的骨子里。"①

竹内实看到鲁迅的小说有作为与人斗争的工具的一面,在鲁迅的很多作品里,人物都有一定的预设对象,这是鲁迅作为一个常人的正常表现,也是鲁迅性格以及对绍兴师爷文化的因袭所决定的。当然,这是鲁迅作为一个常人所偶然呈现出的一定的表现,是个人情感的真实呈现,没必要对其进行放大,将其当成鲁迅文学作品的全部表现,更多的时候,我们应该看到鲁迅文学的伟大价值之所在。就算在竹内实看来私愤最多的《故事新编》,其实也没有那么多的私愤,其中承载的更多的是公愤。或许"油滑"只是鲁迅借以书写的一种方式。《故事新编》收入的8部作品,写作跨度很长,前后历经13年。第一篇《补天》完成于1922年11月,《奔月》和《铸剑》写于1926年与1927年,《非攻》写于1934年8月,其余4篇都完成于1935年年末。1935年,鲁迅已经疾病缠身,但还是坚持在不到一个月的时间里写出了4篇小说,完成"预备足成八则《故事新编》"的计划,可见鲁迅对《故事新编》的重视。鲁迅

---

① [日]竹内实:《鲁迅周边》,东京:田畑书店,1981年,第263页。

1935年1月4日在寄给萧军、萧红的信中说道：

> 近来文字的压迫更严，短文也几乎无处发表了，看看去年所作的东西，又有了短评和杂论各一本，想在今年内印它出来，而新的文章，就不再做，这几年真也够吃力了。近几时我想看看古书，再来做点什么书，把那些坏种的祖坟刨一下。①

这里面提到的应该就是《故事新编》。鲁迅写《故事新编》是有计划的，他不可能仅为一些私人恩怨有计划地创作13年，他的主要目的是"把那些坏种的祖坟刨一下"，意思是要对中国古代的几大思想流派做一个清理，继续他一直以来从事的文化批评，以改造国民性。从发表《狂人日记》前的"抄古碑"到这里的"看看古书"，"古"，是一个与鲁迅缠绕一生的话题。

有人说《故事新编》是一部历史小说，其实《故事新编》是不是一部历史小说，鲁迅在序言里已经明确表示："对于历史小说，则以为博考文献，言必有据者，纵使有人讥为'教授小说'，其实很难组织之作，至于只取一点因由，随意点染，铺成一篇，倒无需怎样的手腕。"② 当然，鲁迅在此并不是在特意谈论历史小说的写法，只是在对成仿吾的说法予以反驳。成仿吾在《〈呐喊〉的评论》中指出《呐喊》的前九篇是自然主义手法，只知道再现人物，只有《不周山》进入了纯文艺的宫廷。鲁迅则表示自己并没有费历史小说之力，只是"随意点染，铺成一篇"而已。但事实上，《故事新编》在很多地方还

---

① 鲁迅：《鲁迅全集》第十三卷《书信》，北京：人民文学出版社，2005年，第330页。

② 鲁迅：《鲁迅全集》第二卷《故事新编》，北京：人民文学出版社，2005年，第354页。

是有理有据的，就算谈不上言必有据，却也算得上是"博考文献"。《故事新编》中的每一个典故都是可以考证的，都是有根据的。有的"根据"是"游戏"性质的，为的是增强环境的逼真度；有的"根据"肩负塑造人物的功能，丰富人物性格，勾勒人物特点；有的"根据"则直入传统文化的核心，是作者所要针砭的对象。不理解历史文献的来由，便搞不明白鲁迅在批评什么。不理解这些"旧根据"，就难以体会小说里的讽喻，从而就会将鲁迅对传统文化的批判表面化、浅薄化，误以为他只会一味偏激。因此要更好地了解鲁迅就得更好地了解这些历史文献资料，才能明白鲁迅所要批判或者针砭之物。"菲薄古书者，惟读过古书者最有力，这是的确的。"[1] 鲁迅对传统文化的批判从来都不是无的放矢，他注意到小说在处理历史真实和艺术虚构的关系时面临着矛盾："据旧史即难于抒写，杂虚辞复易滋混淆。"[2] 所以他认为既要不受史实拘牵而为人物注入生命，又不能牺牲历史性而给人物强加当代意识，"写死古人"。

如果不了解历史与传统本身，不了解鲁迅对书写历史的态度，就无法体会他将古人"写活"的精妙，也就难以深入了解《故事新编》的解构力量。当然，根据不是考据，逐字逐句考据，也会失鲁迅讽刺的本意。

鲁迅"取一点因由"，是说写人要有根有据；"随意点染"则是依靠虚构，给古人注入生命，使之与现代人生出联系，今话古说，古事今做。鲁迅的小说，常有原型，但都不为个人恩

---

[1] 鲁迅：《鲁迅全集》第三卷《华盖集续编》，北京：人民文学出版社，2005 年，第 228 页。
[2] 鲁迅：《鲁迅全集》第九卷《中国小说史略》，北京：人民文学出版社，2005 年，第 135 页。

怨，而是通过放大人物身上的特点指称某一类人，这一点鲁迅曾在《我怎么做起小说来》中有过论述。针对有人认为《出关》是在批判傅东华先生这种说法，鲁迅也予以回应，进一步补充了他的原型理论。他认为一味钻研人物原型是一种"爱听别人隐私"的读法，但就写作者而言拿真实人物做原型也并无不可："因为世间进不了小说的人们倒多得很。然而纵使谁整个的进了小说，如果作者手腕高妙，作品久传的话，读者所见的就只是书中人，和这曾经实有的人倒不相干了。"① 一方面有读者不注意区分原型和小说人物之故，另一方面也是因为作者处理人物时过分用力，没有突出普遍性，反教人觉得作者过分刻薄。而鲁迅"油滑"的笔端，却只见幽默，不见刻薄，所以虽然"不免时有油滑之处"，"不过并没有将古人写得更死"②。

在创作中，鲁迅将今人之事、之态、之行投射到古人身上，然后再将古人拉到现代人的语境里，赋予他们现代的元素，又不牺牲历史感，还破除崇古之心，去除神圣性，并揭示今人的思想之源。同时又对现世之态形成讽刺，以证国民之根本，这古已有之，今尚有之，今后仍会有之。在鲁迅的文学创作中有很多在借古人说话，甚至借古讽今，有时甚至会让人觉得鲁迅是在借文学为武器，了却个人的恩怨情仇，这种说法只是承认他作为一个常人的存在，在他的文学中更多时候是在"把那些坏种的祖坟刨一下"。

竹内实在《关于鲁迅的短刀》中说道：鲁迅的复仇观念极

---

① 鲁迅：《鲁迅全集》第六卷《且介亭杂文末编》，北京：人民文学出版社，2005年，第538页。

② 鲁迅：《鲁迅全集》第二卷《故事新编》，北京：人民文学出版社，2005年，第354页。

强,到处树敌。鲁迅一生四处树敌,从没有放弃过复仇的念头,直死都没选择宽恕对手。"欧洲人临死时,往往有一种仪式,是请别人宽恕,自己也宽恕了别人。我的怨敌可谓多矣,倘有新式的人问起我来,怎么回答呢?我想了一想,决定的是:让他们怨恨去,我也一个都不宽恕。"① 文学就是鲁迅的复仇工具,他也不怕因此而树敌,就算怨敌再多,也不祈求任何人的原谅,也不原谅任何人,鲁迅算是将文学的功能发挥到了极致。

因为鲁迅强烈的复仇观,便好与人斗,"私斗没私情是不成立的"②,鲁迅的文学在揭露人与社会的本质时,也会经常因此而与人发生论争,可有的论争也仅仅是因为私斗而开始,要发生私斗当然也是因为有"私情"。而之所以有私情,也正是因为鲁迅是以"人"而存在的。

## 三、日记中的隐情

众所周知,鲁迅每天都坚持写日记,从1912年5月5日开始到1936年10月18日,也就是去世前一天,写了大概25年,可是从1932年2月1日到5日,却没有记录,日记上全部记的是"失记"。所谓"记",在汉语中有"记忆"与"记录"两个意思,特别是作为日记,应该有的却没有记事,也就是"空白"。对于鲁迅日记中的"空白",竹内实从多方面进行了考证,他认为鲁迅日记中的"失记"另有隐情。

"没有记事的日子当然也有,这种情况至少会记上天气,

---

① 鲁迅:《鲁迅全集》第六卷《且介亭杂文末编》,北京:人民文学出版社,2005年,第635页。
② [日]竹内实:《鲁迅周边》,东京:田畑书店,1981年,第265页。

或者就留个空白，或者就只记个'没事（无事）'。约二十五年间，没有一天间断的日记中，特意记上'失记'，也就是记载了'弄丢的记载'的只有1932年2月的五天时间。1月31日日期、记事都没有写，这就是由此引发的话题，这也许与有的事情没能一天一天地记到日记本上，而是鲁迅两个月后一起补上的有关。"① 根据当时的日记，有"三月十九日阴"，"海婴的疹子全退，遂于上午俱回旧寓。午后访镰田君兄弟，赠以牛肉两罐，威士忌酒一瓶。夜，补写一月三十日至今日的日记"②，我们明白1月31开始后的记事，是在约两个月后的那天补写的。没有31日，不知道是不是因为鲁迅补写记忆发生了错误还是其他什么，不得而知。

竹内实对此产生了怀疑，"不管怎么说，因为是两个多月前的事情了，这个'失记'是因为把事情忘记了，失去了记忆也是可能的，可是，其他天又写得清清楚楚的，例如2月9日，没有写记事，就写了那天的天气，如果说忘记了，有点奇怪"③，他便通过多方面对其进行了考证。

首先，竹内实对当时的相关史料进行了考证。对当时的时代背景、鲁迅居住的拉摩公寓的周围邻里、"一·二八事变"发生时鲁迅躲藏的内山书店周边的街道与环境等都进行了详细的考证，还结合后来许广平的《鲁迅回忆录》和内山完造的《花甲录》中关于此事的相关记载，甚至还结合了日本官方的一些关于当时的一些相关资料的记载进行了考证。然后又通过

---

① ［日］竹内实：《鲁迅远景》，东京：田畑书店，1978年，第9～10页。
② 鲁迅：《鲁迅全集》第十六卷《日记》，北京：人民文学出版社，2005年，第302页。
③ ［日］竹内实：《鲁迅远景》，东京：田畑书店，1978年，第10页。

词义学,对"失记"的"记"进行了考证。通过对这些资料的考证,竹内实认为鲁迅日记中的关于"失记""我认为在此是有一些事是可以想到而不能记在日记里的,或者说不想记在日记里"①。"在当时鲁迅还写过几封信,可是读了这些信,关于在日记中没能记载的五日的事情还是没有提及"②。那么竹内实认为到底是哪些事是可以想起却不能记在日记里,或者不想记在日记里的呢?

竹内实认为鲁迅日记的"空白"与"一·二八事变"之间是有关系的。"鲁迅好像并不是从最初就打算到内山书店去避难的,事态急速地恶化了。"③ 最开始鲁迅或许并不想到内山书店或者其他与内山完造相关的地方去避难,但是因为事态的急速变化,最终鲁迅不得不在内山书店的楼上躲了六天,这六天正好是鲁迅日记"失记"的六天。并且在"一·二八事变"中,鲁迅居住的地方正好在日军司令部的对面,作为当时执革命旗帜的鲁迅应该也是不想让人们知晓他在"一·二八事变"爆发的时候,自己却住在充满日本色彩的场所。另外,通过将许广平的《鲁迅回忆录》与内山完造的《花甲录》进行对比,会发现鲁迅在逃难时并没有带上周建人一家。鲁迅作为一个家长制浓厚的人,这应该是因为他不想让人知道自己逃难时的情况吧。"这个问题一直压在鲁迅的心上,对于那样的事情他一直回避,至少对于前一年柔石们的死他是逃避的,我认为鲁迅不会发出什么别的议论的。"④

对于1932年2月1日到5日鲁迅日记的"失记",竹内实

---

① [日] 竹内实:《鲁迅远景》,东京:田畑书店,1978年,第50页。
② [日] 竹内实:《鲁迅远景》,东京:田畑书店,1978年,第31页。
③ [日] 竹内实:《鲁迅远景》,东京:田畑书店,1978年,第40页。
④ [日] 竹内实:《鲁迅远景》,东京:田畑书店,1978年,第59页。

对多方面的文献史料进行了考证,认为这几天的日记里有不想记或者不能记的情况,当然也有可能是为了更好的"记住"。"我认为那几天时间的日记,对鲁迅来说与其说是'空白',倒不如说是自己的记忆是更好的述说。正是因为鲁迅想要记住,所以没有记下来。"① 竹内实对这几天日记"失记"进行分析考证的出发点仍然是"鲁迅是人不是神",正因为鲁迅是"人",所以才会有更多的顾虑与想法,才会有一些想要隐藏的事情,不愿为人所知。也正因为鲁迅是"人",他才会有强烈的情感,希望以这种方式来更好地记忆。

竹内实对鲁迅日记里另外一处记载也进行了考证。在1914年9月28日的日记中,鲁迅记的是:"晴。无事。"

竹内实认为虽然日记记的是"无事",然而却并非真的无事。从1912年5月5日开始,鲁迅便作为官员"周树人"就职于南京的中华民国临时政府教育部,从1913年开始,鲁迅应要求去国子监参加过几次祭典孔子的活动,然而为什么偏偏就在这一天,鲁迅在日记里记的是"无事"呢?竹内实又从多方面进行了考证。"1914年春季的祭典,由孔教会成员担任主持。到秋天,袁世凯亲临祭典时,估计仍然是这样。……鲁迅在这时,应该也被动员参与了此事。"② 按此推理来看,鲁迅在这一天作为教育部官员不可能没有参与祭祀。在鲁迅的日记里,从1914年到1924年,他几乎每一年都参加了孔子的祭祀活动,而在1914年9月28日那天的日记他却仅仅只记了天气和"无事"两个字,这背后又隐藏着什么样的隐情呢?在这一

---

① [日]竹内实:《鲁迅远景》,东京:田畑书店,1978年,第55页。
② [日]竹内实:《竹内实(中国论)自选集(三)·映像与文学》,东京:樱美林大学东北亚综合研究所,2009年,第255~256页。

年的3月2日，鲁迅去过国子监，"同样是为了参加祭孔典礼"，见祭典神官由孔教会之人担任，日记里记述："其举止颇荒陋可悼叹。"① "其意思是说，这些装模作样的人们，吊儿郎当，令人气愤。"② 然而"不知道鲁迅在这天做了些什么。据当时上海的《时报》报道，在袁世凯和'清帝宣统'去祭祀的路上，戒备森严，'警跸甚严'，想必要悠闲地观看，也不可能。"③ 原本装模作样的祭孔典礼，却因为袁世凯携溥仪一同出席而变得"警跸甚严"，这在鲁迅看来是更大的讽刺。"鲁迅对这天的祭祀活动不会不知道。他在这天只记下天气和'无事'二字，这反而使人觉得鲁迅正关注着活动的情况。"④竹内实通过对鲁迅这前后多年的相关活动进行考证，虽然不能明确地看出这一天鲁迅是参加了祭孔活动的，但是能够明确地看出鲁迅对祭孔活动的关注。

竹内实虽然是日本人，他却始终坚持坐在"观众席"上，观看着在中国上演的历史剧。然后他站在比较中立、客观的立场对日本的侵华战争进行了评价与批判，也通过对各种史料条分缕析，找出鲁迅日记六日"失记"的隐情所在。他认为鲁迅对于1932年2月这几天日记的"失记"，并不是失去了记忆，而是因为鲁迅作为一个平常的"人"而存在，便具有平常人的人情思绪。他认为鲁迅之所以把这几天记为"失记"，是因为

---

① 鲁迅：《鲁迅全集》第十五卷《日记》，北京：人民文学版社，2005年，第108页。
② ［日］竹内实：《竹内实文集》第二卷《中国现代文学评说》，程麻译，北京：中国文联出版社，2002年，第241页。
③ ［日］竹内实：《竹内实文集》第二卷《中国现代文学评说》，程麻译，北京：中国文联出版社，2002年，第241页。
④ ［日］竹内实：《竹内实文集》第二卷《中国现代文学评说》，程麻译，北京：中国文联出版社，2002年，第241页。

他有不想为外界所了解的实情,他不想为国人知道在国难当头的时候,他躲藏在发动侵华战争的日本人的地盘上;又或许因为后来日本侵华战争的爆发,他还没有完全想好怎么处理与日本朋友内山完造的关系。对于 1914 年 9 月 28 日日记中只记天气和"无事"二字,竹内实也发现另有隐情,看到了作为"人"的鲁迅不可能对由袁世凯亲自主持的祭孔活动视而不见。作为反对封建礼教摇旗者的文学者"鲁迅",却又为了生活,成为官员"周树人",还去参加由代表封建制度的袁世凯携同溥仪一起举行的参拜孔子的活动,他内心里应该是不屑的,也是不甘的,并且是不想为人所知的,所以他在这一天的日记里只记下了天气和"无事"二字。竹内实看到了这"无事"二字背后隐情的存在,这也是一种正常人的心理。

25 年来,鲁迅一直坚持写日记,日记的读者本来只有记录者自己,或许鲁迅在那时已经预知他的日记将被后人阅读、研究,因此在他的日记里时时藏有隐情。

## 四、"硬质"鲁迅文学

文学就是鲁迅的生活态度,就是鲁迅的生活方式,也是他人格的呈现。竹内实认为鲁迅文学主要有两方面的贡献:一是揭示了人与社会的本质,二是创造了杂文这种具有批判性质文体。"鲁迅学术造诣深厚,具有敏锐的文学洞察力,在小说、散文诗、文学史研究、日记、书信、杂志等所有的领域,他都要深入的接触,可以说鲁迅的工作要点有两个:一个就是对中国社会的内部进行批判。我把鲁迅所批判的关于人最初的基本性质叫作人的'原形质',他可以触及人的'原形质'。对此'鲁迅以后'是如何进行继承的,另做论述。第二就是创造了批判的文体。前面说了对社会的内部进行批判,该批判的文体就是被称为'杂文'的形式。'杂文'也可以称为'杂感','杂文'或者'杂感',其内容是社会批判、政治批判,确立该形式的是鲁迅。"① 鲁迅时常通过文学进行各种批判,特别是利用杂文这种文体。因此鲁迅成为《野草》中"这样的战士","他走进无物之阵"②,举起了投枪,"杂文"就是他的投枪。从1918年到1927年间,鲁迅创作了大量的杂文,特别是在1925年这一年里,他就创作了55篇杂文,编定了《热风》《华盖集》《华盖集续编》三本杂文集与一本包含着不少杂文的《坟》。杂文是呈现鲁迅那种"批判-反抗"式生存方式的话语形式,是他作为"战士"的存在方式。"世上如果还有真要活下去的人们,就先该敢说,敢笑,敢哭,敢怒,敢骂,敢打,在这可诅咒的地方击退了可诅咒的时代!"③ 杂文就是鲁迅"肉搏"④ 虚无文字的工具,是"在黑暗中,时现匕首的闪光"⑤,鲁迅通过杂文来接近人的"原形质"。

　　鲁迅的文章属于硬质文章,如果要问什么样的属于硬质,就如一直挖掘地下,就会挖到大的岩石与岩石层。如果只是看地面的话,就会看到气派的房屋,美丽的花草,将这些全都拿掉,一直挖到的岩石,这还不能感受到鲁迅

---

① [日] 竹内实:《现代中国的文学》,东京:研究社出版株式会社,1972年,第28页。
② 鲁迅:《鲁迅全集》第二卷《野草》,北京:人民文学出版社,2005年,第219页。
③ 鲁迅:《鲁迅全集》第三卷《华盖集》,北京:人民文学出版社,2005年,第45页。
④ 鲁迅:《鲁迅全集》第二卷《野草》,北京:人民文学出版社,2005年,第181页。
⑤ 鲁迅:《鲁迅全集》第三卷《华盖集》,北京:人民文学出版社,2005年,第25页。

文章的所在。①

鲁迅的文学之所以"硬质",就是因为其直接而犀利,直抵人的灵魂深处。他与世为敌,与世人论争,他是孤独的,但他也没有那么孤独,因为有很多永不停息的魂灵在支撑着他,所以他会一直用文学与人论争下去。只有通过文学,才能将那些魂灵呈现出来。在《华盖集》中的《学界三魂》一文中,他的同学问道,当时在中国最有大利的买卖是什么?鲁迅回答说:造反。以至于日本的同学非常吃惊,"在万世一系的国度里,那时听到皇帝可以一脚踢落,就如同我们听说父母可以一棒打杀一般"②。在鲁迅的文学里,那些"革命"或者"造反"的魂灵就会像冰下的火焰一般摇曳起来,他的话语听起来冰冷,却又处处一针见血。"那么到达了这个岩石如果不停下来的话,就会有熔岩一样滚烫的温度,会将其触碰者烧伤,甚至还会将触碰者熔化掉。如此熊熊燃烧着、激烈涌动着的状态才是鲁迅的文章。"③

"鲁迅就是一个彻头彻尾的中国文学者。""所谓中国文学者就是要对中国的文化、中国的历史、中国人的爱憎,要从肉身上都接受,并且作为文学者而存在。"④ 作为一个文学者,文学就是鲁迅的一切,文学是他谋生的手段,是他复仇的工具,但文学也让他树敌。

为了更进一步地探寻、研究鲁迅,为了触及鲁迅的精神及其本质,竹内实的主要方法与手段是阅读鲁迅,通过从生活中

---

① [日]竹内实,《鲁迅远景》,东京:田畑书店,1978年,第7页。
② [日]竹内实:《竹内实文集》第八卷《比较文学与文化研究》,程麻译,北京:中国文联出版社,2006年,第205页。
③ [日]竹内实,《鲁迅远景》,东京:田畑书店,1978年,第7页。
④ [日]竹内实:《鲁迅周边》,东京:田畑书店,1981年,第254页。

的点滴中挖掘，结合风土人情进行剖析，对周围的人与事物进行分析，通过对文学作品进行条分缕析，努力挖掘出鲁迅的精神实质。"我并非是只为揭穿别人内幕的侦探，甚至连原告也说不上。我只是开始阅读鲁迅。自己不过是一介读者罢了。"①对于鲁迅来说，竹内实一直都只是一个读者，或者说是一个旁观者。竹内实在文学中看到作为平常人的鲁迅的渺小无助的一面，也获得了鲁迅精神与文章的本质，也可以观看到中国的历史舞台上上映的一幕幕"历史剧"。

"说到鲁迅精神，我用一句话来说的话，就是毫无粉饰。"②竹内实通过对鲁迅的文学进行深入的分析，看到了一个作为"人"、具有"人性"的鲁迅。作为具有"人性"的"人"，鲁迅在文学中也会呈现出渺小、力不从心和无助的时候；面对别人的责难，也会有借文学的公愤泄私愤，进行还击、复仇的时候；在文学中也会有不想说或者不能说的时候，即使是在日记中。在竹内实看来，文学就是作为一个平凡而渺小的"人"的鲁迅的武器，正如郁达夫说过鲁迅的文体简练得像一把匕首，能寸铁杀人，一刀见血。鲁迅做人毫不粉饰，以至于他拿起手中的笔时也毫不粉饰。鲁迅对社会、对政治进行批判，从社会的内部进行批判，挖掘出人的最初本质，揭露人的"原形质"。"杂文"这种文体就是鲁迅创造出来揭露人"原形质"的工具，并在鲁迅以后被继承与发展。

鲁迅的文学就是"有什么现实就将什么现实指摘出来的时候，其中的孤独是由很多永不停息摇曳的魂灵在支撑着的。鲁

---

① ［日］竹内实：《中国现代文学评说》，程麻译，北京：中国文联出版社，2002年，第33页。
② ［日］竹内实：《鲁迅远景》，东京：田畑书店，1978年，第7页。

迅的文学就如冰下的火焰。通过文学，他将中国的'革命=造反'中消失了无敌、无名的魂灵呈现了出来，让我们看到这些魂灵的摇曳。"①就如竹内实所喜欢的鲁迅作品之一：《野草》中的《死火》：

"唉唉！那么，我将烧完！"

"你的烧完，使我惋惜。我便将你留下，仍在这里罢。"

"唉唉！那么，我将冻灭了。"

"那么，怎么办呢？"

"但你自己，又怎么办呢？"他反而问。

"我说过了：我要出这冰谷……"

"那我就不如烧完！"

……②

"在鲁迅的散文诗中，有描写在冰中燃烧的火焰，就是《野草》中的《死火》，冰与火的组合，就如岩层与熔岩的组合一样。所谓冰与火是什么，就是刚才所说的毫无装饰。"③正如竹内实所说，鲁迅的文章属于硬质型，乍一看会觉得灼灼伤人，可通过认真阅读，会发现其中包含的炙热情感，也会发现在鲁迅硬质的文章中透露着他的一些无奈与作为凡人的渺小。鲁迅本人的性格也是"冰与火""岩石与熔岩"的组合，"如水与冰一样毫无修饰"。"当孙文在说'唤醒民众'时，当毛泽东教导革命者'成为民众的小学生'时，鲁迅作为这二人革命的

---

① ［日］竹内实：《鲁迅周边》，东京：田畑书店，1981年，第258页。

② 鲁迅：《鲁迅全集》第二卷《野草》，北京：人民文学出版社，2005年，第201页。

③ ［日］竹内实：《鲁迅远景》，东京：田畑书店，1978年，第7~8页。

指导者，冷眼旁观，揭露现实。他们都是具有理想，没有幻想。因此即使失败也绝不妥协，即使毫无希望，但也绝不绝望。即使绝望，也从未停滞、退却。"在竹内实看来，鲁迅的文章如冰一样硬，如火一样热烈。鲁迅用岩石将自己紧紧包裹，只有深挖才会获得最里层的熔岩。文学就是鲁迅的生活态度和生活方式，也是他人格的呈现。鲁迅通过文学触及人的"原形质"，竹内实也通过鲁迅的文学触及鲁迅的"原形质"。竹内实所触及的鲁迅的"原形质"就是鲁迅作为"人"而存在，他通过对鲁迅进行还原式的分析与探索，呈现出一个作为"人"、具有"人性"的鲁迅。

在竹内实的鲁迅研究中，首先呈现出的是以文学者"鲁迅"而存在的鲁迅，文学是其存在的方式。虽然鲁迅在批判中国几千年落后的封建制度，揭露国人的国民性的时候，又因袭了绍兴师爷的犀利、辛辣的文笔，直接而毫无掩饰，时时触及人的原形质，然而往往如"冰中火焰"一样，熔化了别人也燃烧了自己。有时也看起来如高高在上的神一般，但鲁迅的无能为力、渺小，鲁迅因袭的复仇心理，鲁迅好与人争斗，还有一些不愿告诉人的隐情，以及失去故乡的寂寞之情等，这些作为"人"的鲁迅应具有的情感，也都呈现于文学之中。鲁迅并不是已被高置于神坛受祭拜的神，而是一个"人"。在鲁迅的作品中，无论人情、私情，还是隐情等常人应该有的情感一应俱全，鲁迅终究还是凡间的一个人。他是渺小的，"是人不是神"。

# 第四章

竹内实与竹内好的鲁迅研究比较

日本鲁迅研究最大的遗产是竹内的鲁迅论，在某种意义上说，超越竹内鲁迅，是战后每一个鲁迅研究者的夙愿；但苦战奋斗的结果怎样呢？逃不出竹内手掌心的研究者，恐怕不在少数吧！通晓竹内，并且打倒竹内，已经是日本的鲁迅研究者的口号了。

—— 山田敬三

## 第一节 "竹内鲁迅"的影响

谈到日本的鲁迅研究,一定要提到一个人,那就是竹内好。"竹内好是日本第一代研究现代中国文学的代表人物,其现代中国文学论至今影响着日本文坛,因其鲁迅研究影响极大而被誉为'竹内鲁迅'。"① 其代表著作主要有《鲁迅》《鲁迅入门》《鲁迅评论集》《新编鲁迅杂记》《现代中国论》《近代的超克》《中国的思想》《中国现代文学选集》《现代日本思想大系》《亚洲历史事典》《走向新国民文学的道路》《近代主义和民族问题》,以及《竹内好全集》(17卷)等,他还翻译了《鲁迅全集》等。竹内好的一生都是在与鲁迅的相遇、相识和相知中度过的,他一直都在用自己的方式阐释着鲁迅精神。

正如藤井省三所说:"竹内好以鲁迅为起点,又以鲁迅为终点,然而这起点和终点的一致性却是他留给后人的一个时代

---

① 靳明全:《日本文论史要》,北京:中国社会科学出版社,2014年,第146页。

的课题。"① "竹内好立足于个人生命的体验,超越了战时的政治需要,在生死之际,沉入鲁迅的精神内面,发现和解明鲁迅思想中复杂而矛盾的精神结构,创造性地提出了诸如文学者'鲁迅',鲁迅的'回心之轴''挣扎''抵抗''文学与政治'等众多命题。"② "在日本学术界,习惯上把竹内好关于鲁迅研究所阐发的思想和研究的方法论,称之为'竹内鲁迅'。"③ "巧妙地塑造着一个不可超越的鲁迅形象。竹内好的鲁迅,从某种意义上讲,成了'竹内鲁迅',它把今天接近鲁迅的人应该接触的古典的鲁迅形象,摆在了人们面前。"④ "竹内好通过翻译'咀嚼',并'消化'了鲁迅,实现了鲁迅的'内化'和'日本化',并在这一过程中确保和完成了自己对鲁迅的独特把握……这一完整的理论体系在后来者的继承和被挑战中,不断被赋予历史性的意义。这种继承和挑战,也促使鲁迅研究的生命活力源源不断,绵绵流长,从这个角度看,一部日本的鲁迅研究史,就是竹内好的鲁迅观形成与被继承和被挑战的历史。"⑤ 竹内好的鲁迅研究在日本学术界,如一座高峰矗立,在后来的日本鲁迅研究史中,不论是承袭者,还是改写者,在继承和超越的过程中,都从他那里获得了思想资源与精神

---

① 孙歌:《竹内好的悖论》,北京:北京大学出版社,2005年,第16页。

② 刘伟:《"日本视角"与中国现代文学研究》,北京:人民出版社,2011年,第38页。

③ 刘伟:《"日本视角"与中国现代文学研究》,北京:人民出版社,2011年,第37页。

④ [日]山田敬三:《鲁迅世界》,东京:大修馆书店,1977年,第279页。

⑤ 刘伟:《"日本视角"与中国现代文学研究》,北京:人民出版社,2011年,第39页。

能量。

　　日本战败后，美军占领下的日本对中国人民的革命保持着高度的关注。在此之际，要了解中国现代文学就得了解鲁迅，在向日本国内介绍鲁迅与中国现代文学时，以竹内好为首的中国文学研究会的旧成员们扮演了重要的角色。竹内好于1944年出版了《鲁迅》，1953年出版了《鲁迅评论集》，紧接着又出版了《鲁迅作品集》。"通过出版的这三本书，竹内对鲁迅文学进行介绍与评论。直到70年代，竹内在日本都是介绍鲁迅的第一人。"① 丸山升在谈到竹内好的《鲁迅》时，指出："这是一本时至今日仍被称为'竹内鲁迅'的对其后的鲁迅研究起着决定性影响的著作。他以后的所有鲁迅研究者，都从这本书继承了很多东西。即便能够提出在各个方面异于竹内好的鲁迅像，也是通过坚持自己对'竹内鲁迅'的不同意见，深入发掘差异之处才产生的自己的鲁迅像，在这个意义上，依然处在竹内的强烈影响之下。"② "竹内好的《鲁迅》对后来的鲁迅研究具有着决定性的影响，在他之后所有的鲁迅研究者，都或多或少从中获得启示，并从不同视角思考和想象鲁迅，在某种意义上说，都依然渗透着竹内好的思想。"③ "他的中国现代文学研究，特别是对于鲁迅的研究，在日本学术界，产生了笼罩一个时代的深刻影响。"④ 在所有日本人有关鲁迅的表述中，竹内

---

① [日]藤井省三：《鲁迅——活在东亚的文学》，东京：岩波书店，2011年，第170页。
② [日]丸山升：《鲁迅·革命·历史》，王俊文译，北京：北京大学出版社，2005年，第339页。
③ 刘伟：《"日本视角"与中国现代文学研究》，北京：人民出版社，2011年，第64~65页。
④ [日]伊藤虎丸：《鲁迅·创造社与日本文学》，孙猛等译，北京：北京大学出版社，2005年，第4页（序）。

好的《鲁迅》具有里程碑的意义，在其之前，日本的鲁迅研究没有上升到学理和系统的层面，基本上停留在译介的范畴，是"'竹内鲁迅'把日本的鲁迅研究第一次提高到真正的研究的阶段"①，"开始了具有深厚学术意义的研究，并将这一研究推向了历史的顶峰，同时又将其影响延续到身后的历史之中，令后来者在他的足迹中寻觅与挣扎，竹内的鲁迅研究已经成为历史性的财富和不易逾越的标尺"②。日本后来的鲁迅研究者都把能超越"竹内鲁迅"作为自己的奋斗目标，正如著名作家陈舜臣在山田敬三的著作《鲁迅世界》的序中所说："在日本的鲁迅研究者面前，竹内好就像高墙耸立着，不仅是山田君，向着这堵高墙作殊死的搏斗，而是所有鲁迅研究者注定的命运。"③山田敬三也说："日本鲁迅研究最大的遗产是竹内的鲁迅论，在某种意义上说，超越竹内鲁迅，是战后每一个鲁迅研究者的夙愿；但苦战奋斗的结果怎样呢？逃不出竹内手掌心的研究者，恐怕不在少数吧！通晓竹内，并且打倒竹内，已经是日本的鲁迅研究者的口号了。"④ 由此可见竹内好的鲁迅研究在日本的深远影响和所具有的权威性。这笔遗产被日本继承者及后来的来自世界各地的鲁迅研究者不断发扬光大，一方面他的思想被继承，另一方面其中的一些问题又不断地被修正。

---

① ［日］丸山升：《鲁迅·革命·历史》，王俊文译，北京：北京大学出版社，2005年，第340页。
② 刘伟：《"日本视角"与中国现代文学研究》，北京：人民出版社，2011年，第37页。
③ ［日］山田敬三：《鲁迅世界》，济南：山东人民出版社，1977年，陈舜臣：《鲁迅世界》寄语ⅱ。
④ ［日］山田敬三：《鲁迅世界》，济南：山东人民出版社，1977年，第281页。

## 第二节 竹内好的鲁迅论

竹内好关于鲁迅研究的专著主要有三本：1943年的《鲁迅》，1950年的《鲁迅论》，还有后来的《鲁迅杂记》，而确立竹内好在鲁迅研究界泰斗地位的奠基之作是在1943年底完成的《鲁迅》，这是一部全世界的鲁迅研究者必读的经典之作。竹内好对鲁迅的认识基本都融入《鲁迅》之中。在《鲁迅入门·致读者》中，竹内好写道："如果那时我不是在不幸之中，我也许不会与鲁迅相遇，我的不幸让我发现了鲁迅。"① 《鲁迅》是竹内好用生命书写而成的，从《鲁迅》便可纵观竹内好的鲁迅论。他在书写着鲁迅，同时也在书写着自己。

竹内好的鲁迅研究相对具有主观性，竹内好"在与鲁迅的搏斗中燃烧自己一生，成了一位名副其实的战士"②。"竹内好与他所热爱的鲁迅一样，并不是直观意义上的'战士'，也就是说，他并不是直接从事社会现实斗争的活动家；他的社会关怀与战斗精神表现为彻底颠覆知识领域内部的权力政治结构，并通过这种颠覆揭示现实社会权力的关系的所在，促成精神层面的反思。"③ 他用充满了主观的意向构建了鲁迅形象，让鲁迅在政治与文学之间选择，"无力的文学"就应以"无力"来

---

① 靳丛林：《竹内好的鲁迅研究》，北京：北京大学出版社，2012年，第43页。
② ［日］山田敬三：《鲁迅世界》，东京：大修馆书店，1977年，第363页。
③ ［日］竹内好：《近代的超克》，孙歌编，李冬木等译，北京：生活·读书·新知三联书店，2005年，第3页（译序）。

批评政治。"不用之用"就必须变为"有用",这就是说:"作为文学者,其立言的态度认为政治对文学是无力的。"① 竹内好渗入很多的主观想象,将自己揉入其中,说鲁迅不是所谓的"思想家",认为要把鲁迅的思想作为客体抽离出来,这是很困难的。于是他就建构了一个文学者"鲁迅"的形象,并且是第一要义的"文学者"。"也就是鲁迅的文学不需要其他的东西来支撑,他一直在坚持走一条能挣脱一切规范、挣脱过去权威的路,来否定地形成自身。虽然中国文化的后进性没能使他的文学丰富地创造出新的价值,但是他的非妥协的态度,就被称着鲁迅精神,化为了传统,成了一块基石,构筑起了中国文学作为近代文学的自律性。鲁迅文学,是质询文学的本源文学,所以其人总是大于作品。"② 竹内好的鲁迅研究概括起来主要包括三个方面:一是对鲁迅思想、鲁迅精神的实质及其发展的认识;二是对鲁迅文学所具有的社会意义的评价;三是对鲁迅作品的具体分析。就这样,竹内好与鲁迅精神相融,构建了一个"路漫漫其修远兮,吾将上下而求索"的鲁迅,一个时刻在"绝望"中挣扎的"第一要义的文学者"鲁迅。

## 一、"死"与"生"的同一性

《鲁迅》是竹内好接到征兵通知后,在就要被派往中国战场之前,带着一种奔赴死亡的心理写下的"遗书"。他把自己对生与死的拷问,连同自己的生命一同融入了《鲁迅》,在生与死的极致挣扎中完成了与鲁迅精神的"相遇"。日本学者中川几次郎指出:"《鲁迅》就是竹内好的遗书,准确地说,是把

---

① [日]竹内好:《鲁迅》,东京:未来社,2002年,第180页。
② [日]竹内好:《鲁迅》,东京:未来社,2002年,第192页。

它定义在遗书的位置上来写的。"① 因此，在《鲁迅》中，竹内好不仅在写鲁迅，更是在写自己。

对于鲁迅的死，竹内好是这样叙述的："从民国七年38岁时发表《狂人日记》开始，到民国二十五年留下未完成的译稿《死魂灵》，再到56岁于上海去世，大约18年的时间，鲁迅一直矗立在中国文坛的中心位置。可是，人们明确地承认他的中心地位却是在他死后。在生前，人们对他褒贬相伴，可不管怎么说，他还是孤独的时候居多。10月19日未明，他死了。就算是在死的瞬间，他依然还是文坛的少数派。他倔强地恪守着自己，直到死。此时的他还和多数派对立，与其说是因他的死变得毫无意义，倒不如说是因他的死拯救了这个毫无意义的对立。因此在他死后实现了他在生前作为启蒙者最想实现，而他作为文学者的气质又与之相悖的文坛的统一。"② 竹内好认为鲁迅的死结束了文坛的论争，死对于鲁迅来说只是肉体的宁静，通过鲁迅的死实现了文坛的平静。"对鲁迅来说，死让他完成了文学。青年们却发觉了自己的孤独。"③ 如果死是鲁迅文学的完成，那么论争就是鲁迅及其文学"存活"的证明。论争和死在同等层面上获得了同等的意义。"通过论争，他获得了某种东西，或者说，抛弃了某种东西。倘若不是追求终极的静谧，这是件很难做到的事情。"④ 竹内好认为鲁迅就这样通过论争"获得"或者"抛弃"，通过死亡来实现了文坛的静谧。

---

① ［日］中川几次郎：《竹内好的文学与思想》，东京：奥林出版社，1985年，第98页。
② ［日］竹内好：《鲁迅》，东京：未来社，2002年，第7页。
③ ［日］竹内好：《鲁迅》，东京：未来社，2002年，第9页。
④ ［日］竹内好：《鲁迅》，东京：未来社，2002年，第8页。

"死孕育生，生又不过是走向死。"① 鲁迅一边和死较量，一边持续着生。为了"生"，鲁迅一直坚韧地活着。竹内好认为鲁迅一直是以一种殉教者的方式在活着。"鲁迅凭他的性格气质把握到的东西是非宗教的，甚至还是反宗教的，但他的所作方式却又是宗教的……鲁迅从不认为自己是殉教者，并且很讨厌被看作是殉教者。这就正如他不是先觉者一样，他的确也不是殉教者。但是在我看来，他表达的方式却是殉教者式的。"②

竹内好赞同李长之所说的鲁迅的根本思想是"人得要生存"这样一个质朴的信条。在新时代，鲁迅"既不退让，也不追从。首先让自己对阵新时代，用'挣扎'来涤荡自己，在涤荡之后，再将自己从里边拉出来。这种态度便给人留下一个强韧的生活者的形象。在日本，恐怕是找不到像鲁迅那样的强韧者的"③。竹内好认为鲁迅就是这样以殉教者的方式活着，因此"我认为，在鲁迅的内心最深处，是不是有一种要对什么人赎罪的心情呢？要对什么人赎罪，或许鲁迅自己也没有清晰地意识到，只是在夜深人静时分，他对坐在这个人的影子面前"④。在竹内好看来，鲁迅一直很坚韧地活着，因为在鲁迅的生活中有一个影子的存在，或者说鲁迅带着某种赎罪的心情而活着。

## 二、第一义文学者的鲁迅

在竹内好的论述里，鲁迅一直以满腔热情看着黑暗，可是

---

① ［日］竹内好：《鲁迅》，东京：未来社，2002年，第14页。
② ［日］竹内好：《鲁迅》，东京：未来社，2002年，第11页。
③ ［日］竹内好：《鲁迅》，东京：未来社，2002年，第15~16页。
④ ［日］竹内好：《鲁迅》，东京：未来社，2002年，第11~12页。

他绝望了,后来绝望又变成了虚无。"对绝望感到绝望的人,除了成为文学者别无其他。不靠其他任何东西来支撑自己,因此就只有把所有归于自己一身。文学者'鲁迅'能够色彩纷地显现出来的那个要素便成为可能。我就称之为他的回心,就是他文学的正觉,这就像影子产生光一样被产生了出来。"① 就这样,鲁迅的绝望使他成为文学家,竹内好认为鲁迅是第一义的文学者,除文学者外,没有其他的称呼适合他。

鲁迅走着"胜过一切的、第一义的文学者之路"②。在这里,竹内好指出鲁迅表达的方式是文学的方式,鲁迅把文学放在本源的自觉之上,殉教者式地坚持不懈地走着一条摆脱一切规范、摆脱过去权威的文学之路。这样看来,鲁迅文学就是质询文学本源的文学,而鲁迅本人则是第一义的文学者,这就是竹内鲁迅研究的根本。

竹内好把鲁迅看作是第一义文学者,他站在把鲁迅文学放在一个本源的自觉之上的立场,强调鲁迅是站在终极意义上而形成他的文学的自觉性。因此,竹内所说的第一义文学者"鲁迅"不是一个在一般意义上创作了文学作品的作家鲁迅,也不是从一般意义上对鲁迅文学作品的泛指,而是一种根深蒂固地与鲁迅自我生命紧密联系着的内部的某种生成机制,其中包含着鲁迅与虚无境遇的遭遇、纠葛甚至绝望。本质上,竹内好认为鲁迅所看到的虽然是黑暗,但是他是以满腔的热情来看待黑暗的,直到绝望,绝望不过是虚妄。竹内好指出,鲁迅的绝望也是孤独,而他孤独的深刻性存在于人群之中而非离群索居。

---

① [日]竹内好:《鲁迅》,东京:未来社,2002年,第137页。
② [日]竹内好:《鲁迅》,东京:未来社,2002年,第139页。

"鲁迅并没安顿在绝望里,而是对绝望感到绝望。"① 其他人在他绝望之时没有绝望,成了庸众,他与庸众不一样,只能够在绝望之处绝望。"蠢人的希望是可笑的。他笑了。他嘲笑了同时代的许多人。他嘲笑了胡适,嘲笑了徐志摩,嘲笑了章士钊,嘲笑了林语堂,嘲笑了成仿吾。然而,与其说是嘲笑了他们,倒不如说他借此嘲笑了自己。是在嘲笑希望,也是在嘲笑绝望。"② 鲁迅就这样在彷徨路途上成为孤独的文学者。

竹内好认为鲁迅的绝望,是对前行无路的抵抗,这种抵抗又被作为绝望的行动来得以显现。把它作为一种状态来看就是绝望,把它作为一种运动来看就是抵抗。竹内好鲁迅研究中的绝望论的实质正是如此。于是,文学者"鲁迅"诞生了。

竹内好认为作为第一义文学者的鲁迅衍生出了启蒙者鲁迅。竹内好认为从表象上看,鲁迅是一个杰出的启蒙者。他说:"表象的鲁迅始终让人认为是一个启蒙者,并且是一个难得的优秀的启蒙者。正像孙文被称为革命之父一样,鲁迅是现代中国国民文化之母。他留下的足迹巨大,在我所没直接涉及的很多内容中,除了近三十年的翻译业绩(其内容涉及很多方面,他自己也相信这是他的本行)外,还有小说史研究,杂志编辑和版画事业的推动。(为此,他甚至甘心于做一名口头翻译,并尝试自费出版各种版画集)这些都是具有开拓意义的工作。作为表象的鲁迅,只是个彻头彻尾的启蒙者,此外什么都不是。"③"我的一切努力都集中指向一个问题,那就是努力用我自己的语言,去为他找寻唯一的时机,去为他找寻在那时机

---

① [日] 竹内好:《鲁迅》,东京:未来社,2002年,第137页。
② [日] 竹内好:《鲁迅》,东京:未来社,2002年,第137页。
③ [日] 竹内好:《鲁迅》,东京:未来社,2002年,第186页。

当中鲁迅之所以能够成为鲁迅的原理，去为使启蒙者鲁迅在现在意义上能够得以成立的某种本源的东西，做一个造型。对我而言，启蒙者鲁迅是既知的，我以既知为线索，总算抵达了我确信的终极之场。如果我的计划按事先的预想获得了成功，那么无须我再说什么，启蒙者鲁迅就会自己从那个终极之场跃然而出，神采奕奕出现在读者面前。"①竹内好认为文学家鲁迅也是一个难得的优秀启蒙者，可是这个启蒙者在思想观念上却经常落后于时代，因为他不为所谓的新观念代言，却是生活的承受者和诉说他所承受之苦的文学家。对公认的启蒙者来说："文学者'鲁迅'无限地生出了作为启蒙者鲁迅的终极之场。"② 由此我们可以看到两层意思："一是说鲁迅自己：作为文学家的鲁迅所表现出来的其实又是一个启蒙主义思想家（文学家的鲁迅是一个产生启蒙者的场所）；由此而生的另一层意思是说鲁迅的文学将会无限制地培育出启蒙者来。"③ 因此文学者"鲁迅"与启蒙者鲁迅之间是相通的，当启蒙的根基牢牢地扎根于文学时，启蒙就会成为文学的另一种表达，从这个意义上说，竹内好承认鲁迅是一个难得的优秀的启蒙者。

启蒙者鲁迅又进一步衍生成为政治家。竹内好说，鲁迅"立刀横站，直面政治，这样保持了一个作为文学者的态度，同时也因此把自己化身成了一个非凡的政治家。与此相同，他是否也通过把复杂的环境正面投射给自身，而在危机饱和的形态的动中获得静呢？所以，他传记的单调，又正是和他的文学

---

① ［日］竹内好：《鲁迅》，东京：未来社，2002年，第187页。
② ［日］竹内好：《鲁迅》，东京：未来社，2002年，第186页。
③ 靳丛林：《竹内好的鲁迅研究》，北京：北京大学出版社，2012年，第91页。

本质根本相关的单调。"① 竹内好所谓鲁迅"自己化为一个非凡的政治家",不是指活跃的政治活动者,而是指直面现实政治,用文学的形式把复杂的政治环境折射到自己身上,在恶劣的政治环境中取得文学之静谧。所以,竹内好鲁迅研究的逻辑构成了"第一义文学者鲁迅"与"启蒙者鲁迅""非凡政治家鲁迅"于一体的"原型鲁迅"。"原型鲁迅"站在终极意义上形成了他文学的自觉性。

不管鲁迅的表象是以启蒙者还是以政治家而存在,这些都只是他存在的一种方式,最终他只能是文学者。"鲁迅是文学者。首先是个文学者。他之所以是启蒙者,是学者,是政治家,正因为他是文学者。也正因为他丢掉了这些,才会作为表象显现出这些来。他是教育者、宗教者,也缘于此。"②

竹内好认为,鲁迅只能是文学者,是第一义的文学者。他的文学不靠其他任何东西来支撑,其他的一切不过是作为表象呈现出来而已。

## 第三节　竹内实与竹内好的鲁迅研究比较

竹内好作为日本第一代现代中国文学研究的代表人物,因"竹内鲁迅"而在日本鲁迅研究史上树立起了一座高峰。竹内实则是在战后成长起来的第二代现代中国文学研究京都地区的代表,被称为日本"现代中国研究第一人",在鲁迅研究上也有自己独特的见解与视角。

---

① ［日］竹内好:《鲁迅》,东京:未来社,2002年,第30页。
② ［日］竹内好:《鲁迅》,东京:未来社,2002年,第138页。

竹内好与竹内实在年龄上相差了13岁，在20世纪五六十年代，竹内实和竹内好在都立大学共事过，作为曾经的同事，他们无论在生活上还是在工作上应该有一些交集，但是他们的学术研究之路，学术研究视角、方法，以及学术研究思想则是完全不一样的。

由于竹内好与竹内实出生的年代不同，经历不同，视角、身份、立场等很多因素也不同，对于中国、中国文学研究的理解必然是有差异的。竹内实与竹内好在对中国相关问题的研究方面，各自都有自己的方向。竹内实在大学期间曾阅读竹内好的《鲁迅》，却不太认同书中对鲁迅形象的塑造。"当时我想这不过是他自己随意编造出来的鲁迅形象，是西田哲学所谓的鲁迅是一个绝对矛盾的自我统一体'。"① 竹内好在战争期间提出的"近代超克"说，在当时和后来的很长时间里被日本学术界推崇为大胆正面的创建。而在竹内实看来，竹内好所谓的"近代"，无非指欧美文明。竹内好当时确实同不少日本文化人一样，或明或暗将出兵中国尤其是发动太平洋战争，视为与欧美列强争夺世界的正义之举。等到德国占领法国巴黎之后，日本文化界对欧美文明的憧憬彻底破灭。"便提出来'近代超克'的概念。'超克'也许意在回归'日本主义'，但'日本主义'的内涵本来就不清晰。"② 竹内实认为，他们的这种说法与中国传统思想观念不太沾边，将他们评为现代中国研究的创建有点勉强，属于随意引申评价。"在竹内实眼中，竹内好看似激情洋溢，实则对所谓'国家正义感'内涵含混不清，这与他曾

---

① ［日］马场公彦：《战后日本人的中国像》，苑崇利等译，北京：社会科学文献出版社，2015年，第486页。

② ［日］马场公彦：《战后日本人的中国像》，苑崇利等译，北京：社会科学文献出版社，2015年，第485页。

经是战争期间泛滥一时的日本浪漫派重要代表人物有关系。"①以竹内好为代表的一些热爱中华文化的日本学者曾对日本军队践踏中华大地而痛心疾首,可是在太平洋战争爆发之后,又天真地期待"大东亚战争已经成功地缓解了'支那'事变,并将使其在世界上得以重生"②。由此可知竹内好等人对中国历史和文化传统的态度是居高临下的"爱怜",而不是平等的尊重。竹内实清晰地认识到"中国与中国革命曾经是日本使命感的受害者"③。尤其在新中国已经成立的情况下,"说到民族意识的时候,固然必须考虑我们是否已经不再轻蔑中国了,但更为重要的是,在面对中国的时候,日本人与日本民族究竟应该如何认识自己思想内在观念的变化。离开了这种变化,我们要在思想上承担起民族责任和战争责任,是根本不可能的。"④ 竹内好等人对中国展示出的这种正负参半的政治与文化立场,正好反映了日本的中国研究界从传统汉学向现代中国学演进过程中难免产生的幼稚与片面性。竹内实应邀参加过"鲁迅之友",并在会上做过报告。"我每次受邀到各地做演讲,都会说一些关于中国人民公社的事情。我还记得竹内好先生对我说过'最好不要把人民公社抬得太高'之类的话。"⑤ 在 20 世纪 60 年

---

① 程麻:《竹内实传》,北京:中国社会科学出版社,2015 年,第 65 页。

② 程麻:《竹内实传》,北京:中国社会科学出版社,2015 年,第 66 页。

③ [日]竹内实:《竹内实文集》第八卷《比较文学与文化研究》,程麻译,北京:中国文联出版社,2006 年,第 57 页。

④ [日]竹内实:《竹内实文集》第八卷《比较文学与文化研究》,程麻译,北京:中国文联出版社,2006 年,第 57 页。

⑤ [日]马场公彦:《战后日本人的中国像》,苑崇利等译,北京:社会科学文献出版社,2015 年,第 486 页。

代，两人在理解与翻译毛泽东的《矛盾论》的时候也发生过一些争论。

竹内实在中国现代研究领域，无论是出发点，还是政治立场、思想情感、研究方法、研究视角等各个方面都与竹内好有根本的差异。竹内实曾为了让对日本不太熟悉的中国人了解一些具体情况，在向中国学术界介绍的时候，为提供的一张照片（见右）加过这样的批注：坐在自己背后的侧影是竹内好先生，自己与其并非亲

竹内实（前）与竹内好（后）
（图片来源于程麻的《竹内实传》）

属。在鲁迅研究上也不例外，就如在这张照片中一样，竹内实与竹内好同在现代中国研究领域，各有各的立场与方向。在鲁迅研究上，竹内好虽然树立了一座高峰，但在鲁迅研究史留下的终究是一个侧影，竹内实一直都站在侧影的一侧，按照自己的方法与意愿进行着属于自己的鲁迅研究，竹内实对竹内好的鲁迅研究有一定的继承，但更多的则是发展。

## 一、竹内实、竹内好与鲁迅同是丧失故乡的人

在竹内实看来，他的故乡在中国，一切与中国相关的，他都有关注，对鲁迅的研究也是他关注中国的一种方式。鲁迅充当了竹内实思乡之情的一种介质。在对鲁迅的研究中，他与鲁迅产生了很多共鸣。失去故乡的鲁迅是孤独的，而"对于生在

'支那',或者是在'支那'长大的我来说,日本无疑是外国。但是,对我而言,'支那'就真的是故乡么"?"那自然称得上是故乡。""'支那'已经没有了,但那并非只是失掉了故乡。我们日本人是从'支那'被赶回来的。在从'支那'赶走日本人的过程中,'支那'也死去了,而新生为中国。说到失去故乡,当然并非是好事。被从故乡赶走时的那种惊恐、无依无靠与痛苦的感受,也许就像鲁迅丧失故乡时的那种心情。"① 竹内实一直把中国当作是他的故乡,日本战败后,日本人被赶出了中国,这种被自己"故乡"赶走的心情就如同鲁迅失去故乡的那种孤独和寂寞,所以竹内实能读出一直贯穿于鲁迅文学中的那种孤独和寂寞。离开故乡的孤独缠绕着鲁迅,也一直困扰着竹内实。通过对鲁迅的研究,竹内实也能排解一定的乡愁,获得对中国更多的了解。通过对鲁迅的了解,他对故乡中国的思念之情能有所寄托。在《与寂寞的对话》中,影子说了:"我觉得你的寂寞可以归于鲁迅的孤独一类。"② 是的,竹内实是孤独的,他与鲁迅都因为失去了故乡而感到孤独。当竹内实回到日本时,却发觉"自己竟是一个划归不到日本任何都道府县去的人"③。而出生、长大之地,心中的故乡"支那"却已经不存在了。这时的竹内实就和鲁迅一样成了一个丧失故乡,无家可归的飘荡者。竹内实因此更加能够理解贯穿于鲁迅作品始终的那种孤独和寂寞。"当在寂寞中读到鲁迅时,人们最后

---

① [日] 竹内实:《竹内实文集》第二卷《中国现代文学评说》,程麻译,北京:中国文联出版社,2002年,第31页。
② [日] 竹内实:《竹内实文集》第二卷《中国现代文学评说》,程麻译,北京:中国文联出版社,2002年,第40页。
③ [日] 竹内实:《竹内实文集》第一卷《回忆与思考》,程麻译,北京:中国文联出版社,2002年,第35页。

会怎么样呢？作为热血沸腾的真人，恐怕是无法无动于衷的。当那种厚积薄发的感受，在一瞬间出现时，你一定会顷刻充满了欣喜。""我觉得，可以把那种执拗地背过脸去，潜心于自己心灵的幽静之处的否定性情绪，称之为'寂寞'。我期盼着它。这种属于我的广漠的幽暗，只能产生于那样的精神状态。"① 通过对鲁迅的阅读和理解，竹内实感到欣喜，为情感找到归属。"为了迎接那还会到来的暗夜，我要像忘掉寂寞似的，以轻松愉快的心情，重新去行动。但是，心情归心情，对于寂寞，我并不希望它销声匿迹。我还要继续与寂寞为伴。鲁迅是鲁迅，我自然还是我。但我相信，自己能够做到始终会与鲁迅心心相印。"② 竹内实在对鲁迅的研究、了解中，找到了与鲁迅心心相印的感觉，也找到了和故乡中国联系的纽带。他对故乡的那份依恋感有了依托，不再那么孤单、寂寞。

竹内好也是一个丧失故乡的人。"对近代人来说，总会失去产生乡愁的故乡，对竹内好来说，也同样。""所谓故乡就是指'想回也应该回的地方'，在那里可以找到自己的存在感。"③

竹内好出生于长野县南佐久郡臼田街，两三岁的时候随家人来到了东京，在东京长大，小学、中学时代都是在东京度过的。"如果说东京是他的故乡的话，但是他的族人都不在那里。"④ 在东京，他不仅没有童年，能记起的祖先也一个都没有，

---

① ［日］竹内实：《竹内实文集》第二卷《中国现代文学评说》，程麻译，北京：中国文联出版社，2002年，第41页。
② ［日］竹内实：《竹内实文集》第二卷《中国现代文学评说》，程麻译，北京：中国文联出版社，2002年，第41页。
③ ［日］松本健一：《竹内好论》，东京：岩波书店，2005年，第50页。
④ ［日］松本健一：《竹内好论》，东京：岩波书店，2005年，第51页。

他和周围的人之间没有共同的记忆，也就是没有共同体意识。"故乡的丧失，对竹内好来说确实是一种先天性的老病，而且是一种没有意识的老病。"① 竹内好从小就已经失去了故乡，故乡的丧失对竹内好来说就如顽疾一样，缠绕着他，挥之不去。或许这就是竹内好曾一度颓废的原因。

如果说幼时对故乡的丧失，是在不知不觉间，让人察觉不到，不会有太多的痛苦，可是文化故乡的丧失之痛却是让人刻骨铭心的。竹内好设立中国文学研究会的目的就是向作为他者的中国学习，提倡与日本的汉学传统相对立的新汉学。1937年，还在颓废中的他，抱着向他者学习的姿态，第二次来到汉学的故乡中国。可是当他来到战地北京的时候，"北京是战地，可是一点都不像战地，在那里没有'思想与思想相碰撞的火花'，北京就像完全睡着了一般，可是能看到的就只有沉睡，自己的认知力也就是学问也许就派不上用场了"②。

此时的北京处在死一样的沉静中，既不像战场，也没有文化的气息，像鲁迅等很多文化人，都因战争离开了北京。"在这次的旅行中深深感受到，要将文学和政治分开是件比较难的事，在我来的途中，从路旁的一草一木都可以感受到政治。"③

专门为了学习汉学来到中国来到北京的竹内好看到的却是沉睡中的北京，看到的是被政治侵蚀的中国文学，政治几乎侵蚀了中国的各个领域。这是竹内好不愿意看到的，他在《周作人随笔集——北京通讯三》中写道："在北京住了一段时间，最近在路上一边散步一般想着事情的瞬间，那一瞬间突然觉得

---

① ［日］松本健一：《竹内好论》，东京：岩波书店，2005年，第51页。
② ［日］松本健一：《竹内好论》，东京：岩波书店，2005年，第48页。
③ ［日］松本健一：《竹内好论》，东京：岩波书店，2005年，第48页。

北京的天空是多么的美丽,这大概是因为在四牌楼上成群结队晚归的鸟儿。我并不认为这是因为觉得自己与北京人靠近了的原因,这大概和自己小时候经常做梦,梦到自己看到自己的尸体时想叫却叫不出来是一样的。"① "终究这飘荡着的情丝有几分是因为远离故乡的乡愁。因为这情丝是潜藏在内心深处,可以削弱认知力,就一直被压抑着,这是竹内好特有的理论构造。可是,尽管一直被压抑着,此时的乡愁却抑制不住地抬头了。"② 此时的乡愁对竹内好来说并不是他对家乡或者长野县的思念,而是对真正的汉学故乡的思念吧。因为此时北京的汉学文化已经被到处充斥着的政治所利用,已经失去了存在的场所,此时的竹内好的乡愁是一种对文化家园的情思,他感觉到了自己文化故乡的丧失。因此,"竹内好在《北京通讯三》后有一年多没有写文章,是不能写。感觉有想写的,却无法使之变成语言,他患上了失语症,他在北京沉沦。"③ 文化故乡的丧失带给竹内好的是更大的孤独,让竹内好在很长的一段时间里,患上了失语症,成天沉迷于酒色之中。

对竹内实来说,他出生长大的地方就是他的故乡,日本只是作为"外国"而存在,他是无法融入其中的。故乡"支那"已经再也回不去了,是一种永远的丧失,回到日本后,又没有存在感。故乡对竹内实来说是一种永远的丧失,这让竹内实感觉到孤单、寂寞,失去精神的归依。对竹内好来说,出生于长野县,却没在那里长大;在东京长大,那里却没有他的祖先。因此长野、东京都算不上竹内好的故乡,他找不到属于自己的

---

① [日] 松本健一:《竹内好论》,东京:岩波书店,2005 年,第 49 页。
② [日] 松本健一:《竹内好论》,东京:岩波书店,2005 年,第 50 页。
③ [日] 松本健一:《竹内好论》,东京:岩波书店,2005 年,第 52 页。

存在感。后来竹内好来到作为汉学的故乡——北京，北京却因为战争而处于死一样的寂静中，到处充斥着政治，没有任何文化气息。不能不说，竹内好丧失了文化故乡。故乡的丧失带给竹内好的只是乡愁，可后来文化故乡的丧失却让竹内好陷入了颓废的深渊。

竹内实、竹内好与鲁迅同样都属于丧失故乡的人，竹内实需要通过研究包括鲁迅在内的中国文学来捕捉与中国相关的信息，对鲁迅的研究成了竹内实了解中国的一条线索。竹内好通过对《鲁迅》的书写，来获取他的文化故乡，找到自我，通过在《鲁迅》中不断与鲁迅对话，不断涤荡自己，让自己走出颓废。竹内实、竹内好都通过对鲁迅的研究来寻求对故乡的依恋，来获取精神上的归依。

## 二、"观众席"与"舞台"

竹内实在谈论"中国研究视角"时，写了一篇文章《舞台与观众席》，文中说道："要是将中国比作面向东方展示的舞台，那么日本列岛可以被视为观众席。"[①] 坐在观众席上的观众只能是带着一种客观的心态来观看台上的表演，台上的表演自然也与坐在观众席上的观众的主观意识无关。"坐在观众席上的观众，一直远望着在中国舞台上上演的戏剧。"[②] 竹内实虽然选择了研究中国，以填补他的思乡之情，可他是一直坐在日本这个观众席上观望着中国的一切。关于中国的一切论述，都是他在观众席上看到的。因为他认为"舞台是舞台，观众席

---

[①] ［日］竹内实：《竹内实文集》第一卷《回忆与思考》，程麻译，北京：中国文联出版社，2002年，第441页。

[②] ［日］竹内实：《竹内实文集》第一卷《回忆与思考》，程麻译，北京：中国文联出版社，2002年，第441页。

是观众席。只有坚持这样的看法，才是对二者关系的正确理解"①。对于鲁迅的研究也是竹内实了解中国的一种方式，在对鲁迅的研究中，他仍然保持着自己坐在观众席上的姿态，对此所做出的相关论述都是一些作为看客的客观陈述。

竹内实的鲁迅研究的单行本主要有两本：《鲁迅远景》和《鲁迅周边》。《鲁迅远景》一书由三次连续性的讲演组成，是从时代、作品和评论三个侧面来描述鲁迅的。而《鲁迅周边》收录的则是竹内实在20多年里写的17篇长短文章，论述的都是与鲁迅有不解之缘的人物。这些论述都是建立在客观事实的基础上，看不出竹内实任何的主观意识。竹内实只是想通过对鲁迅其人及文学的研究，看到一个真实的鲁迅，从而看到一个真实的中国。对鲁迅的研究只是竹内实与中国相联系的一条线而已，因此他恪守着作为一名观众的职责。在对鲁迅的研究中，他主要运用的是史实考证，包括鲁迅故乡的文化传统、地理位置，鲁迅的日常生活、与周围人的人际关系，鲁迅的往来书信、日记，等等。即使是在对鲁迅文学作品进行论述时，竹内实也没有加入自己的任何主观意识，只是在进行着客观叙述，包括把鲁迅作品中的人物分为"失去故乡的孤独者""丧失故乡的狂人""丧失故乡的复仇者"等，这些也都是基于对鲁迅文学作品的归纳总结而进行的论述，没有丝毫他自己的主观意识。

不同于竹内实，竹内好却是在把《鲁迅》当作自己的"遗书"在书写。在1943年底接到征兵令后，即将奔赴战场的竹内好开始写《鲁迅》。可以说竹内好是在借鲁迅的孤独书写自

---

① ［日］竹内实：《竹内实文集》第一卷《回忆与思考》，程麻译，北京：中国文联出版社，2002年，第442页。

己的孤独，也可以说竹内好是在把《鲁迅》当成自己的遗书来书写。竹内好在书写鲁迅的同时，也在书写自己。"死亡确实向他迫近，此时他想达成的既不是对战争的批评，也不是对死亡的抵抗，而是想通过书写来证明自己活着，用语言来记录自己活着，这是他通过文学写成的遗书。"① 他在创元文库版的《鲁迅》的《后记》中说："当时感觉到死亡是如此的逼近，在连明天的生命都难以保证的环境中，只想努力书写的书，虽然不能夸张地称为遗书，但已接近这种心情了。"② 日本学者中川几次郎指出："《鲁迅》就是竹内好的遗书，准确地说，是把它定义在遗书的位置上来写的。"③ 因为即将奔赴战场，在战场上谁也把控不了生死，所以可以说《鲁迅》就是竹内好按写遗书的心情在书写的。

通过《鲁迅》，竹内好用文学的语言书写着自己对政治的抵抗，书写着自己丧失故乡的孤独。1937年，日本发动了全面侵华战争，日本国内提出一切文化都为政治，而竹内好也在"卢沟桥事变"后，来到战地北京。他强烈地感受到自己理想中的文化故乡完全被战争和政治侵袭，连一草一木都透露出政治信息。这让竹内好的内心无法接受，引起了他强烈的不满。竹内好在《鲁迅》中提出："'文学是无用的'，这是鲁迅的根本文学观。"④ 这实际上就是他自己对当时所体验到的现实的书写。

---

① ［日］松本健一：《竹内好论》，东京：岩波书店，2005年，第144页。
② ［日］竹内好：《鲁迅》，东京：未来社，2005年，第208页。
③ ［日］中川几次郎：《竹内好的文学与思想》，东京：奥林出版社，1985年，第98页。
④ ［日］竹内好：《鲁迅》，东京：未来社，2002年，第18页。

"在这里，对于语言的一切想法、一切虚假的成分都被抛弃，当初计划的对日本文学的改革问题到最后都被抛弃了。正是通过对这些的抛弃，语言才获得了自立。通过语言自立，他自己也就获得了生的自觉。"① 竹内好通过对《鲁迅》的书写获得了生的自觉。在当时无法逃避，必将"赴死"的时代环境下，《鲁迅》提出的是一个十足的反命题。"他将李长之提出的鲁迅的'人必须得活着'的朴素信条，完全肯定地引用。"② 而在日本的当时，青年们的心都被保田与重郎的"散华"③ 美学所吸引。"比竹内晚一辈的桥川文三等都把'我们都得死啊'作为日本浪漫派美学。"④

此时，竹内好将主张"人必须得活着"的鲁迅推出，显然与当时日本国内的形势和时代精神是相背离的。并且他还将自己对这一对时代美学的抵抗融到了《鲁迅》中，通过与鲁迅精神的相遇，来完成自己内心的抵抗、挣扎，来获得自己存在的价值。竹内实说过："在观众席上的观众，有时候甚至不甘心只当个看客，还想参与到剧情中去。"⑤ 虽然将这句话用在竹内好身上并不一定准确，但在《鲁迅》中，竹内好确实不仅仅只是坐在观众席上，而是把《鲁迅》当作了一个舞台，融入了自己的主观意识，演绎着自己的一些思想，演绎着对政府、时

---

① ［日］松本健一：《竹内好论》，东京：岩波书店，2005年，第144页。
② ［日］松本健一：《竹内好论》，东京：岩波书店，2005年，第145页。
③ 指在战场上光荣牺牲。——笔者注。
④ ［日］松本健一：《竹内好论》，东京：岩波书店，2005年，第145页。
⑤ ［日］竹内实：《竹内实文集》第一卷《回忆与思考》，程麻译，北京：中国文联出版社，2002年，第442页。

代的抗争，还书写了自己无法违背的时代命运。

对于鲁迅的研究，竹内实一直坚持着自己确定的"三原则"，进行"书桌上的研究"，尊重文献、研读文献，当然他也进行实地考察，让史实说话，但最终都坚持客观的原则。竹内实就如坐在观众席上静静地观看的观众，他笔下的鲁迅，只是他将坐在观众席上所看到的一切进行的客观复述，不带任何主观意识。不同于竹内实，《鲁迅》却成了竹内好的舞台。在这个舞台上，融入了竹内好的主观意识。《鲁迅》是竹内好在书写鲁迅，更是竹内好在书写自己。

## 三、"包围"与"挣扎"

在《三闲集》的序言里，鲁迅写道："我到了上海，却遇见文豪们的笔尖的围剿。"[1] 对"围剿"这个词，竹内实翻译成日文时为"包围讨伐"[2]。竹内实对鲁迅的研究采取的就是一种"包围"的方式。在《鲁迅远景》里，竹内实主要通过时代、作品和评论三个方面来研究鲁迅，其中还论及鲁迅故乡绍兴的相关传统文化、地理位置以及鲁迅的家庭传统、家庭背景等。在《鲁迅周边》中，竹内实通过 17 篇文章论述与鲁迅紧密相关的人物。竹内实还通过对鲁迅的生活、情愫、文学等与他相关一切进行客观的论述，来达到对鲁迅的解剖与分析。当所有的一切都论述清楚了，自然就清晰地浮现出一个立体的鲁迅来。其中，竹内实尽量不加入自己的主观意识，就只是采取一种"包围"的姿势，将与鲁迅相关的一切陈列出来，让人觉

---

[1] 鲁迅：《鲁迅全集》第四卷《三闲集》，北京：人民文学出版社，2005年，第 4 页。

[2] ［日］竹内实：《鲁迅周边》，东京：田畑书店，1981 年，第 53 页。

得鲁迅周围的一切都是"鲁迅"之所以能成为"鲁迅"的必不可少的要素。当所有的要素都具备后,最终能成就一个什么样的"鲁迅",竹内实没有给我们一个明确的答案,没有进行过任何主观定义,而是由读者自己去总结。但读者所能看到的不是什么"圣人",也不是什么"伟大文学家"或者"革命家、思想家"等,而只是一个作为"人"而存在的鲁迅形象,并且是一种自然地呈现。

竹内好在《鲁迅》中塑造的鲁迅是一个坚韧的形象,说"他喜欢'挣扎'这个词所表现的强烈而凄怆的活法"①。这里使用了一个关键的词"挣扎",竹内好在注释里说道:"挣扎这个中文词汇包含有忍耐、承受、拼死煎熬的意思。我认为作为解读鲁迅精神的一条重要线索,就应该照原样引用。如果按照现在的用词法,勉强用日文翻译的话,与其意思最接近的应是'抵抗'这个词。"② 孙歌的阐释是:"在《鲁迅》一书中,竹内好的确经常使用汉语的'挣扎'一词,这个汉语词汇经由竹内好进入日本,其意义可能不在于它本身,而在于它为'抵抗'进行了重新定义。在通常意义上,抵抗一词的方向是对外的,它不会带来主体内部的自我改变乃至否定,所以很容易在'排斥他者'的意义上被使用;在竹内好看来,抵抗的方向应是向内的,正如'挣扎'一词所象征的那样,是对自身的一种否定性的坚守与重建。联系《鲁迅》中有关政治与文学一章的论述,可以清楚地发现,所谓挣扎,是主体在他者中的自我选择。挣扎的过程,是进入又扬弃他者的过程,同时也是进入和

---

① [日]竹内好:《鲁迅》,东京:未来社,2002年,第12页。
② [日]竹内好:《鲁迅》,东京:未来社,2002年,第189页。

扬弃自身的过程。就竹内好而言，这两者必须是同时进行的。"① 由此，竹内好为我们呈现的是一个坚守自我，固守自我意识，且独立不可侵犯，具有尖锐的内在矛盾的、强韧的生活者"鲁迅"形象。"'挣扎'是'竹内鲁迅'的核心词汇，也是'竹内鲁迅'的核心思想。"② 竹内好借助鲁迅的这种"挣扎"，自己也在进行着一种与生命相抵抗的过程：凭借着鲁迅式的挣扎——抵抗，竹内好在不断地否定自我，同时也在完成着自身思想上的跃进，与现实进行着不断抗争。"竹内鲁迅"之所以能引起一代知识分子的心灵震动，是因为竹内好以鲁迅为镜子，批判了日本的现代化道路。他说："对我来说，鲁迅是一位生活的强者，他是一位彻底到骨髓的文学家。鲁迅文学的严肃性打动了我。尤其是最近我在自我反省，环顾周围时，常常从鲁迅的著作中看到许多以前没有注意到的东西，冲击着我的内心……我希望把鲁迅与我本身做一比较，并向他学习。"③ 通过对鲁迅的研究，竹内好不断从内心反省自己，完成自己内心的挣扎。他以鲁迅为镜子，不断反省自己，批判日本的现代化道路；通过鲁迅，竹内好认识了中国，认识了中国从鸦片战争以来所走过的现代化道路，进而认识了毛泽东思想，认识了中国共产党。在中国革命胜利的冲击下，他以鲁迅为镜子，发现了日本的问题之所在。对照着中国，竹内好批判了日本的现代化道路，批判了日本现实社会中的种种问题，他甚至与毛泽东思想相对照，批判了日本共产党。

---

① 孙歌：《竹内好的悖论》，北京：北京大学出版社，2005年，第58~59页。

② 靳丛林：《竹内好的鲁迅研究》，北京：北京大学出版社，2012年，第84页。

③ [日]竹内好：《鲁迅》，东京：未来社，2002年，第50页。

在竹内实的鲁迅研究中,他侧重于外界对鲁迅的影响研究,更多展现了鲁迅静态的一面,并且在论述中基本见不到作为研究者的竹内实本人的影子。竹内实只是站在一个他者的角度,在对鲁迅进行着解读、研究,让人们看到的只是一个作为"人"的鲁迅。而在竹内好的鲁迅研究中,他更倾向于对鲁迅内在的研究,并且其笔下的鲁迅一直处于动态中,因为他是不断在"挣扎""抵抗"中生活的强者。"他的一生构成了一个悖论,那是死与生、回忆与现在、绝望与希望、乡村与城市、文学与启蒙、文学与政治之间充满了张力关系的结合体。"①竹内好在书写鲁迅的同时也在书写自己,他并不满足于只是作为他者对鲁迅进行书写,他通过鲁迅的"挣扎""抵抗",也完成了自己内心的"涤荡",并推及"涤荡"整个日本。

## 四、对《故事新编》的不同解读

竹内实与竹内好的鲁迅研究都很重视对鲁迅作品的解读。作品对于竹内实来说不是了解鲁迅的唯一资料,但却是非常重要的必不可少的一个线索。在《鲁迅远景》中,他在对作品做演讲前还专门又重读作品,"为了这次演讲,又专门重读了一遍《阿Q正传》与《故乡》。"②而对于竹内好来说,"至少有一半是因为我衡量鲁迅只有作品这一个尺子"③。对于竹内好和竹内实来说,在对鲁迅的解读中,作品都具有不可替代的作用。

在对鲁迅作品的解读中,竹内实与竹内好都很看重《阿Q

---

① 孙歌:《竹内好的悖论》,北京:北京大学出版社,2005年,第37页。
② [日] 竹内实:《鲁迅远景》,东京:田畑书店,1978年,第68页。
③ [日] 竹内好:《鲁迅》,东京:未来社,2002年,第39页。

正传》。竹内实认为:"在他的一生的创作中,小说《阿Q正传》尤其值得重视。这是因为,这是一篇把鲁迅所探求的问题即所谓国民精神艺术形象化了的作品,它也是鲁迅将贯穿自己一生的文艺观念具象化的结晶。"① 竹内好也说:"关于《阿Q正传》,我承认,包括缺点在内,这篇作品是鲁迅的代表作。我也承认世评所说的'阿Q'是中国人的代名词。"② 他们对《阿Q正传》的评论基本是一致的。

对于《野草》,竹内好与竹内实也同样看重。在《与寂寞的对话——关于〈野草〉及其他》中,通过在野草中洋溢出的鲁迅的寂寞、孤独,竹内实将鲁迅作品中的人物形象分为离开故乡的孤独的人、失去故乡的狂人和复仇者形象三种。对于竹内实来说,《野草》算是解释鲁迅的重要参考资料与线索。"在鲁迅的作品中,《野草》是我很看重的作品,我认为作为解释鲁迅的参考资料,除了《野草》再也没有更恰当的了。"③ 对于鲁迅的其他文学作品,竹内好与竹内实看重的大致差不多,即使不是完全一样,也相差不大,但唯独对《故事新编》的评价和解读,两人的看法相去甚远。

竹内实对《故事新编》的评价很高。对于中国的民间故事,竹内实说:"中国有十几个省份,其中如四川的面积,就比日本全国还大。我想像那里的风土人情,估计人们的心理特征,应该是与所处的自然环境相适应的。具有悠久历史的他们,尽管由于历史发展的阶段各有不同,所属的阶层也有所差异,但这些无疑都可能在他们的心灵留下难以磨灭的烙印,其

---

① [日]竹内实:《竹内实文集》第二卷《中国现代文学评说》,程麻译,北京:中国文联出版社,2002年,第4页。
② [日]竹内好:《鲁迅》,东京:未来社,2002年,第116页。
③ [日]竹内好:《鲁迅》,东京:未来社,2002年,第118页。

中必然又会有贯穿始终的统一特征。而要想挖掘诸如此类的东西，那里的民间故事，便是一条可以借以入门的途径。"①"民间故事反映了人的精神的多个侧面。"② 在对鲁迅进行解读的同时，竹内实也对鲁迅的出生地绍兴，那片盛产民间故事的地方做了详尽的了解。竹内实曾多次前往绍兴调查，在他看来，《故事新编》是了解鲁迅的一条重要的线索。在创作中，鲁迅引入了一些民间故事的积极因素，并且还引入了新现实主义，包括他对现实问题的思考，是他对现实进行批判或者反映的一种手段。"鲁迅在抗日民族统一战线形成的前夜，一边同国民党反动派进行激烈的战斗，一边又尝试以新的现实主义手法，在1935年11、12月间，创作了《故事新编》中的一些作品。准确地说，那是指《理水》《采薇》《出关》和《起死》等4篇小说。令人非常感兴趣的是，这些作品，都是以全新的视角来把握所谓神话、传说与民间故事之类的口头文学形式中的人物与情节而创作出来的。"③"禹的形象的塑造，显然是经过有目的的考虑和调整。鲁迅如此否定民间文学中的消极因素，是当时所谓新现实主义文学潮流致力的一种趋势。""我认为，鲁迅的《起死》等，已经为这种新的文学风格打开了局面。如果以此为出发点，中国文学很有可能出现更加前卫的倾向。以这种国际性的视野来看《故事新编》，仿佛它是在半殖民地的境遇中，对当时现实主义热衷于探索责任的一种回应，其中含有与罗卡尔的演出与诗作不相上下的重要意义。""除此之外，在这

---

① ［日］竹内实：《鲁迅周边》，东京：田畑书店，1981年，第163页。
② ［日］竹内实：《竹内实文集》第二卷《中国现代文学评说》，程麻译，北京：中国文联出版社，2002年，第64页。
③ ［日］竹内实：《竹内实文集》第二卷《中国现代文学评说》，程麻译，北京：中国文联出版社，2002年，第56页。

些作品里，也包含有鲁迅对解决面临的现实问题的思考。"①竹内实还说："鲁迅在以文学促进同外部或内部敌人的斗争时，曾试图使民间故事（甚至包括古典文学）里的正反面形象，产生像阿拉丁的神灯那样灵验的效应。他在这些创作中，使用了原为民间文学中的素材，是为了唤醒读者心里那潜藏着的力量。通过发掘与深厚的风土人情和悠久历史密切相关的民间故事，借以达到激励与之相称的民族精神的目的。鲁迅赋予这些民间故事，以强烈的现实主义与政治意义。"② 总之，竹内实是非常看重《故事新编》在鲁迅文学作品中的重要性的，他认为《故事新编》对于理解和了解鲁迅具有不可或缺的作用。

竹内好却认为："《故事新编》都是些不大相宜的作品。"③并且《故事新编》在竹内好看来还是个"鲁迅作品群中特异的存在"④。竹内好在《鲁迅》中，对鲁迅的其他作品集分别都进行了一一论述，只剩下《故事新编》时，他却说自己其实一开始就没准备就《故事新编》说些什么。这在《鲁迅》中的《关于作品》一章的第四节一开头就有论及。虽然在《鲁迅》中谈及《故事新编》，可是从头到尾，竹内好心里都很犹豫。"当初的计划是从《呐喊》写到《野草》，以为这样写下来《故事新编》也就自然包括在其中了。但写完了一看才发现，《故事新编》不仅没有包括进去，反倒像跟全体对立一样展示着一

---

① ［日］竹内实：《竹内实文集》第二卷《中国现代文学评说》，程麻译，北京：中国文联出版社，2002年，第70~71页。

② ［日］竹内实：《竹内实文集》第二卷《中国现代文学评说》，程麻译，北京：中国文联出版社，2002年，第73页。

③ ［日］竹内好：《近代的超克》，孙歌编，李冬木等译，北京：生活·读书·新知三联书店，2005年，第101页。

④ 靳丛林：《竹内好的鲁迅研究》，北京：北京大学出版社，2012年，第133页。

个新世界。当初考虑到省却,除了判断其中的作品并非重要之外,也并非不是出于一些投机取巧的想法,以为说不定是些荒唐无稽的作品。"① 竹内好认为《故事新编》中的作品与鲁迅的其他作品不是一体的,因为其中"展示着一个新世界",最初准备省却,显然是认为《故事新编》不重要,还认为是些荒唐的作品。他还说:"我在八年前曾写过一篇评鲁迅的短文,那时我简单地认为《故事新编》是文学者鲁迅未果之梦迹。这种看法以后多少有些改变,但判断其作为作品的失败却并没改变,至今也没改变。《故事新编》全部都是失败的作品。"②"这本集子与其说能让人感到创造力的旺盛,倒不如说是匆忙间勉强凑起来的一册。""《故事新编》合在一起,怎么看都有勉强拼凑的感觉。即使从最后写下的三篇都是极不精彩的草率马虎之作来看,这一点也毋庸置疑。"③ 竹内好在总体上认为《故事新编》属于鲁迅的失败之作,对于理解鲁迅,毫无裨益。这或许是因为他当时所能掌握的资料有限,因为他对《故事新编》的看法后来慢慢也有了改变。"由此而言,我并不以为舍弃《故事新编》可惜。它是多余的,有没有都行。但一边这样想,一边又觉得仍有些弃之不去的东西留了下来。这并不是因为这些作品中有珍奇题材,而是因为这些作品中有那么种东西能让人感受到某种作品的壮图。"④ 虽然竹内好对鲁迅的《故

---

① [日]竹内好:《近代的超克》,孙歌编,李冬木等译,北京:生活·读书·新知三联书店,2005年,第101页。
② [日]竹内好:《近代的超克》,孙歌编,李冬木等译,北京:生活·读书·新知三联书店,2005年,第101页。
③ [日]竹内好:《近代的超克》,孙歌编,李冬木等译,北京:生活·读书·新知三联书店,2005年,第103页。
④ [日]竹内好:《近代的超克》,孙歌编,李冬木等译,北京:生活·读书·新知三联书店,2005年,第103页。

事新编》在理解上慢慢地有所改变，但总体上对《故事新编》还是不那么看重，认为它对解读鲁迅并不是那么的重要。

总之，对于《故事新编》，竹内实与竹内好的看法是完全不一样的，竹内实认为《故事新编》对于理解鲁迅是极其重要的，并且鲁迅在里面引入了新现实主义，是他与现实抗争的一个手段，从中既可看出他深厚的文化底蕴，也可看出他的创新精神，同时还承载着与现实抗争的精神。而竹内好从一开始都不太看好《故事新编》，认为里面全是失败之作，其中的文章有拼凑感，对于鲁迅来说是可有可无的，但后来他的看法慢慢有所改变，也许是他渐渐读懂了其中所承载的某些现实意义。

## 五、"一个人"与"一尊佛"

通过将竹内实与竹内好的鲁迅研究进行比较，我们可以看到从竹内实的研究中呈现出的是以"一个人"的形象而存在的鲁迅，竹内好则塑造了一个近似于一尊成了"佛"的文学者"鲁迅"形象。

竹内实的鲁迅研究首先是把鲁迅置于"人"生活的场域，他对鲁迅故乡的文化传统、地理位置等都进行了研究。在《鲁迅远景》中，竹内实对鲁迅故乡的历史文化、风土人情进行了考证，也对鲁迅的家族传统进行了考证。在《鲁迅周边》中，竹内实对鲁迅与他的弟子的关系、鲁迅与他朋友的关系等进行了一一解读。竹内实首先把鲁迅作为"一个人"呈现出来，然后再对鲁迅作为"人"的性格特点与缺点进行剖析。竹内实让我们看到在生活中作为"人"的鲁迅，为了"活着"，不得不以文学者"鲁迅"与官员"周树人"两种形象而存在。作为"一个人"，鲁迅具有正常"人"的情感，在他失去故乡后，会感到孤独、寂寞，并将其呈现于文学作品中。鲁迅文学作品中的人物可以分为丧失故乡的孤独者形象、狂人形象和复仇者形象三种。作为"一个人"的鲁迅，在他的文学作品中，将其作为"人"的无助、渺小显露无遗。通过对鲁迅的层层解剖，竹内实为人们呈现了一个走下神坛，脱去"神"的外衣，作为正常的"人"而存在的鲁迅。

在竹内实的鲁迅研究中，一再强调"鲁迅是人，不是神"，既然是"人"，不是"神"，鲁迅就会从传统文化中承继下来一些东西，就会表现出强烈的宗法思想，就不会具有神的先知先觉以及对任何事物都有正确认知的能力，在认知上就会存在着一些缺陷。因为作为"一个人"，在生活、情感、文学中都会有所呈现。对于鲁迅的研究，竹内实几乎都是站在一个客观的角度，就像是在对第三人诉说着他者的事情，包括鲁迅所处的时代背景、出生地的文化传统和家庭情况，包括鲁迅与周边的人物关系，包括鲁迅的作品。竹内实首先给予了鲁迅作为一个"人"而存在的生活场域，也让人看到了他作为一个"人"而进行的活动。在竹内实所有的鲁迅研究中，去掉了鲁迅身上的"神性"，让鲁迅走下神坛，还原了作为"人"的本来的鲁迅形象。在所有的论述中，与其说是竹内实在书写鲁迅，还不如说是鲁迅自己在书写自己，他尽量为读者呈现了一个真真实实的作为"人"的鲁迅。在竹内实的鲁迅研究中，鲁迅生活在"人"的场域，鲁迅文学来源于"人"，写的是"人"，鲁迅也是作为一个"人"在生活，也为生活的俗事而烦恼。

而在竹内好的鲁迅研究中，他首先让鲁迅超脱了生死，认为鲁迅的生与死具有同一性，生就是死，死是为了更好的生。这样的思想与觉悟不是作为"一个人"会有的，只有成了"佛"，心才会有如此的境界。竹内好认为："对鲁迅来说，死是他文学的完成。"① "那么鲁迅在晚年已超越了死,或者说和死做了场游戏。"② "死孕育生,生又不过是走向死。"竹内好眼中的鲁迅已经超越了生死,淡漠生死,生就是死,死就是生。"而淡漠生死,视生死为无差别相,则已是学佛者初步达到的一种精神境界。"③

《鲁迅》一书中,竹内好在许多关键地方借用了"回心""赎罪文学""文学的正觉"等佛教用语,以此来描述他对鲁迅的感悟,并在文中反复出现。所谓"回心",乃是佛教用语,而在《近代的超克》中,李冬木对"回心"的解释是:"来自英语 Conversion,除了原词所具有的转变、转化、改变等意思之外,一般特指基督教中忏悔过去的罪恶意识和生活,重新把心灵朝向对主的正确信仰。竹内好使用这个词,包含有通过内在的自我否定而达到自觉或觉醒的意思。"④ "回心"原是佛教用语,意思是忏悔过去的罪恶,入信佛教,从而达到悔改自新。"回心"与"挣扎"是竹内好《鲁迅》一书中的两个关键词汇。在《思想的形成》一章里,竹内好设定了一个鲁迅一生中确立他作为文学家的"回心之轴"的决定性的契机,在这个契机下,鲁迅通过挣扎而获得了他真正的文学的正觉;一种主体性的文学自觉意识的确立,贯穿了鲁迅的一生。在竹内好的笔下,鲁迅获得了一个"佛教"般的回心之轴,获得了一个

---

① [日]竹内好:《近代的超克》,孙歌编,李冬木等译,北京:生活·读书·新知三联书店,2005年,第6页。
② [日]竹内好:《近代的超克》,孙歌编,李冬木等译,北京:生活·读书·新知三联书店,2005年,第7页。
③ 谭桂林:《20世纪中国文学与佛学》,合肥:安徽教育出版社,1999年,第121页。
④ [日]竹内好:《近代的超克》,孙歌编,李冬木等译,北京:生活·读书·新知三联书店,2005年,第45页。

"佛教徒"般的存活方式。

在《鲁迅》中,竹内好感受到了鲁迅作品中的虚无,"四围是广大的空虚,还有死的寂静。死于无爱的人们的眼前的黑暗,我仿佛一一看见,还听到一切苦闷和绝望的挣扎的声音"①。确实,鲁迅也多次表示过"惟黑暗与虚无乃是实有",贯穿在他的文学作品里的一个主题就是"反抗虚无",这正合了佛教的"虚无观"。佛教的虚无观源于因缘和合学说,是一种宇宙本体论。它强调宇宙间万物生长都是由各种条件(缘)和合而成的,互相依持,互为因果,因而也都无自性,空无所相。这种缘起说与人生现象联系起来,则大千世界皆由众生业力共同形成。在这样一个变化无常、悠久无疆的大因果链中,人的个体行为犹如白云点太清里,渺小至极,轻飘无比,对于世间的劫道轮回产生不了丝毫的影响。既然对有情世间的滔滔恶欲、滚滚红尘做什么都不具意义,因而佛教把情世间的一切法相看着空虚。② 竹内好认为鲁迅正是为了抵御无妄的虚无,才开始写小说的。可那样的境地一般的人是无法达到的,只有自身已经看透一切,看到了一切的虚无,本身已经进入了佛法无边的"虚无"境地,才可以用笔墨呈现出来。竹内好还进一步体会到了鲁迅作品中的虚无:"他并没在作品中讲述自己以外的东西,但他讲述的自己,却可以说是过去形的自己,而不是现在形的。现在形的他,在很多情况下就在作品附近。他不是在用作品来清洗身体,而是像丢掉衣服那样丢弃作品。"③

---

① [日] 竹内好:《鲁迅》,东京:未来社,2002年,39页。
② 谭桂林:《20世纪中国文学与佛学》,合肥:安徽教育出版社,1999年,第199页。
③ [日] 竹内好:《近代的超克》,孙歌编,李冬木等译,北京:生活·读书·新知三联书店,2005年,第30页。

能拥有前生、今世的也就只有"佛"才能做到吧？就这样，在竹内好的《鲁迅》中，鲁迅像一个佛教徒一样在虚无的俗世中存活着，在那不变的回心之轴上不断挣扎着，涤荡着自己，净化着自己，诉说着自己的前生，净化着自己的今世。

对于鲁迅的文学，竹内好说道："我并不把鲁迅的文学看作功利主义，看作是为人生，为民族或是为爱国的。鲁迅是诚实的生活者，热烈的民族主义者和爱国者，但他并不以此来支撑他的文学，倒是把这些都拔净了以后，才有他的文学。"① 竹内好认为在鲁迅文学中有一个影子般的东西，以及"无"才是鲁迅文学的根源，其他的一切都只是文学的表现，是为了表现文学而存在，一切皆"无"，"有"便是"无"，鲁迅文学是一种空灵的存在。这样的鲁迅文学让人总觉得有一种神秘感，就算不会给人"神性"的感觉，但也具有"佛"一样不可随便接近的感觉。

在竹内实的鲁迅研究中，没有那种只为文学而文学的文学存在，更看不出以某种教徒而存在的鲁迅形象。在他的研究中呈现的都是实实在在客观存在的鲁迅，对于虚无的精神层面的东西需要读者自己去体会，竹内实没有做过任何具体的论述。因此，可以说竹内实笔下的鲁迅就是一个"人"，一个真实的"人"。而在竹内好的整个鲁迅研究中，可以看出：鲁迅的死成就了文坛的统一，鲁迅文学中具有"赎罪的责任意识"，"文学无用"是其根本的文学观。由此赋予了鲁迅"佛教徒"般的存活方式，鲁迅则通过不断的挣扎，来涤荡、净化自己，最终获得了"佛性"。呈现了一个深受佛教感染，直面尘世，看透黑

---

① ［日］竹内好：《近代的超克》，孙歌编，李冬木等译，北京：生活·读书·新知三联书店，2005年，第57~58页。

暗，魂与灵已经剥离了的"佛"的鲁迅形象。他赋予鲁迅以"佛教徒"的思想、存活方式，最后还给予了一个"佛教"式的死亡，这样的鲁迅显然已经从俗世凡尘中脱离出来，就算没有成"神"，但也远离尘世，俨然一尊"佛"，是不能随意触碰的。

竹内好的鲁迅论现在看来存在着很大的片面性，甚至有些观点歪曲了鲁迅，但其真正的价值，"未必是表现在这些不大正确的学术观点上面，而是另有所在"①。因为"竹内鲁迅"产生于特定的历史时期，有着特殊的针对性，不应该被抽象地去理解。他的许多论点，都被后来的鲁迅研究者克服了、修正了，甚至超过了。竹内实就是以此为出发点的众多的鲁迅研究者之一，他也通过不懈努力，形成了属于自己的关于鲁迅的研究观点。

"竹内鲁迅"开启了现代日本鲁迅研究的先河，是现代日本鲁迅研究的起点。因为其视角与中国学术界对鲁迅的常见审视点不一样，很富有启发性，因此中国学者在认识竹内好的时候，首先把他作为日本著名的中国文学研究者特别是鲁迅研究者来看待。后来随着中国学术界对日本的中国研究的了解越来越多，才发现在日本还有一位比竹内好年轻，对中国研究领域更加专注，而且相关学术研究成果相当丰富的竹内先生，这便是竹内实。"从竹内好先生着眼去回顾后来的竹内实先生的生活道路与学术经历，也可以看清日本战后中国研究的来龙去脉与承传关系，能够比较准确地理解竹内实先生在当今日本的中国研究界

---

① 刘柏青：《鲁迅与日本文学》，长春：吉林大学出版社，1985年，第216页。

的价值与地位。"①

　　对于鲁迅的研究，竹内实与竹内好的研究视角、方法、目的等都不同，但他们之间是有传承关系的，竹内实在竹内好的研究基础上不断突破，不断更新。竹内实在前人的基础上不断完善着鲁迅研究，在日本的鲁迅研究界也是有其存在的价值与地位的，他对"现代中国"的研究领域更是做出了不可磨灭的贡献。为了以示与竹内好的区别，正如程麻所说，竹内实可以称为"后竹内"。无论是"竹内鲁迅"还是"后竹内"，他们在日本的鲁迅文学研究史上都应该画上浓墨重彩的一笔，可为我们中国的鲁迅研究提供宝贵的参考。

---

① 程麻：《竹内实传》，北京：中国社会科学出版社，2015年，第313页。

#  第五章

竹内实与藤井省三的鲁迅研究比较

第一个就是,藤井君十分重视思想、社会史的研究方法。他始终是努力把鲁迅作品置于整个中国及东亚的近现代思想史的发展过程中来分析的。

另外,藤井始终注意和强调社会、政治与文学的关系。他认为鲁迅是社会的批评家,应该从这个角度去分析其作品。

—— 陈福康

## 第一节　藤井省三的鲁迅研究概述

在当下日本的鲁迅研究中，还需要提到一个人物，那便是东京大学的教授藤井省三。他是日本中国现代文学研究的第三代代表人物。藤井省三是在竹内好的影响下走上中国文学与鲁迅研究道路的。"我开始阅读竹内好先生的著作，高中时期他的著作我差不多都看过，一套三卷的《竹内好著作集》，我都购买和阅读过，他的新的著作我也陆续看过，越是阅读竹内好先生的著作就越是增加了对中国的兴趣。""东大学生第二年（二年级）的前期结束的时候要确定专业，我选择的专业是中国文学。也可能是受到了竹内好先生的影响吧。"①

藤井省三从 20 世纪 70 年代末开始专门从事鲁迅研究，他写了很多单篇论文、书评等，其中成系统、影响力比较大的有《俄罗斯之影——夏目漱石与鲁迅》《鲁迅——〈故乡〉的风景》《爱罗先珂的都市物语》等三部，其内容都与鲁迅相关。

---

①　[日] 藤井省三口述：《经由文学理解现代中国——藤井省三教授访谈》，贺昌盛整理，《扬子江评论》，2015 年第 3 期。

其他作品还有《鲁迅》《中国文学百年》《现代中国的轮廓》《东京外语支那语部》《台湾文学一百年》《村上春树的中国观》等学术专著十余部。20 世纪 80 年代,藤井省三还参与过日文版《鲁迅全集》的《译文序跋集》的翻译工作,翻译过鲁迅的作品《故乡》《阿 Q 正传》《在酒楼》等,并且将李昂、郑义、莫言等人的作品翻译、介绍到了日本。

作为第三代日本现代中国文学研究关东地区的代表,藤井省三在他的研究中引入了西方文学论的方法与视角。藤井省三的第一本书是 1985 年 4 月问世的《俄罗斯之影——夏目漱石与鲁迅》。他将夏目漱石和鲁迅这两位在亚洲现代复杂的文化背景中屹然独立的文学家,通过安德烈夫作为中介而联系在了一起,主要论述的是《狂人日记》以前的鲁迅文学的形成期。这本书是在其博士课程的导师、著名的鲁迅研究专家丸山升的指导与鼓励下完成的,当时在日本学术界产生了很大的影响,被评价为"激起了一阵清冽的波纹",是"充满锐气的力作"①。

"藤井先生多年来活跃在日本文化界,在各种媒体对中国文学、文化进行评析推介,藤井先生通过对中国文学及其文学精神的透彻理解,加速了中国文学在日本乃至世界的接受,对鲁迅和中国其他作家在世界范围内发生更大的影响起到了重要作用"②。藤井省三继承了日本学者长于史料考证的治学特征,同时还擅长用比较文学的研究方法对中国现代文学进行研究。通过大量的史料考证,他从接受美学出发,运用传播美学、影

---

① [日] 藤井省三:《鲁迅比较研究》,陈福康译,上海:上海外语教育出版社,1997 年,《编译者序》第 3 页。
② 《藤井省三》,《当代作家评论》,2016 年第 3 期。

响学、平行研究、主题学等方法对鲁迅及其文学进行了研究。

1986年10月，藤井省三发表了他的第二本书《鲁迅——〈故乡〉的风景》。此书主要谈论的是20世纪20年代鲁迅的"寂寞时期"，以俄国作家契里珂夫作为媒介，对第一次世界大战后中日两国在俄国十月革命影响下，在蓬勃开展的左翼文学运动中，契里珂夫被接受的过程做了比较。藤井省三指出继第二次世界大战之后，中日关系进入了更加复杂而密切的阶段，俄国则因为十月革命而对中国更具影响力，因此其对中日两国的知识分子投射了新的"俄罗斯之影"。在创作《故乡》时，藤井省三认为鲁迅借用了契里珂夫的《省会》的结构与构思。因此，藤井省三将《故乡》与《省会》进行了比较研究，并且以契里珂夫的作品在中日两国被接受的情况作为线索，试图以此说明20年代鲁迅思想与文学的特点。

藤井省三于1989年4月出版的《爱罗先珂的都市物语》，虽然不是鲁迅研究的专著，但是关于爱罗先珂在中国的研究也是与鲁迅20年代思想、文学研究有密切联系的。

藤井省三在2002年发表了《太宰治的〈惜别〉与竹内好的〈鲁迅〉》一文，这是在当时的日本学界极具冲击力的一篇论文。此文不仅对鲁迅进行了论述，对中日战争时期日本作家对鲁迅的理解也有论述，对日本学术界对相关问题的认识也有所论及，文中还尖锐地指出了"竹内鲁迅"的局限性。

对于鲁迅研究，藤井省三回忆说：20世纪80年代，他主要研究经由日本的俄罗斯文学对鲁迅产生了怎样的影响，如安特莱夫、契里珂夫、爱罗先珂等俄国作家对鲁迅的影响等，并与日本如何接受俄罗斯文学影响进行比较。到了90年代，藤井省三开始研究鲁迅的阅读史，出版了《鲁迅〈故乡〉的阅读史》一书。该书涉及了许多文学史未曾涉及的领域，与传统的文学史大不相同。后来，藤井省三又把鲁迅在日本、韩国、新加坡、中国台湾地区等地的影响加以比较，出版了《鲁迅事典》一书。

在《中国文学一百年》中，藤井省三提出"鲁迅理解与理解鲁迅"这一命题。根据这个命题，藤井省三在2011年3月出版的《鲁迅——活在东亚的文学》中更是对鲁迅进行了高度评价。鲁迅作为日本的"国民作家"这一提法是藤井省三在该作品中首次提出来的。

对于藤井省三治学的两个特点，陈福康在《鲁迅比较研究》的编译者序中指出："第一个就是，藤井君十分重视思想、社会史的研究方法。他始终是努力把鲁迅作品置于整个中国及东亚的近现代思想史的发展过程中来分析的。"另外，"藤井又始终注意和强调社会、政治与文学的关系。他认为鲁迅是社会的批评家，应该从这个角度去分析其作品"。藤井省三治学的第二个特点是"进行广博的比较文学研究"[①]。作为一个外国学者，藤井省三用不尽同于中国学者的视角、思想方法来研究鲁迅，更是以超越不同民族、文化与语言界限的自觉的比较意识，将鲁迅与众多的日本及其他外国作家进行多角度的、广泛的比较研究。他不仅深入探讨了鲁迅对安德烈夫、拜伦、契里珂夫等前辈作家的接受，而且还将鲁迅与同时代的爱罗先珂、武者小路实笃等人进行比较研究，这些研究大多数属于影响研究。藤井省三运用各种比较文学的方法对东西文化、文学进行了比较。"藤井省三研究的已不仅仅是中国文学，不仅仅是日本文学，也不仅仅是俄国文学，而是特定历史环境中三者的冲

---

① [日]藤井省三：《鲁迅比较研究》，陈福康译，上海：上海外语教育出版社，1997年，《编译者序》第13～14页。

突与交融"①。藤井省三强调中日现代作家在接受俄国文学影响时的一致性或差异性，而且中日现代文学在俄国文学的影响下呈现为一个统一的存在方式。

藤井省三的鲁迅研究重视比较文学的多维思考，常常综合运用影响研究和平行研究两种方法。另外，藤井省三还对鲁迅作品的"复仇""寂寞""忏悔""希望"等主题进行了探讨，在《鲁迅——让东亚新生的文学》中多次提出："死亡"与"行走"是鲁迅文学中的两大主题。同时，藤井省三还注意到了鲁迅与日本木刻的关系，这是一种跨学科、跨领域的研究。另外，藤井省三通过契里珂夫、爱罗先珂、安德烈夫等俄国作家以及显克微之等波兰作家作为"中间媒介"，来进行鲁迅与日本文学的关系研究，将比较文学中的单向或双向的简单关系转化成了三角形的多向性研究，从而让比较研究工作更为复杂而艰巨，但也更加丰富化。

## 第二节　藤井省三的鲁迅研究特色

### 一、"接受"视野下的鲁迅研究

在"接受"视野下对鲁迅的文学作品进行阐释是藤井省三研究的一个特色。"文学接受则纯属一种精神文化范围内的活动。"②文学被接受的历史，也是文学被传播的过程，是社会

---

① 董炳月：《构筑新的时间与空间——关于藤井省三的中国文学研究》，《中国现代文学研究丛刊》，1993年第2期。

② 童庆炳：《文学理论教程》，北京：高等教育出版社，1998年，第280页。

发展的一种呈现，也是文学被广泛阅读的过程。在日本，具有百年的阅读鲁迅的传统。鲁迅文学除了被岩波文库等各文库收录以外，译本《鲁迅全集》20卷也得以出版。"现在为止的鲁迅文学的日文译本，总的来说具有浓厚的日本文化本土化的归化倾向，而不一定是充分传达了鲁迅的文体和思考。"[1] 其中竹内好的鲁迅译本是最著名的，也是最典型的本土化、日文化的例子，和原文相比，使用了比原文多了几倍的句号。在翻译过程中，竹内好将本来长达几行的长句切割成了多个短句，"把在传统和现代的夹缝间苦苦斗争的鲁迅的曲折的文本，按照现代日本人的习惯进行了意译"[2]。藤井省三的译文则是把日文译文鲁迅化，"力图传达出生活在剧烈变化的时代的鲁迅的深刻苦恼，注意在原则上句号按照鲁迅原文，细小的差异也忠实地进行翻译，对初看起来矛盾的表现方法也不勉强进行日本式合理化的意译，而尽可能地进行直译"[3]。藤井省三在对鲁迅文学接受与传播的过程中进行了反本土化的翻译，为新时期鲁迅文学原汁原味在日本的传播、接受发挥了重要作用，他也比较注重鲁迅文学作品在日本的传播与接受。

在《鲁迅〈故乡〉阅读史》中，藤井省三就鲁迅的小说《故乡》的被接受进行了分析说明。他使用了读者接受学与传播学进行研究，这是一部典型的"小题大做"的作品。藤井省三将鲁迅的《故乡》这部短篇小说在中国与日本两个国家的不

---

[1] ［日］藤井省三：《日本鲁迅研究精选集》，林敏洁等译，北京：中央编译出版社，2016年，第11页。

[2] ［日］藤井省三：《日本鲁迅研究精选集》，林敏洁等译，北京：中央编译出版社，2016年，第11页。

[3] ［日］藤井省三：《日本鲁迅研究精选集》，林敏洁等译，北京：中央编译出版社，2016年，第11页。

同接受历史进行了细致详尽的梳理，不管是在中国还是日本的鲁迅研究史上，这都是未曾有过的。该作品首先从知识阶级眼中的《故乡》、作为思想政治教育教材的《故乡》、教科书中的《故乡》以及改革开放时期的《故乡》等四个方面对《故乡》的被接受历史进行了考察，将不同的领域、时期，以及接受阅读的情况进行充分的揭示。其次，该作品从表面上看，只是在围绕着一部短篇小说展开，选题似乎很小。可是，把一部短篇小说与70多年的被阅读的历史联系起来，以20世纪中国的文学空间为背景，这就浓缩了现代中国的变幻风云与人们精神世界的交错复杂，这便赋予了这部作品深广的历史内涵与丰富的思想意蕴，也就具有了全新的意义。还有就是，该作品涉及了多个领域，运用了多种方法。在叙述《故乡》的孕育与创作过程，论述文本与俄国作家契里珂夫的《省会》的关系时采用了比较文学的方法；在探讨《故乡》与中国国文教科书的关系时，则将其置于当时的中国教育史中；最后，还借用传播学与接受美学的方法来论述《故乡》与读者之间的关系。

在《鲁迅〈故乡〉阅读史》中，对于《故乡》，藤井省三写道："这篇小说的出现不仅标志着鲁迅的文学创作进入成熟期，而且标志着中国开启了本质意义上的现代化。"① 从1923年开始，"正是由于鲁迅作品被印成单行本，《故乡》方得以传播到中国各地并传往海外"②。"中学国语教材比单行本更早将《故乡》作为课文收入，以此培养知识阶级后备军的感情与逻辑。1949年中国共产党成立新中国之后，《故乡》又被用阶级

---

① ［日］藤井省三：《鲁迅〈故乡〉阅读史》，董炳月译，南京：南京大学出版社，2013年，第1页。
② ［日］藤井省三：《鲁迅〈故乡〉阅读史》，董炳月译，南京：南京大学出版社，2013年，第33页。

斗争的观点来解释，被作为承担着社会主义思想政治教育功能的语文教材向中学生讲授。在《故乡》发表至今的七十余年的时间里，接触过这篇作品的读者大约有十几亿。面对不同历史时期的读者，民国时期的文艺批评家、教科书编者和国语教师对作品做出了解释，成立中华人民共和国后，共产党的文化行政官员强化了对作品的解释。无论是屈服于诸种诱导还是与其对立，读者都是从自身所处的时代状况出发对作品进行新的阅读。在此意义上，可以将《故乡》称作不断被改写、不断更新的文本。"① 藤井省三考察后发现，除昆明市1975年编辑出版的《中学语文课文选读》里收有《故乡》外，"文化大革命"时期的中国中学其他的教材里都没有选《故乡》。他写道："从'文化大革命'中期开始，虽然仅限于鲁迅文学，在语文教学中'文'的侧面重新得到重视的时候，只有《故乡》直到最后一直被视为禁忌。原因何在？这也许是因为：在'文化大革命'中由于毛泽东的阶级斗争理论被奉为至高无上的真理，因此，展示没落地主阶级家庭出身的知识阶级的'我'与农民出身的闰土以及常常被归入小市民阶级的杨二嫂之间复杂的阶级关系的《故乡》，是一篇解释稍有不慎就可能被视为反革命的危险教材。尤其是面对寂寞的'故乡'，'我'那种动摇于希望与绝望之间的心理，在要求信仰'革命'、绝对忠诚于毛泽东的'文化大革命'时期是不被允许的。"② 对于改革开放时期的《故乡》阅读史，藤井省三认为："知识分子产生了独立思考，不同读者有不同的解释，城市与农村读者理解差别拉大，

---

① ［日］藤井省三：《鲁迅〈故乡〉阅读史》，董炳月译，南京：南京大学出版社，2013年，第1—2页。

② ［日］藤井省三：《鲁迅〈故乡〉阅读史》，董炳月译，南京：南京大学出版社，2013年，第127—128页。

作为人性成熟与丧失的故事,《故乡》以新的阅读方式登场。"① 此外,关于《故乡》在日本的阅读史,藤井省三提出1927年《故乡》被翻译到日本后,作为外国文学被收录于中学国语教材起,历经删改及增补。藤井省三认为:"《故乡》阅读史研究要引入安德森的'想象的政治共同体'理论,找到鲁迅作品被阅读、被诠释、被评价的过程及内容,从而去探寻鲁迅作品存在的社会政治与文学的重要价值。"② 藤井省三用"阅读史释鲁迅"不仅仅是接受理论研究的事例,也是他的社会、政治与文学理论的建构。

藤井省三对鲁迅接受外国作家的影响进行了深入的探讨。他运用影响研究的实证方法,分析鲁迅的文学现象,进而建构他的鲁迅研究的比较文学理论。在《俄罗斯之影——夏目漱石与鲁迅》一书中,他认为鲁迅受到漱石诸多影响。鲁迅喜欢光顾夏目漱石作品中多次提及的东大赤门前的青木堂,鲁迅留学东京住的"伍舍"曾为夏目漱石的租房,鲁迅逝世前十天最后购买的书就是《漱石全集》第14卷。藤井省三认为这些都不是偶然,而是含有鲁迅对夏目漱石的敬慕,这从鲁迅对夏目漱石的短评中也能探寻到。

在《故乡的风景》中,藤井省三从归乡、回想、结尾三部分对鲁迅的《故乡》与契里珂夫的《省会》进行了平行比较研究。他深入细致地分析了两篇小说之异同后,写出了精辟见解:"《故乡》末尾有关希望的思考,与《省会》描写的绝望与困惑相比,理论性远为深刻。希望年轻一代幸福,但这一希望

---

① 靳明全:《日本文论史要》,北京:中国社会科学出版社,2014年,第155页。
② 靳明全:《日本文论史要》,北京:中国社会科学出版社,2014年,第155页。

也不过是手造的偶像(即虚妄);希望正像地上的路,本来是没有的;只有知其虚妄但仍然追求的人,他才会出现。——这一几重转折的希望理论,就是《故乡》的主题。在《〈连翘〉译者附记》中批评契里珂夫作品'稍缺深沉的思想'的鲁迅,是在希望理论上建立主题而写出《故乡》的。但是,我在前面论述过,契里珂夫的作品在20年代曾作为最优美的俄国革命的图像而受到日本知识分子的欢迎。鲁迅也几乎是在同时期接触契里珂夫作品的,但他没有陶醉在它的优美的革命图像中,而是将《省会》所描写的革命退潮期的绝望进一步深化,写出了对中国革命的希望重新提出根本性问题的作品《故乡》。这是什么原因呢?鲁迅说的革命,其思想上的来龙去脉究竟怎样?还有,写《故乡》的1921年对鲁迅来说,以及对中国知识分子来说,是怎样的一个时代?这些是必须进一步探讨的。"[1] 藤井省三的平行研究鲁迅论已涉及十多位外国作家,其中几位是当时鲁迅研究领域里尚未注意的,这种研究本身就含有一种新意。

## 二、鲁迅原罪意识说

在《鲁迅——活在东亚的文学》中,藤井省三多处写到鲁迅自觉自己有罪。"在面对父亲临终时,鲁迅不忍看到父亲的痛苦,在那一瞬间就祈求'早点咽气……'希望死早点到来。可在那之后他又觉得'犯罪了'。"[2] "将《我的父亲》改写成《父亲的病》,是因为希望父亲安乐死而自觉犯了罪,这是一种

---

[1] [日]藤井省三:《鲁迅比较研究》,陈福康译,上海:上海外语教育出版社,1997年,第154页。
[2] [日]藤井省三:《鲁迅——活在东亚的文学》,东京:岩波书店,2011年,第35页。

把自己当成罪人的精神。"① "行走这个主题与在同时期《风筝》(1925年)、《父亲的病》(1926年)等里面包含的对亲人无法赎罪的原罪意识是鲁迅反复描写的主题。原罪与行走——鲁迅文学中的两大主题。"② "从这些话语可以看出鲁迅孤独感的领悟,他自觉自己是罪人,并且他将永不停息地战斗下去。"③

而在分析鲁迅诗剧《过客》的创作时,藤井省三写道:"鲁迅根据'流浪的犹太人'的传说中永远的行走这个主题创作了诗剧《过客》,他又翻译了日本诗人伊东干夫的诗歌《我独自行走》。"④ 在《鲁迅与蕗谷虹儿及叶灵风——论"纯真的意义"》一文中,藤井省三认为鲁迅与日本画家蕗谷虹儿"纯白"的"赤子之心"及"原罪意识"是有共鸣的,他写道:"从愿望与禁忌相克中产生的虹儿的少女像,或者徒然追求那永恒女性的漂泊的自我像——鲁迅对这些激赏为'幽婉'。当然,所谓'白心即纯真',在鲁迅那里是与不合理现状做斗争的基点;但是关于虹儿画,不如说是导致虹儿画少女像及自我像的对母亲的自卑感与原罪意识吸引了鲁迅。所谓'纯真',在虹儿那里指的固执着幼年期的体验、注视着自我斗争的内心的原罪、认识到自己存在的艺术精神。在鲁迅从虹儿那里见到的纯真的基础里,有着围绕美丽的母亲与'弑父'的愿望与禁

---

① [日]藤井省三:《鲁迅——活在东亚的文学》,东京:岩波书店,2011年,第36页。
② [日]藤井省三:《鲁迅——活在东亚的文学》,东京:岩波书店,2011年,第87页。
③ [日]藤井省三:《鲁迅——活在东亚的文学》,东京:岩波书店,2011年,第88页。
④ [日]藤井省三:《鲁迅——活在东亚的文学》,东京:岩波书店,2011年,第97页。

忌,这不是暗示了留日以来一直保持着的鲁迅的'白心'的起源中潜在的某种原罪意识吗?在《狂人日记》结尾的'救救孩子',是觉悟到不知何时吃了妹妹的肉的狂人的叫声。让认为具有吃人经历、因而无脸见'真的人'的狂人叫出'救救孩子',的确使人见到了鲁迅的'白心'思想大的奥折——作为玷污了'白心'的罪人而更与不合理现象斗争,对于为被玷污的悲哀而战斗的基点的'白心'作更深的追求。我认为,放在鲁迅的'白心'思想的体系中看,在《蕗谷虹儿画选》中可以窥见的也可称作鲁迅的原罪意识的心之阴影,是他的文学活动中不可忽视的东西。"① 藤井省三写到的鲁迅的原罪意识,是在与不合理现象斗争时意识到了自己是被玷污了"白心"的"罪人",带着有污点的人的"悲哀"(原罪)与污点进行战斗。怀着这种原罪意识,鲁迅投入文学活动,他从不会停止,正如在《彷徨》的卷首语,鲁迅引用的屈原《楚辞》里的《离骚》的诗句"路漫漫其修远兮,吾将上下而求索",揭示了鲁迅将不停息行走的心情。鲁迅会一直战斗下去的,是一个永远的战斗者。在演讲《娜拉出走后会怎样》时,鲁迅从开始说道"有人乐于牺牲、乐于受苦",又提到受了特殊诅咒的一直行走的"流浪的犹太人"阿哈斯瓦尔。从这些言语中可以看出"鲁迅的孤独的决意,他自觉自己是罪人,不可原谅,不得安息,要永不停息地战斗下去"②。"罪"与"行走"是鲁迅文学中的两大主题,对于鲁迅文学研究是不可忽略的,这对于后来的鲁迅研究者有着重大启示,也具有相当大的意义。

---

① [日]藤井省三:《鲁迅比较研究》,陈福康译,上海:上海外语教育出版社,1997年,第253~254页。
② [日]藤井省三:《鲁迅——活在东亚的文学》,东京:岩波书店,2011年,第97页。

其实，藤井省三开启的中国文学研究里未必就不带有"原罪"意识。藤井省三的父亲原是"满铁"公司的一名职员，1944年"我父亲也不得不当了兵，参加了日本帝国主义的侵略战争"①。1945年，在日本战败后，他父亲所在的部队投降，国民党对投降的日本兵很宽容，他父亲所在的部队一直都能得到国民党政府提供的粮食，不仅没有受到处分，还在被关押的地方自由出入。"所以这些军官和士兵对中国政府抱有愧疚，每天都出去打扫马路，是自己主动去打扫，不是被强制的。"②藤井省三的父亲内心肯定一直都抱有对中国和对中国人民的一种负罪感，父亲这样的经历必然会影响到藤井省三，到他这里自然转化成了一种"原罪"。藤井省三后来选择专门研究鲁迅、研究中国文学应该也有一种"原罪"意识。

## 三、新史料的发掘

在鲁迅研究中，藤井省三还擅长对新史料的发掘。在《鲁迅与安德烈夫——文学上的老师》一文中，他写道："以前，在中国以外最早介绍鲁迅的人，被认为是青木正儿。他在1920年《支那学》杂志创刊号至第3期上发表了《以胡适为中心翻腾着的文学革命》一文，在其第三部分提到了鲁迅的《狂人日记》。但是，实际上比青木正儿早十年以上，鲁迅与周作人就以'中国周氏兄弟俩'的名称登上了日本新闻媒介之一

---

① ［日］藤井省三口述：《经由文学理解现代中国——藤井省三教授访谈》，贺昌盛整理，《扬子江评论》，2015年第3期。
② ［日］藤井省三口述：《经由文学理解现代中国——藤井省三教授访谈》，贺昌盛整理，《扬子江评论》，2015年第3期。

角。"①"三宅雪岭主编的《日本及日本人》杂志第 508 号（明治四十二年 5 月 1 日）在《文艺杂事》栏中就有这样的介绍：在日本这种地方，欧洲小说是十分畅销的，中国人未必受此影响，但在青年中也常常有人在读，住在本乡的年仅二十五六岁的中国周氏兄弟俩，大量阅读英、德两国语言的欧洲作品，而且计划在东京完成一本题为《域外小说集》、约卖三十钱的书，寄回本国出售。现已出版第一册。译文自然是汉语。"②明治四十二年即 1909 年，如此说来，日本最早介绍鲁迅的时间就应该比学界昔日所说的 1920 年早十年以上。

在《鲁迅——活在东亚的文学》中，藤井省三还对《狂人日记》的创作时间和原型进行了认真的考证和说明。《狂人日记》一直都被认为是 1918 年 4 月开始执笔的，发表于 5 月 15 日发行的《新青年》的四卷五号上。但是藤井省三在《鲁迅事典》（三省堂）中对其执笔过程、上海报纸《申报》上打的广告，以及《北京大学日刊》的《图书馆书目室布告》栏，还有《周作人的日记》等进行了考证，认为《新青年》的发行应该要晚一个月，因此《狂人日记》在 5 月执笔的可能性是很明显的。而且在 5 月北京的报纸《晨报》上连续报道了"狂妇食子奇闻""孝子割股疗亲""贤妇割肉奉姑""贤妇割臂疗夫"等耸人听闻的新闻。除了"狂妇食子"以外，其他三件都是孝行，儿子为了父亲、贤妇为了婆婆、良妻为了丈夫，把自己的肉割下来给他们吃，这就是推行"孝""贤"等儒家价值观的人们所极力赞赏的。"鲁迅创作的《狂人日记》就是要批评这

---

① [日]藤井省三：《鲁迅比较研究》，陈福康译，上海：上海外语教育出版社，1997 年，第 51 页。

② [日]藤井省三：《鲁迅比较研究》，陈福康译，上海：上海外语教育出版社，1997 年，第 51 页。

种公众所赞赏的孝子贤妇割肉给亲人吃的儒教社会。""另外，《狂人日记》的原型就是鲁迅的同乡表兄阮文恒（阮久孙——译者注）（1886—1938）。在鲁迅的日记中阮久孙这个名字出现了好多次。阮久孙在山西繁峙县当过知事补佐官，在处理某件案子时因受胁迫而神经错乱，在1916年10月曾跑到北京投靠鲁迅。鲁迅将他送到日本的池田医院住院一周，然后请人看护送回了绍兴。"①

藤井省三在日本外务省外交史料馆调查有关档案时查到，日本密探跟踪爱罗先珂的秘密报告中有"来北京的广岛市中学生米田"的记载，后来他与原名米田刚三，后定居美国的日本工人运动理论家卡尔·姚乃达通信，了解到米田曾在鲁迅、周作人家住过一个多月，并记录了先由爱罗先珂口述，然后由鲁迅翻译的童话《红的花》一事。这是鲁迅研究中发掘到的一个新史料，藤井省三对于鲁迅研究新史料的发掘也代表了日本学者在现代中国文学研究中的一大特点。

藤井省三反复强调，鲁迅研究中存在着很多疑问，必须一一求证，给予正确的科学的解释。他还对"鲁迅毒杀说"进行了详尽的考证。"在20世纪，说到中日关系时，鲁迅是作为友好关系的象征，可是后来中日关系慢慢有了摩擦时，也就开始出现了鲁迅被日本医师误诊暗杀的说法。"② 这个日本医师也就是在鲁迅去世前夜留下绝笔"打电话请须藤先生前来"拜托前去就诊的主要治疗医生须藤五百三（1876—1959）。最初提起鲁迅杀害说的是在1984年5月南京日报社的报纸《周末》

---

① ［日］藤井省三：《鲁迅——活在东亚的文学》，东京：岩波书店，2011年，第78页。
② ［日］藤井省三：《鲁迅——活在东亚的文学》，东京：岩波书店，2011年，第222页。

上登载了一篇署名为纪维周的报道。对此，日本的医学者泉彪之助百在进行相关的医学研究后，在第二月的《朝日新闻》上进行了反驳。上海鲁迅纪念馆的杨蓝副馆长对这一反驳也表示接受，并在《周末》上发表了个人见解。9月，《周末》也批评了自身的说法没有根据，舆论到此告一段落。可是2001年5月，鲁迅之子周海婴在文艺杂志《收获》（上海，隔月刊）第三期上引用了鲁迅的弟弟周建人寄给许广平的信，陈述了两人直到晚年都还怀疑须藤医师。对此，藤井省三进行了多方的史实考证，得出结论："须藤医师和鲁迅间达成了深深的信赖关系。""即使是周海婴等亲属们对鲁迅的死因还深深地抱有疑念，那也只是日本对中国的侵略太深，让中国人还怀有不信任感。"①

藤井省三的这些对史实的考证分析，以及新史料的搜集，无疑对鲁迅研究提供了更广阔的视野与更丰富的内容，同时对中日友好关系的建立也会有很大的作用。

## 第三节　竹内实与藤井省三的鲁迅研究比较

### 一、都注重史料研究

无论是竹内实还是藤井省三都很注重史料的研究。竹内实做的是"书桌上的研究"②，相关资料是不会自己跑到他的书

---

① ［日］藤井省三：《鲁迅——活在东亚的文学》，东京：岩波书店，2011年，第227页。
② ［日］竹内实：《竹内实文集》第一卷《回忆与思考》，程麻译，北京：中国文联出版社，2002年，第148页。

桌上去的，因此他很重视史料的研究。京都学派的特色就是重文献、研读文献，而作为京都学派代表的竹内实肯定也一样。"自己有意按照尊重文献、研读文献这一京都学派的特色，用心揣摩各种文字。"① 藤井省三也非常注重对史料的研究，"鲁迅研究新史料的发掘是藤井用力之处"②。比如他们对鲁迅的日记都有很好的研究。

竹内实专门对1932年2月1日开始连续5天的鲁迅日记进行了详细的分析解读："从1932年2月1日开始连续5天没有记录，日记里全都记着'失记'。"③关于这5天的日记连续都记着"失记"一事，竹内实首先对"记"字进行分析："'记'字在汉语中，有记忆与记录两个意思，必须考虑的是'失记'的'记'是哪个意思。总之，在日记中没有属于日记应有的记事，也就是'空白。"④ 鲁迅的日记除了1922年这部分被日军没收外，从1912年5月5号开始到1936年10月18号，也就是死前一天为止，总共25年一直都没断过。"当然也会有没事的情况，至少都会记上天气的情况，或者记上'无事'，大约25年来，一天都没间断过的日记中，特意专门记为'失记'，也就是记为'失去记忆'的，只有1932年2月的这5天。"⑤

竹内实对于这连续5天的"失记"进行了详细的解读，认为在鲁迅25年的连续不断的日记中，只有这几天的日记记为

---

① ［日］竹内实：《竹内实文集》第一卷《回忆与思考》，程麻译，北京：中国文联出版社，2002年，第149页。
② 靳明全：《日本文论史要》，北京：中国社会科学出版社，2014年，第156页。
③ ［日］竹内实：《鲁迅远景》，东京：田畑书店，1978年，第9页。
④ ［日］竹内实：《鲁迅远景》，东京：田畑书店，1978年，第9页。
⑤ ［日］竹内实：《鲁迅远景》，东京：田畑书店，1978年，第9页。

"失记",一定有隐情。甚至在给朋友的信中,鲁迅也都没有提及这 5 天所发生的事情。"在当时,鲁迅有写过几封信,但读了这几封信,会发现在日记中没记载的五天,信中也还是没有提及。即使是对朋友,鲁迅也在隐藏着这二月初的事情。"① 事实上是因为在当时"一·二八"事变时,国内的主要矛盾由阶级矛盾转变为民族矛盾时,鲁迅不想让更多人知道当时他躲藏在日本友人内山完造家里。

对于失踪的鲁迅 1922 年的日记,藤井省三认为:"许广平的被捕和鲁迅日记的被搜,可能与太平洋战争爆发前夕的'佐尔坎事件'有关(佐尔坎是共产国际的谍报人员,1941 年 10 月被日本军方捕获)。"② 当时与此事有牵连的尾崎秀实、山上正义、史沫特莱等外国记者,与鲁迅都有亲密联系。在日本宪兵抓许广平后,就盘问鲁迅与日本人的关系,藤井省三提出:"鲁迅 1922 年的日记,是否与 1941 年当时的那些日本人有关?"③ 例如当时还是学生的俄国盲人诗人爱罗先珂,曾在鲁迅家住过两个多星期。还有在 1922 年经常与鲁迅交往的牧师清水安三,他在 1941 年 7 月刚从美国募捐到一万美元回到北平,便被北平的日本宪兵队盯上,在一个月内几乎每天都被传讯,最后以被迫交出大半美元而完事。藤井省三认为:"北平与上海的日本宪兵队之间当有密切联系,而清水又喜欢对时局随便发表意见,他在当时也很可能受到军部的注意。"④ 对于

---

① [日]竹内实:《鲁迅远景》,东京:田畑书店,1978 年,第 31 页。
② [日]藤井省三:《鲁迅比较研究》,陈福康译,上海:上海外语教育出版社,1997 年,第 278 页。
③ [日]藤井省三:《鲁迅比较研究》,陈福康译,上海:上海外语教育出版社,1997 年,第 278 页。
④ [日]藤井省三:《鲁迅比较研究》,陈福康译,上海:上海外语教育出版社,1997 年,第 279 页。

失踪的 1922 年的鲁迅日记，藤井省三认为："1922 年正是鲁迅与日本人交际特别多的一年，在二十年后发生'佐尔坎事件'之际，日本宪兵队为了要对记者们的自由主义者加紧压迫，很可能想从 1922 年的鲁迅日记中寻找某些日本人的资料，而这，便可能是这年日记失踪的原因。"① 对于鲁迅日记的失踪，藤井省三给予了上述求证，这既是鲁迅研究新证的一个范例，也是藤井省三文学研究的着力点。

竹内实与藤井省三都很注重史料的研究，都看重让史实说话，都注重客观叙述，他们更多的是坐在观众席，让他者自己说话。他们都很看重对鲁迅日记中信息的挖掘，只是藤井省三因为随着科学技术的发展以及研究的深入，还有资料的越来越公开，能掌握的资料、信息就会比竹内实更多、更丰富一些，能从鲁迅的日记中获取的信息自然就会更多一些。

## 二、"美好故事"与"失去物语"——对《故乡》的不同解读

因为竹内实在"外地"出生和长大，当大家聚会时，有人"要我唱支小时候的民歌，自己没法轻而易举地唱出来，觉得挺难堪。我确实不会唱出生地的民歌"②。他从小就失去了"故乡"，在中国出生长大，"对我来说，中国是自己怀念的故乡"。竹内实 19 岁时回到日本，可是"有一次，在家订阅某种报纸，开始连载按出身分别加以评论的人物的文章。这也算是凭地望自豪之一种罢。这么一想，我才意识到，自己竟是一个

---

① ［日］藤井省三：《鲁迅比较研究》，陈福康译，上海：上海外语教育出版社，1997 年，第 279 页。
② ［日］竹内实：《竹内实文集》第一卷《回忆与思考》，程麻译，北京：中国文联出版社，2002 年，第 34 页。

划归不到日本任何都道府去的人"①。也就是说竹内实又一次丧失了"故乡"。中国的一切，都让竹内实魂牵梦绕，只有通过研究中国，才可以找到一条与中国相连的绳索。"除了研究中国，自己也别无出路。换句话说，为了填平无尽的乡愁，我渴读有关中国的书籍，撰写有关中国的论文。""我曾觉得自己在好些地方涌生出与中国的天空融合为一的那种神秘之感。"②也就是说对中国的研究，对鲁迅的研究，撰写一切与中国相关的东西对本就失去故乡的竹内实来说是一种寻找、获取故乡的方式，可以从中获得一种归依感，就如撰写"美好故事"一般。

"车站与我家之间，有一块宽阔的场地，那是从农村运货来的马车场，在那里，经常可以听到骡马的嘶叫声。那儿还是杀人的刑场，我有时也见过一些杀人的情景。后来读了鲁迅的《阿Q正传》，对里面枪毙阿Q的场面，就不觉得奇怪了。"③竹内实通过孩童的视野，看到了中国社会的一鳞半爪。当时他对中国的社会并没有什么深刻的认识，他孩童时生活的中国农村也就是他心中的"第一故乡"虽然也有杀人事件发生，可在孩童的眼里，在鲁迅文学的影响下，进入他记忆深处的尽是传奇与美好。鲁迅的故乡绍兴这片土地是鲁迅文学的产生之地，其作品中的人物阿Q、闰土等的原型都是来自绍兴这片土地。《故乡》在竹内实看来虽然也具有丧失物语的成分，但是对他

---

① ［日］竹内实：《竹内实文集》第一卷《回忆与思考》，程麻译，北京：中国文联出版社，2002年，第35页。

② ［日］竹内实：《竹内实文集》第一卷《回忆与思考》，程麻译，北京：中国文联出版社，2002年，第20页。

③ ［日］竹内实：《竹内实文集》第一卷《回忆与思考》，程麻译，北京：中国文联出版社，2002年，第73页。

来说《故乡》更是一篇抒情的作品,一篇充满爱的作品。文中的人物闰土是从小就和鲁迅一起玩的农民。"闰土儿时经常和鲁迅一起玩,时隔二十年后,回到故乡的鲁迅仍然亲切地叫'小闰'时,闰土却回答道'老爷',鲁迅瞬间便丧失了语言,感到可悲,在俩人之间筑起了厚厚的高墙。"①"鲁迅很开心回到又能见到闰土的绍兴街道,可是最后却没能见到闰土的灵魂,闰土已不是用自己的灵魂在和鲁迅说话。'在我们每个人之间都围绕着一堵高墙,不了解相互的心里,各怀揣着自己的心事。'——在这里,鲁迅和闰土的关系已经失去了。'我突然感觉身体打了个颤,发觉到了在我们之间已经完全筑起了可悲的厚厚的高墙,我已经丧失了用言语来表达的能力。'在鲁迅的整个《故乡》中,全都是这样的书写。"②"鲁迅对于闰土充满了满满的爱,亲切地想接近他,将自己不需要的物品都送给他,可是这时闰土说灶灰也想要,灰可以做沙地的肥料,但是他却在灶灰中藏了茶碗……也就是说鲁迅的好意并没被对方完全领情,对方只是卑屈地说'给我',而且还在草灰中悄悄地藏了茶碗。这虽然是被生活所逼迫,可还是给了鲁迅很大的冲击。因此鲁迅要书写民族的灵魂,想写却又写不出来,最后写了《阿Q正传》,这只是一个开端,又写了《故乡》中的闰土。"③"《故乡》《阿Q正传》是乡土性比较浓郁的文学……鲁迅对故乡表现出的是满满的爱,这在《故乡》中也有表现,对绍兴我虽然不能说是做了详尽的调查,但对周边稍做调查,便会知道《故乡》《阿Q正传》,还有《孔乙己》《在酒楼》,以

---

① [日]竹内实:《鲁迅远景》,东京:田畑书店,1978年,第117页。
② [日]竹内实:《鲁迅远景》,东京:田畑书店,1978年,第117页。
③ [日]竹内实:《鲁迅远景》,东京:田畑书店,1978年,第117—118页。

及散文诗《野草》中的数篇鲁迅的早期作品都是产自绍兴街道的作品。"①

在故乡，鲁迅从幼年生活到少年，祖父因科举考试被逮捕投狱、父亲去世等事件对鲁迅有很大的影响。竹内实认为："对鲁迅来说，绍兴的街道应该全是黑暗。在《故乡》中冬天里萧瑟的街道被他作为描写故乡绍兴的景色，在《野草》中的《美丽故事》也有关于故乡绍兴的描写。这是鲁迅在北京，在母亲、周作人等都搬离了绍兴来到北京五六年之后，想起绍兴的事物而写的散文诗。这是老话里的山阴道，鲁迅在北京自己的房间里做梦都在想的地方。"② 绍兴故乡对鲁迅、竹内实来说仍然是产生美丽故事的地方，竹内实看到的并不全是黑暗，不全是失去，看到的更多的是绍兴的美丽，更多的是对"故乡"的眷恋。

儿时在中国农村生活时的美好时时萦绕在竹内实记忆的最深处，他还记得那时在农村看过的京剧，"那洋溢在广袤的中国大地与天空中的艺术魅力"③。也还记得那时的中文老师叫"萧国栋"④。更是想念那热乎乎的包子，"——热包子啊，热、热、热包子啊"！"其中的卷舌音'RE'（热）字，真能勾起我的食欲。在那油黑的小棉被里，裹着圆圆的蒸笼，摆在摊子上。肉包子里面是热乎乎的肉汁，等着客人们来买。"⑤ ……

---

① ［日］竹内实：《鲁迅远景》，东京：田畑书店，1978年，第126页。
② ［日］竹内实：《鲁迅远景》，东京：田畑书店，1978年，第95页。
③ ［日］竹内实：《竹内实文集》第一卷《回忆与思考》，程麻译，北京：中国文联出版社，2002年，第33页。
④ ［日］竹内实：《竹内实文集》第一卷《回忆与思考》，程麻译，北京：中国文联出版社，2002年，第31页。
⑤ ［日］竹内实：《竹内实文集》第一卷《回忆与思考》，程麻译，北京：中国文联出版社，2002年，第14页。

儿时太多的美好留在了"故乡"中国。

在鲁迅的《美好故事》里，竹内实看到了大量对故乡美丽景色的描写，那也是时刻盘旋在他脑际的关于中国的美好景色，可是"故乡绍兴的美丽景色，终究只有在北京书房的梦里能见。这些都是我一直说的绍兴城外的景色，没有直接描绘，而是通过对坐小船走水路，观看到的倒映在水面上的物、颜色进行描述的。就像短篇电影一般，一会像在法国，一会如在荷兰，从开始到结束，都只是在描绘倒映在水中的景色，通过鲁迅诗人一般的描绘，绍兴的风光就灵动了起来"①。"但是，鲁迅并不只是在作诗描绘景色，在梦到如此美景前，他正在读《初学记》，在散文诗的开头处就已经有提到……鲁迅所描绘的色彩就如水彩画一般，看似不经意间自己被散文诗触动，正如'我闭了眼睛，向后一仰，靠在椅背上，捏着《初学记》的手搁在膝髁上'所暗示的一样。""据1956年版的《鲁迅全集》的注释，鲁迅对《初学记》做了简单的解释，但是还没有提到我现在所说的这些，可是说道：'山阴道是我国历史上著名的风景优美的地方之一，位于绍兴县城西南方。'"② 在竹内实的记忆里，"故乡"中国的一切与鲁迅《美好故事》里所呈现的美好景色一样美好，让人留恋、久久无法忘怀。

在竹内实看来，鲁迅的故乡就是一个"美丽故事"开启的地方。虽然绍兴曾经有过黑暗，可它更是一个拥有悠久传统文化，充满了美丽与爱，让人做梦都会想念的地方，对竹内实来说也是拥有"美好故事"的地方。通过对《故乡》的解读和对

---

① ［日］竹内实：《鲁迅远景》，东京：田畑书店，1978年，第97页。
② ［日］竹内实：《鲁迅远景》，东京：田畑书店，1978年，第97～98页。

故乡的踏访,竹内实加深了对鲁迅和鲁迅文学的了解,当然也就更多地了解了中国文学和中国。对竹内实这个一直"失去"故乡的人来说,研究鲁迅使他有了更多的归依感,也使得一个"失去"故乡的人的孤独与寂寞有了一丝慰藉。竹内实在《与寂寞的对话》中,以《故乡》为中心,将鲁迅作品中的人物分为三类:丧失故乡的孤独的人、失去故乡的狂人,还有就是复仇者。他们无疑都是孤独、寂寞的,却又都饱含着对故乡深深的眷恋之情。

正因为对"美好故事"的眷恋,竹内实也曾是寂寞的,特别是当他读到赤尾君的俳句《青春记》① 时,想起"我曾被征兵到丰桥的第十一集团军(任工兵)。当换上了发下来的军服,将以前穿过的学生装叠了起来,看着自己穿军服的样子,当时觉得非常难看和别扭。我料想着未来,心中充满了万念俱灰的无常感"②。对竹内实来说,中国一直是他心心念念的故乡,自己的母亲和妹妹都还在那里,而现在不仅回不去了,还得作为日本帝国主义军队的一名军人前去侵略,"当时自己那种失望的心情,是我后来永远难忘的"③。"确实,那时曾是寂寞的。可是'寂寞'这个词,是不能说给别人听的。……不过,赤尾这一俳句所表现的,并非仅仅是当时的寂寞心境。"④

---

① 赤尾兜子(1925—),原名俊朗,日本著名俳句家。其作品《青春记》为日本俳句体短诗集,其中收录了作者16岁至20岁时写的俳句共300首(汤川书房,1977年10月出版)。

② [日]竹内实:《竹内实文集》第一卷《回忆与思考》,程麻译,北京:中国文联出版社,2002年,第50页

③ [日]竹内实:《竹内实文集》第一卷《回忆与思考》,程麻译,北京:中国文联出版社,2002年,第50页

④ [日]竹内实:《竹内实文集》第一卷《回忆与思考》,程麻译,北京:中国文联出版社,2002年,第51页

对竹内实来说，"不管是从实际情况，还是从心理上看，我都不可能再回到那里去。而更内在地说，就像前面提到的，还主要是因为，我当时有一种期待，暗暗地并未死灭。那便是希望仍如以前那样，有可能继续读书。"① 竹内实只想一直读书，因为通过读书可以离中国很近，可以了解中国发生的一切。然而他当时体味到的肯定不仅仅是寂寞的心境，当时他已经明白日本的侵略注定失败，"那时候，内务班里的其他'战友'，也都对战争持批判态度，觉得败局已定"②。但竹内实他们还是不得不出征，所以他当时的心情是那种将会去亲自破坏心中的"美好故事"的那种无奈与无处诉说。对竹内实来说庆幸的是后来因为身体的原因，最终没有真的出征，而是直接返回了日本。

藤井省三与《故乡》的邂逅是在他还是棒球少年时。因为奥林匹克运动会，因为城市的发展，失去了打棒球的空地，藤井省三转向读书。"棒球少年转向读书少年时邂逅的作品就是鲁迅的《故乡》。"③ "相隔20年回乡的'我'，记忆中美丽的故乡如今却变得萧索，心中不禁悲凉。而作者'我'自己也因家道中落，要处理掉老宅，带着母亲、侄儿到异乡生活，将和故乡作永久的告别。而站在我面前的因贫穷而变得木讷的儿时伙伴农民闰土，还有年轻时端庄美丽而变得厚颜无耻的中年妇女豆腐西施杨二嫂……这就是小说《故乡》的梗概。"这就是

---

① ［日］竹内实：《竹内实文集》第一卷《回忆与思考》，程麻译，北京：中国文联出版社，2002年，第52页

② ［日］竹内实：《竹内实文集》第一卷《回忆与思考》，程麻译，北京：中国文联出版社，2002年，第56页

③ ［日］藤井省三：《鲁迅——活在东亚的文学》，东京：岩波书店，2011年，第2页。

藤井读到的《故乡》——一部丧失物语,"在这部丧失物语中,因奥林匹克运动会,儿时失去空地的棒球少年很受感动,暑假的读书感想就写了《故乡》。最初教会我成长会……应该就是鲁迅的《故乡》吧"①。鲁迅的《故乡》让藤井省三认识到有成长就会有失去,《故乡》就是一部丧失物语,教会藤井省三成长。

藤井省三在中学的国语教科书中与《故乡》再次相遇,并在 20 世纪 60 年代末的高校学员纷争中了解到毛泽东将鲁迅推崇为"中国革命的圣人"。藤井省三开始阅读岩波文库的《阿Q正传·狂人日记》和筑摩书房版三卷本的《鲁迅作品集》。"我想青春时代不仅仅只有我感觉到黑暗多于光明吧,是竹内鲁迅把我引向了思想的黑暗。"② 在竹内好的鲁迅观里,他认为在鲁迅文学的最深处是黑暗的,在最里处总有一个黑洞,当光线照到时,总会被吸收掉,在阅读鲁迅的作品时总会有一个无形的黑暗的影子存在。而"与 1952 年出生的我同年的歌手藤圭子,在 1970 年以唱'十五、十六、十七,我的人生灰暗'的《圭子的梦张开了夜幕》而获得日本歌谣大奖。在青春时代,与光明比起来,我想黑暗更多一些的不仅仅只有我。而把我引向思想的黑暗的正是竹内鲁迅。"③自 1840 年鸦片战争以来,中国外受欧美列强还有日本的侵略,内有太平天国运动和各地农民的动乱,如何拯救如此衰弱的中国?明治维新后,经

---

① [日]藤井省三:《鲁迅——活在东亚的文学》,东京:岩波书店,2011 年,第 3~4 页。

② [日]藤井省三:《鲁迅——活在东亚的文学》,东京:岩波书店,2011 年,第 4 页。

③ [日]藤井省三:《鲁迅——活在东亚的文学》,东京:岩波书店,2011 年,第 4 页。

历了中日战争和日俄战争的日本在努力实现国民国家建设，认为欧化等于近代化，而中国应该如何走向近代化？这是当时中国留日学生共同思考的问题。

竹内好从最深处看到了鲁迅为此的"挣扎"，所以藤井省三说是竹内鲁迅将他引向了思想的黑暗。藤井省三在大学时学的是文学系的中文专业，其硕士论文以鲁迅为代表的20世纪初期中国对英国浪漫派诗人拜伦的受容研究为主题，"至太平洋战争以来，中国在外受到欧美以及日本等国的侵略，在内则有太平天国运动和农民起义等。如何拯救如此柔弱的中国，一直是鲁迅，还有他的'有学问的革命家'老师章炳麟，以及他们俩共同的朋友苏曼殊等人在20世纪初的共同课题。我从三人围绕拜伦的评论、翻译等的活动，学习到了鲁迅为了寻求光明而正视民族和自身的黑暗。"① 在藤井省三看来，《故乡》让他感到了成长中的丧失，鲁迅文学则让他在思想上感到黑暗。

除了鲁迅文学外，藤井省三在中国的留学生活同样让他感受到了黑暗的一面。在刚完成硕士论文，在"文化大革命"刚结束不久的1979年，藤井省三来到中国留学。中日邦交正常化是在1972年，中日缔结和平友好条约过了六年后，在1979年政府间的留学生制度才终于开始实行，藤井省三在北京滞留了一个半月才被送到上海复旦大学。因为"文化大革命"，当时的上海还一片混乱。藤井省三入学之初，研究生院还没有开始工作，著名的教授还被作为"反革命分子"在学校内打扫卫生，他们被恢复名誉重新站上讲台也是在藤井省三回国后。对于一年的留学生活，藤井省三最大的成果就是亲自感受到了因

---

① ［日］藤井省三：《鲁迅——活在东亚的文学》，东京：岩波书店，2011年，5页。

为"文化大革命"而凋敝的中国。"在回国之际,关系好的来自加拿大、德国、丹麦、芬兰等国的留学生们都说'不要再幻想社会主义',这让我迄今也难以忘怀。"① 在藤井省三看来,他因《故乡》和中国、中国文学结缘,来到中国,面对的竟是这样的境地,看到的尽是当时中国的"黑暗",在中国到处透着一种丧失物语的气息。

当然,在此期间,藤井省三看到的、获得的也并不全是丧失。他因此有了借口能够离开大学,去鲁迅的故乡绍兴旅游。在一年的留学时间里,藤井省三去了绍兴四次,切身感受到了绍兴的美丽风光。"河流纵横的绍兴是一个宁静的水乡之城,春天菜花绽放,夏天在露天店里卖着三十多厘米长的蔗糖,给来往于中心街解放路的行人解渴。到了收获的季节秋天,车站、公路、桥上,还有整条街道白天都铺满了晾晒的金灿灿的谷粒。"② 这就是藤井省三在留学期间,在"文化大革命"结束后不久的中国看到的鲁迅故乡的美。除了收获美,通过《故乡》,藤井省三在学术上也收获颇丰。在东大当助手、樱美林大学当助教等期间,藤井省三致力于鲁迅与日本、欧美文学的比较研究,他出版了《爱罗先珂的都市物语》《俄罗斯之影——夏目漱石与鲁迅》等作品,这些都是以《故乡》为中心而展开的。藤井省三通过对鲁迅的《故乡》以及他的其他文学作品的研究,获得了成长,学会了思考国家民族等大事。

因此,对藤井省三来说,《故乡》不算是丧失物语,而是充满希望的"美好故事"。通过《故乡》,藤井省三开启了文学

---

① [日]藤井省三:《鲁迅——活在东亚的文学》,东京:岩波书店,2011年,第6页。
② [日]藤井省三:《鲁迅——活在东亚的文学》,东京:岩波书店,2011年,第6页。

之路，棒球少年最终转向成了读书少年，逐渐长大、成熟，然后在鲁迅及中国文学研究这条道路上取得了不错的成就。

为了能更好地解读《故乡》及相关作品，竹内实走访了鲁迅的故乡绍兴，也研究了当地的文化传统与历史钩沉，这肯定会勾起竹内实对故乡——中国的深深怀念之情。通过对鲁迅的研究，竹内实再一次了解了中国的深厚文化底蕴与曲折的历史钩沉，在他眼前呈现的尽是保留在心底的儿时故乡——中国的美好景色。对竹内实来说，对故乡中国的思念"充满着如同吸吮着花蜜的蜜蜂那种温馨的情感"①。《故乡》中有《美好故事》里所描绘的美好景色，也有消失了的"月光下的美好少年"的美好景象。因为对故乡的失去，一切的美好现在也只能在梦中、在回忆里出现，不管是鲁迅还是竹内实都是失去了故乡的人，故乡的一切美好都已经远离了他们。竹内实在鲁迅的研究中想起故乡中国的美，获得现在中国的相关线索，可他同时又失去了故乡的美，失去了故乡的消息。藤井省三从小本是个爱打棒球的少年，却因城市建设，失去了打棒球的场所，从而与鲁迅的《故乡》相遇，并最终走上研究鲁迅的路。藤井省三在城市建设中丧失了属于自己的那方乐土，但却在失去中获得新的相遇。

围绕着"故乡"，竹内实和藤井省三都做了很多的实证调查，他们都多次造访绍兴，走访了那里的山山水水，弄清了周边城市的水陆交通，厘清了鲁迅的家族关系……为我们呈现了一幅清晰的绍兴"故乡"的全貌图，也让人对鲁迅故乡的宗亲关系一目了然，也都明确了绍兴故乡的一切对鲁迅文学的重要

---

① ［日］竹内实：《竹内实文集》第一卷《回忆与思考》，程麻译，北京：中国文联出版社，2002年，《前言》第3页。

性。《故乡》对竹内实是一部"美好故事",也充满了丧失故乡的孤独和寂寞感。而于藤井省三而言,《故乡》就如一部"丧失物语",却还是充满了希望。

## 三、东西合璧

竹内实和藤井省三对鲁迅的研究,都很注重实证研究,也很重视资料和数据的分析研究,在他们的研究中都有很多鲜为人知的资料和数据。他们都把鲁迅放置于一个平常"人"的角度,而不是在"神"的位置上对其进行研究,为我们呈现的都是鲁迅"人性"的特质。藤井省三厘清了鲁迅强大的父系家族关系,批判了鲁迅与朱安的旧式婚姻……竹内实在《鲁迅远景》中对鲁迅生活的故乡绍兴的地理环境、传统文化和风土人情进行了研究,研究了鲁迅的家族情况,还对鲁迅的人格特点进行总结("第一是家父长性格","第二是继承了这片重复仇风土的精神,并进行了发扬光大")[①]……竹内实与藤井省三都对鲁迅进行了"人性"的论述,并没有把鲁迅高置于"神"的位置。

在鲁迅文学研究上,他们都很注重影响研究。竹内实侧重鲁迅所受的中国传统文化、绍兴的风土人情的影响、贴身生活与周边关系的论述。竹内实在《鲁迅远景》中对绍兴的文化传统从夏王朝开始论述,对鲁迅文学的舞台会稽山、禹王庙等都进行了详细的叙述,还对绍兴的特色风物、交通特色等进行了详尽的考察,对鲁迅成长的三味书屋、百草园也多有论述,当然对当时中国的时代背景也有涉及。在《鲁迅周边》中,竹内实更多的是对鲁迅与周边人的关系的论述。包括鲁迅与柔石、鲁迅与他的弟子们的关系,同时也对鲁迅关于对"国防文学的论争",鲁迅与周

---

① [日] 竹内实:《鲁迅远景》,东京:田畑书店,1978年,第183页。

作人和瞿秋白等人的关系等进行了论述与考证。

藤井省三更侧重于鲁迅所受的外国文学的影响或者鲁迅对日本、韩国等东亚其他国家文学的影响。他将鲁迅与大量的外国学者、作家之间进行比较，将鲁迅与拜伦、显克微支、安德列夫、契里珂夫、爱罗先珂、安徒生等进行比较，看到了鲁迅受到大量西方作家的影响。在《俄罗斯之影——夏目漱石与鲁迅》中，藤井省三研究了安德烈夫对鲁迅的影响；在《鲁迅——故乡的风景》中，藤井省三论述了契里珂夫对鲁迅的影响；在《爱罗先珂的都市物语》中，藤井省三研究了盲人诗人爱罗先珂对鲁迅的影响。在其他的研究中，藤井省三还探讨了鲁迅对拜伦、显克微支等欧美作家的接受与传播。在《鲁迅——活在东亚的文学》中，藤井省三则论述了鲁迅对村上春树、大江健三郎等日本作家的影响，还对鲁迅在新加坡、朝鲜等东亚其他国家的文学地位进行了论述。藤井省三也看到了鲁迅受到夏目漱石、武者小路实笃、芥川龙之介、料治朝鸣等大量日本学者作家的影响。

总之，在影响研究上，竹内实侧重于鲁迅与中国传统文化以及东方文化关系的研究，藤井省三更侧重于鲁迅与西方关系的研究。事实上，鲁迅的文学是集东方文化影响与西方文化影响于一体的文学整体，不管鲁迅是受中国传统文化的影响，还是受外国文化的影响，这都说明鲁迅是一个平凡的"人"，不具有"神"的力量。他的文学不是一蹴而就的，其文学的形成、发展是会受到所接受的传统文化的影响，也会受到所接触到的外国文化的影响的。鲁迅的文学是在慢慢学习中成长发展起来的，正如鲁迅自己所说："采用外国的良规，加以发挥，使我们的作品更加丰富也是一条路；择取中国的遗产，融合新机,使将来的作品别开生面也是一条路。"① 他的作品将东方文化与西方文化融合在一起,算是东西合璧的成果。

## 四、生活者"鲁迅"与文学者"鲁迅"

通过上述对竹内实与藤井省三的鲁迅研究的比较,我们可以看出在竹内实与藤井省三的鲁迅研究中,鲁迅都脱去了"神"的纱衣,他们都让鲁迅走下了神坛,都是在围绕着作为一个平凡的"人"的鲁迅在进行研究。他们的研究方法各有不同,各有侧重,因此在研究中所呈现的鲁迅形象是有一定差异的。在竹内实的鲁迅研究中,既包括作为文学者"鲁迅"的形象,也包括了作为官员"周树人"的鲁迅形象,呈现出了一个活生生的生活者"鲁迅"形象。而藤井省三的鲁迅研究则自始至终都是围绕着文学者"鲁迅"的形象在进行。从最开始与《故乡》中的鲁迅相遇,藤井省三一直都求索于鲁迅文学里,这些鲁迅都只是以一个文学者的鲁迅形象而存在。

在竹内实的鲁迅研究中,既从文学的角度对鲁迅的文学进行了分析解读,也对鲁迅的文学活动进行了论述,还对鲁迅的文学作品进行了解读。最终呈现了一个深受中国传统文化影响,有家长制与强烈复仇心理的宗法思想的鲁迅形象;还呈现了一个不具有"神"的先知先觉与对任何事物都能正确认知但认知能力有缺陷的鲁迅形象;在生活中,鲁迅为了能够"活着"或者更好地"活着",为了家人的"活着",他以文学者"鲁迅"与官员"周树人"两种形象而存在;从情愫上讲,鲁迅在丧失故乡后,也有一般"人"的孤独和寂寞;从鲁迅的文

---

① 鲁迅:《鲁迅全集》第六卷《且介亭杂文》,北京:人民文学出版社,2005年,第50页。

学中，竹内实看到了面对国民党政府的残忍、军阀混战和国破山河在时，无助、渺小的鲁迅。从竹内实的研究中可以看出，不管是在鲁迅的文学作品中，还是在他的日常生活中，或者是为官生活中，鲁迅都深知"人必须得活着"；不管是文学活动，还是为官的政治活动，鲁迅都是为了更好地"活着"。也就是说不管是作为文学者"鲁迅"还是官员"周树人"，或许都是鲁迅生存的一种方式，都是他作为"生活者"的呈现。在竹内实的鲁迅研究中呈现过作为文学者"鲁迅"形象与作为官员的"周树人"形象这两种形象，文学者"鲁迅"与官员"周树人"这两种形象构成完整的鲁迅形象，然后共同构成生活者"鲁迅"形象。竹内实旨在让鲁迅走下神坛，还原作为平常"人"的鲁迅形象。因此在竹内实的鲁迅研究中，作为一个活生生的生活者"鲁迅"就是作为一个"人"的极好呈现。竹内实就是想以生活者"鲁迅"的形象为线索，抓住更多与当时中国相关的信息，更多地了解中国。

藤井省三最开始邂逅的是鲁迅的文学作品《故乡》，在后来的国文教科书里他又与鲁迅的《故乡》相遇。藤井省三一开始接触的就是鲁迅的文学，他所了解和认识的应该也是作为《故乡》的作者的文学者"鲁迅"。藤井省三与鲁迅的初次相遇，就是因为遇到了《故乡》中作为"文学者"的鲁迅。在后来的鲁迅研究中，不管是《鲁迅〈故乡〉的阅读史》，还是运用平行论、影响论将鲁迅的文学作品与拜伦、安德烈夫、显克微支、契里珂夫、芥川龙之介、叶灵凤、料治朝明等大家作品进行比较研究，还有在《鲁迅——活在东亚的文学》《鲁迅事典》等其他的鲁迅研究中，都是因为鲁迅是一个文学者，他才把鲁迅与拜伦、安得烈夫等作家的作品相比较。在藤井省三的研究中，更多的是在阐释作为文学者"鲁迅"的存在，而对于作为"周树人"的鲁迅关注相对要少一些。在藤井省三的视野里，鲁迅更多的是以一个文学者而存在，并且藤井省三是在把鲁迅作为一个日本国的国民作家在进行着研究。在藤井省三的鲁迅研究中呈现的主要是鲁迅的文学，呈现的是鲁迅作为文学者形象的一面。即使对鲁迅的出生地绍兴有过多次走访，对鲁迅的家族谱系、生活琐事有过一定的研究，对与鲁迅相关的一切史料进行了考察等，其目的应该都是为了更好地了解鲁迅，走进鲁迅文学，以能更好地研究、解读鲁迅文学，更好的认识文学者"鲁迅"。

# 第六章

硬质鲁迅研究

对在中国出生和生活过来的我来说，中国首先是包围着我的"天地"。而将其变成完全身外的客观对象，那是一件相当困难的事情。无论如何，我总倾向于，从内在的和整体联系的角度，去理解自然的中国，不由地会将支离破碎的记忆，构成一个整体的结构。

——竹内实

竹内实是第二次世界大战后成长起来的日本鲁迅研究者。在中国，在很长的一段时间里，鲁迅被"圣人"化，被推上了"神坛"。在当时的日本也存在偶像化鲁迅的现象。竹内实在他的鲁迅研究里让鲁迅褪去"神"的纱衣，走下"神坛"，将他还原成一个真实的"人"。贯穿竹内实鲁迅研究的一个中心论点就是"鲁迅是人不是神"。围绕这个论点，竹内实充分研究了鲁迅的宗法思想和认知缺陷，让鲁迅置身于风土人情中，从生活、情愫、文学等多个方面，全方位地对鲁迅进行了解剖与研究，呈现出一个立体的作为"人"而存在的鲁迅形象。

　　我们通过将竹内实与竹内好、藤井省三的鲁迅研究分别进行比较，进一步论证了竹内实"鲁迅是人不是神"的观点。竹内好、竹内实、藤井省三分别是日本的三代中国现代文学研究者的代表，竹内好在研究中构建了一个像"佛"一般高高在上的"第一义的文学者鲁迅"形象；竹内实的鲁迅研究中呈现的是一个作为"人"的生活者"鲁迅"形象；藤井省三以文学者"鲁迅"作为其研究出发点，在他的论述中只是就文学在谈论鲁迅。通过将这三者的鲁迅研究进行比较，可以看出日本三代鲁迅研究者之间在研究视角与方法上的承袭与演变。

　　在竹内实的研究中呈现出的是具有"人"性的鲁迅形象，这无疑是与被推上"神坛"、具有"神性"的鲁迅形象相对的。

竹内实让鲁迅走下"神坛",将他还原成一个"真实"的人。他主张鲁迅文学的真实性与纯粹性,主张鲁迅文学对于政治的独立性。竹内实始终坐在日本的观众席上观看着中国这个"舞台"上上演的一切,他在鲁迅研究里力求客观,力求向日本国内、向世界传递一个比较真实的鲁迅形象,这是对当时日本国内偶像化鲁迅形象的一种矫正。

"通过放弃自己的思想偏见而建立起一种纯粹的、他者意识的、初始的空白意识,从而使他者能在自己的意识中真实地呈现出来。"① 这对在中国出生长大,作为日本人的竹内实来说是比较难的。"对在中国出生和生活过来的我来说,中国首先是包围着我的'天地'。而将其变成完全身外的客观对象,那是一件相当困难的事情。无论如何,我总倾向于,从内在的和整体联系的角度,去理解自然的中国,不由地会将支离破碎的记忆,构成一个整体的结构。"② 尽管在中国的体验对竹内实已经根深蒂固,但他在对现代中国和鲁迅进行研究的时候,仍然尽量保持客观的态度,也就是说在进入他者的意识之时,先清理了自己的意识偏见,从而使自己的阅读和批评成为自我批评的行为,同时也是对他者精神的揭示行为。竹内实通过对鲁迅及其文学进行研究,在字里行间捕捉点点滴滴的相关信息,然后由这些碎片化的信息构建成一个完整的鲁迅和完整的中国形象。"通过一种'自愿的忘我'和'彻底的中立'的现象学还原,获得对一种激进意识和思想张力的等待,批评主体

---

① 王岳川:《现象学与解释学文论》,济南:山东教育出版社,1999 年,第 146 页。
② [日]竹内实:《竹内实文集》第一卷《回忆与思考》,程麻译,北京:中国文联出版社,2002 年,第 346 页.

和创作主体相互蕴含而实现批评的真正的参与化。"① 竹内实在批评中以自己的意识去把握和获得作者意识的回应,他在这种重客观性、准确性的批评中,尽力排除一切自我的思虑和偏见,保持一种他者视角。"将主体带回到一种原始未分的状态,使主体不是在其分别之中,而是在其初始的无分别之中获得自身。"②竹内实通过这样的研究,通过对鲁迅及其文学的阅读,触到一个"原形质"的鲁迅,了解了一个真实的中国,从而获得自身的存在。

　　竹内实的鲁迅及其文学的研究不受任何外界因素的干扰,不人云亦云,也不受强权势力的影响,尽量保持自己研究的独立性,也尽量不受自己主观因素的困扰,遵从客观史实,遵从文献资料。他一直坚持着他的原则:"只做书桌上的研究。"其文学评论毫无装饰,毫无杂质,在中日两国都把鲁迅当神一样看待时,竹内实却掷地有声地吼出了"鲁迅是人不是神"的呼声。这样的鲁迅研究就跟鲁迅文学一样"硬质",就如冰中火焰一般,乍一看像冰一样冰冷,却可以消解当时日本国内很多对鲁迅不正确的看法。在这一句呼声中包含了竹内实对鲁迅的热爱,包含了竹内实对中国那片沃土满腔炙热的思乡之情。因此,竹内实的鲁迅文学研究如同鲁迅的文学一样属于"硬质性",可以称之为"硬质"鲁迅文学研究。

　　正如竹内实自己所说:"我是超越善恶的标准,来回顾中

---

① 王岳川:《现象学与解释学文论》,济南:山东教育出版社,1999年,第145页。
② 王岳川:《现象学与解释学文论》,济南:山东教育出版社,1999年第147页。

国的事情的。"①在中国和日本都把鲁迅供奉于神坛的情况下，竹内实依然站在客观的立场，提出"鲁迅是人不是神"，这在今天或许不算什么，可是在几十年前，在有的信息、资料还处于封锁的状态下，就在当时的中国消息的获取也没有那么方便的情况，处于异国的竹内实通过阅读鲁迅，提出了"鲁迅是人不是神"，这在当时是掷地有声的，对日本国内，甚至对中国和海内外正确认识鲁迅及其文学作品都起到了一定的积极作用。

竹内实"让事实说话"的研究方法及其精神是值得今天的我们学习的，但是他的很多信息、资料源于文学作品，文学作品成为其研究鲁迅、研究中国的资料，可文学作品终究只是现实的部分反映，不是现实，并不全面；就算实地考证也只能为事实的推测提供更可靠的论据，终究不可能让历史重现，所考证的也不可能是事实的全部。因此，在竹内实的鲁迅研究中呈现的鲁迅并不一定完全真实。他企图还原一个真实的鲁迅，最终也只能是无限地接近"真实"的鲁迅。因此，竹内实的鲁迅、鲁迅文学研究终究不能当成一种历史资料来看待，但他的研究为文学研究领域提供了一些新的研究方法，以及新的研究鲁迅和鲁迅文学的视角。

在竹内实的现代中国研究里，除了对鲁迅及其文学进行研究以外，他还对中国其他更多的现代作家有研究，并提出了比较独到的见解。他一直都力求做到客观，努力在日本的"观众席"上扮演好观众，观看着现代中国这个大舞台上上演的剧目。他见证了现代中国的发展，也为现代中国的研究做出了应

---

① ［日］竹内实：《竹内实文集》第一卷《回忆与思考》，程麻译，北京：中国文联出版社，2002年，第17页。

有的贡献。

竹内实曾因日本人对中国发起侵略战争乃在这期间发生的事情保持沉默而停止他对中国及其文学的研究工作。"这种沉默,像是坚固的万里长城,横在了我和日本侵华的事实之间。"① 竹内实对日本的侵华事件感到愧疚,更为日本人对侵华事实的沉默感到愧疚。他曾为了中日友好交流事业四处奔走,往返于中日两国,在中日友好交流事业上做出了极大的贡献。当然,"现在的中国人,仍然在以中国为舞台,在他们自己的'戏剧'里,扮演着主角,也在扮演着观众"②。竹内实看到了现代中国在中日友好交流事业上发挥了越来越多的能动性,中日友好交流事业也将会越来越成熟。用竹内实引用的冰心发表于《东京大学学生新闻》1951年10月4日刊中的一句话来说:"两国人民的友谊,恰如连接两国的海洋的波涛一样,必将冲破一切障碍。"③中日两国一衣带水,世代友好,但愿竹内实的鲁迅研究能为这美好事业添砖加瓦。

---

① [日]竹内实:《竹内实文集》第一卷《回忆与思考》,程麻译,北京:中国文联出版社,2002年,第64页。
② [日]竹内实:《竹内实文集》第一卷《回忆与思考》,程麻译,北京:中国文联出版社,2002年,第17页。
③ [日]竹内实:《竹内实文集》第一卷《回忆与思考》,程麻译,北京:中国文联出版社,2002年,第81页。

# 附 录

鲁迅的精神是什么呢？如果要我用一句话来说的话，我认为就是去粉饰。

在那岩石下面还有炽热的熔岩，一摸就会被灼伤，到最后连触摸的人一起熔化。这种熊熊燃烧、滚滚流淌的状态，才是鲁迅文章的所在。

——竹内实

# 附录一　中国的一九三〇年代与鲁迅[①]

今天是 10 月 19 日，39 年前的今天，鲁迅于凌晨 5 点 25 分逝世。在这样的日子里给予我这样一个来谈论鲁迅的机会，是我无上的荣耀。大东急纪念文库能够筹备这样的公开讲座，对于我这样一个一直关注鲁迅的人来说是一件很开心的事。

但我并不是因为光荣才接受这个任务的——作为个人来说能有这样的机会我满怀感激。在搬到京都以前，我就住在这个田园都市线的沿线，来这里的五岛美术馆看过好几回展览，从那边那个能看见有草坪的庭院对面下去，是一个日本庭院，我曾经常带着刚学会走路的女儿在那里散步，因此对我来说这里充满了回忆，这也是此次我接受邀请的重要原因之一。

因为整个公开讲座的企划是纪念文库方做的，至于怎么分派、谈论什么话题，在讲师间都没有提前预设，或者说因为演讲者的不同，演讲的内容也许会出现矛盾、冲突，也一定会有人对我的讲座感到失望。但首先我还是要拜托大家不要在听我演讲的时候想着其他要做讲座的先生。我今天也想提一提，就

---

[①] 1975 年，大东急纪念文库为纪念鲁迅连续举办了六场讲座，竹内实先生担任了开头三场的讲座嘉宾。第一场讲的是关于时代的《中国的一九三〇年代与鲁迅》，第二场讲的是关于作品的《绍兴·〈故乡〉〈阿 Q 正传〉》，第三场是关于评论的《〈死〉〈答徐懋庸·关于抗日统一战线的问题〉》。本文是竹内实的第一场演讲的讲稿。原文载于［日］竹内实：《鲁迅远景》，东京：田畑书店，1978 年，第 5~65 页。

算是鲁迅的讲座，即使是读完鲁迅所有的笔记，也会觉得不是那么的有气势，虽然不能把自己与鲁迅先生做比较，但我想就这样絮絮叨叨地娓娓道来，应该说对鲁迅先生也不算那么失礼。

因为今天是讲座的第一场，纪念文库给出的题目是"关于鲁迅的精神"，这是一个很好的题目，但我对自己是否能够讲好这个题目颇感怀疑。

可是这个题目是主办方为我专门拟定的，既然考试的题目已经出来了，我也只有勉力一试。我在从京都来的途中都一直在思考这个问题：所谓鲁迅的精神是什么呢？如果要我用一句话来说的话，我认为就是去粉饰。

我一直觉得鲁迅的文章是"硬质"文章。如果要解释什么样才算是"硬质"，就好像从地面一直向下挖，挖着挖着就会触碰到巨大的岩石或岩层。在地面上或许我们会看见气派的建筑物，美丽的花草等，但若把这些统统都除去，然后一直向下挖到的岩层，这仿佛就是鲁迅的文章了。

不过，鲁迅的文章仅仅像是岩石吗？当然不是，而要继续向下，在那岩石下面还有炽热的熔岩，一摸就会被灼伤，到最后连触摸的人一起熔化。这种熊熊燃烧、滚滚流淌的状态，才是鲁迅文章的所在。

在鲁迅的散文诗中，有一篇是描写在冰的下面燃烧着的火焰的情景，那就是《野草》中的《死火》。冰与它下面的火，就如岩石与它下面的熔岩一样相得益彰。那么，冰与水算什么？还有刚才所说的"去粉饰"，所谓的粉饰又是什么？去粉饰又是指什么？大家应该会有这样的一些疑问，关于这些问题的答案，就让我们在这后面的谈话中一一来探讨。

前面铺垫了这么多，今天要讲的是《中国的一九三〇年代与鲁迅》。因为主办方希望在讲座之前讲一些类似于导引的话，那么我就先说说在分发给大家的材料里提到的，胡菊人在距今两年半前发表了题为《鲁迅在三十年代的生活》（香港《东西风》1973年3月刊）的文章，文章与今天的题目很相符，在我后面所要讲的内容里，会简要地介绍这篇文章，并将对其做一些订正与分析。我想就以这样的方式，来考察中国的一九三〇年代与鲁迅。

胡菊人的这篇文章，在我看来，其主旨就是鲁迅是人不是神。既然是人，鲁迅就应该有弱点，他以此为前提并得出了结论。但文章并不仅仅只说了这一点，还挑出了鲁迅的一段日记加以分析。

大家看一下你们手中的日记就会明白，从1932年2月1日到5日，日记上全部记的都是"失记"。所谓"记"，在汉语中有"记忆"与"记录"两种意思，"失记"的"记"应该是哪一种意思？特别是作为日记，应该有记载却没有记事，也就是所谓的"空白"。因此，对于鲁迅日记的"空白"，胡菊人产生了疑问。

正如大家所看到的手中的日记，是用在中国出版的（上海出版公司1951年4月初版，同年8月再版）复印的，鲁迅用的是大家熟悉的从文具店买来的纸张，然后装订在一起，就成了每一天都记录一两行事情的日记本。

鲁迅日记中的一部分（也就是1922年一年的）曾被日军没收了，后来就丢失了，在人民文学出版社版的全集里，根据手抄本复原了其中极少的一部分。从1921年5月5日开始到1936年10月18日，也就是去世的前一天，鲁迅记了近25年的日记。

没有记什么事情的日子当然也有，但这种情况至少会记上天气，或者就留个空白，或者就只记个"没事（无事）"。在25年间，没有一天间断的日记中，特意记上"失记"，也就是记载了"弄丢的记载"的只有1932年2月的5天时间。1月31日的连日期、记事都没有写，这是我们之后要探讨的话题。这也许与有的事情没能一天一天地记到日记本上，而是在两个月后一起补上有关。在复印给大家的资料里有"三月十九日阴"一条，便是类似的例子："海婴的疹子全退了，并于上午回原来自己的家，下午拜访了镰田兄弟，赠以牛肉罐头两个，威士忌一瓶。晚上，补记从一月三十日到今天的日记。"所以，不难明白，1月30日后的事情，是在约两个月后补写上的。没有关于1月31日的记载，不知道是不是因为鲁迅补写时记忆发生了错误，或者还是其他什么原因，不得而知。

不管怎么说，因为是两个多月前的事情了，这个"失记"是因为把事情忘记了，也是可能的。可是，其他日子的情况又记得清清楚楚，例如2月9日，没有记事，就写了那天的天气，如果只是说忘记了这几天就有点奇怪。

胡菊人就是为此而提出疑问的。

为什么日记的"空白"会成为问题，这与当时的时局有关。1932年1月28日发生了"一·二八"事变。1月31日的漏写，从2月1日到5日的"失记"，鲁迅日记的"空白"与"一·二八"事变间的关系就成了问题，这应该就是胡菊人的看法。为此，他列举了种种例证。在他所指出的例证里有的确实是事实，但或许也另有实情。为了证实相关实情，我想了解当时上海的种种细节。比如说，当时从驻上海的日本公使馆或总领事馆寄往东京外务省的报告文书、资料等，在战争中因为空袭被烧毁了，什么都没留下。只有作为外务次长的松本忠雄留有一份复件另存他处，那便是所谓的"松本记录"，现存放在外务省的外交史料馆里。说起"一·二八"事变,感觉就像是在昨天,但仅凭一份官方资料来进行考察,并不容易弄清楚事情,事实仿佛被淹没在了历史的大海里。

在资料搜集相当困难的香港,胡菊人通过参考鲁迅的杂文、书信,以及与内山书店的关系,还有许广平的回忆录等,从鲁迅日记里的这个"空白"入手,对1932年的鲁迅进行了考证。

与时代的关系,就是指人们究竟有着什么样的历史文化背景。前面已经谈过了,胡菊人在香港,他想通过鲁迅日记中那个空白问题来探讨一般中国人的民族立场。另外还想试图分析出对中国人来说文章里究竟还隐藏着些什么样的信息。

然后要说的就是在中国的一九三〇年代的事了,如果鲁迅还活着的话,今年94岁,虽然还不是那么久远的事,但大约过去了半个世纪的时间了,如果要追溯一些事情,是相当难的。对于生活在当时的人们,对于与事件相关的人们来说是很容易明白的事情,可是对于另一个历史时代的我们来说却是很难弄明白的。

……

对我们日本人来说不知道是幸还是不幸,我们一直都只有一个民族,统一生活在一个政权里,像中国这样被分成……时期,在生活上也是会受到很大影响的。

……

从大的方面来说,这种事仅仅只是作为世态是不能被压制的,不过,需要稍微抽象性地考虑那是怎么回事?中国的一九三〇年代……成立了一个叫中华民国的政权,如果外国要与中国交涉,就会由这个叫作中华民国的政权来完成对话。像这样的统一国家是很罕见的,这在中国近代史上也是很难理解的事。

可是，如果要说在这样的一个国家内部发生了什么，那就是战争与内战。我记得小时候，在山东就因为军阀间的战争而逃到日本人经营的制丝工场避过难。国家发生内战并不罕见，最大的战争是发生在中华民国与中华苏维埃共和国之间的战争。也就是中华民国以统一国家政府的名义"讨伐"共产主义者们所占领的地域。

这个时期，社会的主要思想也渐渐地发生了改变，由以阶级矛盾为中心转向了以民族矛盾为中心。也就是说，从一九二〇年代后半期开始，中国知识分子间的阶级斗争已经开始慢慢地向以民族为中心转变。如果要问为什么，那是因为日本的侵略战争。如果要谈论一九三〇年代的历史，无论如何得回头看看我们自己的历史，这样做确实有点痛苦。但这是事实，不会因为不去看就不存在。

1931年9月18日发生了柳条沟事件，按当时的话说叫"九一八"事变，在第二年的1月28日发生了"一·二八"事变，然后又过了一年，日本军从中国的东北部开始入侵，进攻到了离北京仅三公里的地方。双方协定以万里长城为界，以中国本土为非军事区，中国军队、日本军队都不准入驻。然而这个状态没能坚持多久，1937年7月7日便发生了"卢沟桥事变"，于是，日中战争全面爆发，面对日本的侵略，中国思想的主题就必然由阶级转向民族方面了。

在中国内部发生了具有象征意义的事件，即1936年12月12日"西安事件"——张学良将军把蒋介石监禁在了西安，要求抗日。第二年，国民党和共产党发布共同宣言，成立抗日民族统一战线。国家四分五裂，内战不断，日本入侵，专门挑出这样的1932年来研究鲁迅。在这之前，我在说有内乱、战争等，但这时国家却"统一"起来了，这是中国一九三〇年代的特征之一。在一九三〇年代的中国，学术风气开始形成，新闻出版业兴起。

作为政府直属学术机关，中央研究院成立了。在这里，历史、语言、考古学等领域的学术研究水平都是很高的。（如果要细说的话，在中央研究院有物理、化学、天文、气象、地质、工程、社会科学，以及历史语言八个研究所，1928年正式成立，把这作为一九三〇年代的事件来看待也是可以的。）当然能在这里就职的学者人数也是有限的。总的说来，学者从国家领了薪资，就得有做学问的样子。研究者可以使用的图书馆在那个时期就修建了好几个，我想这样的事件不算是什么重大事件。

如果要说新闻出版业的兴起意味着什么，就是说小说家能够依靠稿费生活了。以前中国的小说家一般都是由记者、编辑，或者教师和其他职业兼职，因此这个职业被称"余技"。但到了三〇年代，就出现了巴金、老舍，还有鲁迅、郁达夫等人，他们作为职业作家能够专心地进行写作了。上海的出版业开始发展起来，杂志也发行了几个。如果没有新闻出版业的兴起会怎么样？这是我打算在第三次讲的话题，应该就不会产生左翼作家联盟这些组织了吧？

事实上这种情况没能持续整个一九三〇年代，1937年因为日本军事行动太激烈，上海的印刷厂都被炸毁了，新闻业的兴盛并没有持续多长时间。因此我深深痛感：要是没有日中战争的话，中国的文学将会更加的现代化。

因此，我认为，中国在一九三〇年代算是形成了国家的"统一"，这件事实际上在思考文化史的各种问题上，应该是很重要的。可是，其中内战的事实，是不可否认的。可以说国家的统一与内战作为正反面一直都是实实在在存在的。

在此特意挑出1932年,是因为这一年发生了"一·二八"事变,在这前一年的9月发生了"九一八"事变,日本军队从东北开始把炮火引向了上海。

1932年1月18日,上海市内日莲宗教的一个日本僧侣被杀。这些僧侣在三友实业社毛巾厂门前受到袭击。该工厂的工人向来以强烈民族意识著称。日本僧侣正是受到在该厂工作的中国工人的袭击。但据《太平洋战争的路线》(日本国际政治学会太平洋战争原因研究部编,朝日新闻社出版)第二卷中所说,这其实是日本军花钱雇用的中国的流氓混在人群中制造的事件(第一编第五章,岛田俊彦执笔)。然后日本军就以此为借口在上海开始了军事行动。

在此事件发生了两天之后,居住在上海的约三十名日本人要向三友实业社的工人报复,但工厂里已经一个人都没有了。据日本人写的材料说,他们在返程时"偶然引发了火灾",但这很可能是故意放火。接着,便与赶过来的中国巡捕发生冲突。杀死了一个中国巡捕,还有一个负了重伤。中国巡捕也开枪还击,射杀了一个日本人,其中两人负重伤,这应该达到了挑起事端人想要的效果。于是居住在上海的日本人召开了"居留民大会",要求日本海军陆战队果断采取措施,却被陆战队鼓励进行游行,途中对中国人的商店进行打砸,并对中国警察实施暴行,而日本方还就日莲宗教僧侣被杀事件提出抗议,中国方也就中国巡捕被杀、被实施暴行的事件向日方提出抗议。结果,局势愈发险恶。

在当时的上海,中国军队集结了三万多人。日本陆战队虽然不过只有一千八百多人,但日本政府急速增派了军舰。其中包括一艘巡洋舰,还有一艘航空母舰在内的十一艘军舰,游弋在沿着上海流淌着的黄浦江上。互相开火打仗，然后签订停战协议；违反了协定，又开火。如此三番五次，一直到5月5日，终于签订了最后的停战协定，所谓"一·二八"事变才总算有了个了结。从1月18日到2月初的上海完全处在一片混乱中。

鲁迅当时就生活在这样的上海。

如果要说鲁迅住的地方是一个什么样的地方，大家看一下手上我事先复印好的地图（《大上海新地图》，上海日本堂书店1937年8月订正再版）就明白了。图中有一条S形的铁路，在铁路的右上方有个新公园（现在叫虹口公园，有鲁迅墓和纪念馆）和射击场。在射击场的正下方是所公立学校，公立学校前就是北四川路，面对着北四川路，在公立学校右侧的就是内山书店。北四川路是一条很长的街路，将上海街市的北半部分纵剖开来。在紧邻内山书店处有一条往左拐的路，但往南走不了多远便是尽头。

虽然我是二十年前访问的内山书店，到现在都还记得当时的情形。内山书店的斜对面，就是拉摩斯公寓。鲁迅住在三楼，隔壁是个英国人。公寓的结构我不大清楚，根据地图估计，从他家公寓的窗户看出去可看见：以北四川路为界，右边是内山书店，左边是陆战队的病房和本部。从那里向下面走去，在北四川路的西侧鳞次栉比地排列着日本人经营的医院、剧院、舞厅、咖啡馆、旅馆、餐馆，还有日本人的小学等，附近的日本居民也很多。那里虽然是公共租界，但事实上已经没有了租界（具体而言，道路就是租界。面朝道路的建筑物的占地就属于租界外了，有时会为了扩张道路而将建筑物往后移的。在那里车道就是租界，人行道就属于租界外），日本人常戏称"日本租界"。也就是说在"一·二八"事变爆发的时候，鲁迅就住在这充满日本色彩的地方。

正如刚才所说，当时，三万多的中国军队集结到上海，以北火车站为中心，在铁路两侧面朝着陆战队所在地驻扎着。如果中国军队朝着日本陆战队开枪的话，炮弹会落在鲁迅的公寓和内山书店附近。

多次访问中国，写有数册中国旅行日记的小说家村松梢风在《话说一·二八事变》（平凡社，1932年3月，停留时间是2月8日至2月15日）中写道："一·二八事变爆发后，我马上飞到了上海，到了上海后就造访了内山书店，很是吃惊地发现旁边就有弹头落下。"

当时与日本军勇敢战斗的有十九路军，军长是蔡廷锴。战后他曾作为中国代表团团长参加在广岛举行的禁原子弹大会。十九路军虽然是国民党的军队，但并没有听从不想与日本为敌的蒋介石和国民党政府的指挥，而是选择和日本军战斗。

胡菊人对十九路军是持肯定态度的，勇敢地和日本军战斗的十九路军代表着当时一般中国人的民族意识。因此胡菊人认为只要是中国人，就应该像十九路军那样具有抵抗日本军的态度。话虽如此，可是看当时鲁迅写的文章、书信等，并没有看到鲁迅明确表达对日本帝国主义有强烈抗议的意思，不仅如此，开始的时候鲁迅还怀疑过在殊死战斗中的十九路军的行为，甚至还冷笑之。

关于"九一八"事变，鲁迅相关的发言、文章等总共有五篇。读完这些文章可以发现，确实在字面上没有发现骂日本之类的话语。

例如在"九一八"事变后的1931年9月21日，在《答文艺报社的提问——日本占领东三省的意义》中鲁迅是怎么说的呢？他说日本是在"惩罚"中国的军阀。为什么这么说呢？因为中国的军阀是日本的奴隶，这样也"惩罚"了作为军阀奴隶的中国民众。并且日本是以苏联为目标，这是一场不久之后将会把世界人民作为奴隶的行动。这就是鲁迅的论旨。

也就是说，鲁迅理解的日本对中国的侵略，与其说是针对中国不如说是以苏联为目标。其实不只是鲁迅这么认为，实际上，当时的共产党也并没有认为这是中国民族自身的危机，而是认为这将会是作为世界国际共产主义运动中心的苏联的危机，鲁迅应该也是大体沿着这条线索在理解。

……

在题为《沉滓的泛起》（1931年10月29日）的文章中，在国难声中，曾经被否定的下沉的渣滓——在这里鲁迅以岳飞、文天祥、林则徐等为例——要到表面上来了。

接下来就是《友邦惊诧论》（同年12月25日，署名明瑟），虽然胡菊人对这篇文章是认可的，但把日本写成友邦，听起来是相当具有讽刺性的。

还有在《答中学生杂志的提问》（1932年1月1日）中，对问卷调查所做的回答。

问答如下：

"假如先生面前站着一个中学生，处此内忧外患交迫的非常时代，将对他讲怎样的话，作努力的方针？"

"编辑先生：请先生也许我回问你一句，就是我们现在有言论的自由么？如果先生说'不'，那么我知道一定也不会怪我不作声的。假如先生竟以'面前站着一个中学生'之名，一定要逼我说一点，那么，我说：第一步要努力争取言论的自由。"

这时，国民党正在对他称之为伙伴的共产党实施打压，鲁迅应该是知道这件事的。国民党的方针分两个阶段，首先是毁灭共产党建立的苏维埃共和国，然后才是抵抗日本。正如他所说的那样，如果抗日在前的话，按国民党的理论，必须要对共产主义者进行管制，也就是说要抗日的是共产主义者，在国民党政府看来那是有罪的。

在当时鲁迅还有最后一个发言，那是1932年11月，在北京（当时叫北平）辅仁大学的讲演，这个讲演只占了横排版的《鲁迅全集》（人民文学出版社，第七卷）的4页不到。鲁迅的演讲并不像今天开始所说的热情洋溢，而是讲得很平缓。然而就是这样的一个讲座给了我深刻的印象，只有根据变成铅字的字面上想象，总觉得有那样的印象。

先大致介绍一下：

"我是上星期到的北平的，论理应当带点礼物送给青年诸位，可我因为奔忙匆匆未顾得及，同时也没有什么可带的。

我近来是在上海，上海与北平不同，在上海所感到的，在北平未必感到。今天又没豫备什么，就随便谈谈吧。"

"昨年东北事变详情我一点不知道，想来'上海事变'（一·二八事变），诸位一定也不甚了然。就是同在上海也是彼此不知，这里逃命的逃死，那里则打牌的仍旧打牌，跳舞的仍旧跳舞。"

就按这样的语调，一直缓慢地讲着。虽然所谓的抗日是到了1937年9月抗日民族统一战线成立后，才成为一个全民族的问题，但通过鲁迅的演讲可以看出1932年11月左右的鲁迅，自己对东北发生了什么都不甚了解，即使在上海，对"一·二八"事变也不太了解，每个人都这样各自生活着。

总之，现在通过这五篇文章，可以看出鲁迅这个人的话，他一点都不勇敢。

然后，在当时鲁迅还写过几封信，可是读了这些信，关于在日记中没能记载的五日的事情还是没有提及。——因此胡菊人说，即使是对朋友，鲁迅对2月初的事还是很隐晦①，只在其中的一封信里面有所提及。鲁迅于1932年6月18日夜晚，也就是在整个事件已经基本结束了，在写给台静农的信里说到那时自己在闸北，然后逃到了英租界。正如刚才所说，十九路军所在地就是闸北。胡菊人认为鲁迅说与十九路军同在闸北是在遮掩。

在这里我想订正一下，十九路军在闸北这是事实，但十九路军并不只在闸北。前面提到过的在"一·二八"事变中，村松梢风是踏着北四川路的战火余温去的，从共同租界向北都被称为闸北。

北四川路被认为近年来独占了上海的繁华，其繁华在现在看来都如梦一般。曾经有名的四马路的繁荣转移到了北四川路，这是因为闸北的土地开放了四、五年，这就引来几十万人口涌向了这边。可是今天晚上，正在繁荣中的闸北全部成为战场，全都被烧掉了，即使战火停了，北四川路也不是那么容易复兴了。

也就是说北四川路（从共同租界向北延伸部分）贯穿闸

---

① 可是，应该也没想隐藏什么，据内山完造的《花甲录》（1932年）记载：在这次事变中，收音机广播上不断重复播放内山书店这个名字，各大报纸上也频频出现内山书店这个名字。由报社发行的上海地图中也对内山书店进行了专门的标识。中国方的报社也在报纸上报道了鲁迅在内山书店支店避难、平安的信息。说是平安避难的人们在内山完造的担保下平安无恙，总觉得有人因为书店的原因而受益，也就是说内山书店已经名满天下了。

北,应该是吸收了其繁荣的。我曾拜访过长期居住在上海的日本人,鲁迅对于自己居住的拉摩斯公寓一带被称为闸北,丝毫没有过多的想法与作为。①

主要是关于鲁迅和日本人的关系。在"左翼"看板上,为军国主义政府工作的日本人并不少——也确实如此。我不仅认为这完全是事实,而且对于这样直接的指出,我是很欣慰的——在当时,有出于纯粹的友谊吗?胡菊人对此提出了疑问。鲁迅交往的有反战社会主义者,如由鲁迅执笔的《改造》,其社长山本实彦,实际上是与军部有往来的极右势力。这难道不是事实吗?胡菊人如此说道。

还有在当时的日中关系中,比较难以理解的是鲁迅与内山完造的关系。关于内山完造也有两种说法:一种认为是为日本政府提供情报的"间谍",另一种说法认为他是一名同情中国、热爱中国,具有侠义心肠的商人。可是在专营书店以前,内山到中国各地卖过眼药水。明治以来乔装成商人到中国各地进行调查的事时有发生,这便是怀疑他属于前者的主要原因。

在许广平的《鲁迅回忆录》(作家出版社,1961 年 5 月。日语翻译本是"筑摩丛书)中,关于内山完造,专门设置了一章,写道:"内山既然是商人,就算在中国,其一切行动态度不免还是要受到日本军事当局的限制。否则,'非国民'三字的罪名会加在他头上,这一点,鲁迅也是非常理解的。"胡菊人应该是根据这一段话在说,"许广平是非常清楚的,'其一切行动不免还是要受到日本军事当局的限制',也就是说他必须

---

① 后面引用的,如果许广平把自己所在的地方称为"虹口",当时的"新公园"改称为现在的"虹口公园",那么不用说"闸北"或许也可以叫作"虹口",可是,叫作"虹口"这是强制性的规定,难道这样也可以?

要和日本的军队、政府等保持关系,别无选择"。

内山完造曾经给以郭沫若、鲁迅为代表的许多中国人提供方便,还帮助过从日本逃往中国的左翼人士。对于那些抱有疑问的人来说,这样的事情如果没有和日本当局的联系是不可能的。还有在内山的店里有很多中国人进出,他们所谈的内容与动向,内山免不了会告诉给日本当局。因此,仅仅只是说他们是纯粹的友谊,这个是说不过去的,对此是应该会被提到的。

我时常在想,有没有能埋骨在中国的日本人啊。如果有,那会是谁呢?有时是单纯的假想,有时也夹杂了很复杂的情感在思考这个问题……每次我总是首先想到内山完造先生。实际上,明治以后确实有不少日本人在接触中国。但其中,如果要说能埋骨于中国的,在与中国交往的人中,我觉得内山完造先生是最适合埋骨于中国的人了。每提及与中国来往的人名时,我认为首先应该提到的便是内山完造。事实上先生也确实是埋在了中国,就算是他并没有埋葬在中国,我的想法也是不会改变的,我一直都很敬慕内山先生的为人。虽然胡菊人——拒绝这么认为,他不是那么信任先生——没直接说,但是在此我想来探讨一下内山完造是日本军事当局的间谍一说。

由于我们这些做中文、中国文学研究的人的懈怠,还没有能翻译成中文介绍过去,胡菊人还没有读过《花甲录》(岩波书店,1960 年 9 月)。

正如书名所说,《花甲录》内山是为了纪念自己 60 岁的年龄而执笔写的自传。记录了从 1885 年出生到 1945 年 60 岁的事。创作开始的时间是 1949 年 12 月 25 日,一年后的 12 月 30 日脱稿。在这本书里,另有自 1946 年至 1959 年的部分,那是从内山先生平时所写的文章与日记中摘抄而成的。先生于 1959 年 9 月 20 日在北京突然去世,此后书就成了那个样子。

读了《花甲录》便知道内山完造 1915 年在长沙遇上了抵制日本商品的游行，内山完造具有不可思议的自信，他毫不犹豫地制作了几十根作为日本商品的"大学眼药"的旗杆让人举着，一边走一边发传单，虽然游行队伍以"异样的眼光"读着旗子上的文字，但也没有围起来抗议他，或者加害于他。因为游行队伍主力是学生们，当时作为第一师范的学生自治会主席毛泽东也应该在其中。——内山完造晚年献身于日中友好运动，正如文字所说的"东奔西走"，这一次也算是相当具有历史意义的两者相遇，他们就这样擦肩而过了。

因此，他有没有一边卖眼药水一边在中国各地做间谍呢？这是刚才提到的疑惑，内山在 1912 年加入了京都教会，开始信基督教的。因为教会的原因，他入职的大阪参天堂，正好需要派遣到上海的店员，他就于 1913 年 3 月到了上海，开始了上海的生活，那时他 28 岁。内山于 1930 年与他工作了 17 年的参天堂完全断绝了关系。因为参天堂的一些内部事务，原本的退休金、分派给职员的个人持股都没有拿到。当时他因为宣传的需要，一边在中国各地旅游，一边把所见所闻写信报告给社长，这是很正常的事情。内山写到有时回国，社长也会把做的关于温泉的成分的调查告诉他，虽然可以在温泉修养，但这并不是社长对写信给他的慰劳。

这样一来，通过工作就职、退职，还有写信给社长等就认为内山完造兼职了军事侦探这样的说法是不成立的。

1922 年，内山 37 岁左右，书中有如下记载：

> 某天早上，总事馆的赤木警官打来电话说叫我去他的家里，有要紧的事讲，我就赶快去拜访了他，他说："原来你是基督教徒啊，其实一直认为你有黑印，是 CP，昨天经过教会前的宣传栏，第一次看到你在说教呢，从今天

起开始消除对你的限制，我总算可以安心了。""啊，是吗？实际上曾有神户的友人对我说过短时间里不要回日本，我还不知道是怎么回事呢，原来是这么一回事啊，非常感谢。"我这样说完就回来了。

如果内山完造为日本当局提供情报的话，就不会被当局当成"CP"——也就是共产党员的嫌疑吧。因此，不管怎么说，内山完造这样的人是不会作为"间谍"的，这是得到肯定的。继续看后面的引用，他又做了如下陈述：

> 那个赤木是来抓捕逃到上海的佐野学君的，他曾发表过关于设圈套、行骗，或者撒谎等所谓的警察一流的苦心谈话或是关于自己的光荣史，我怎么也不会赞成那个谈话的。我的观点是："我们受到的教育是撒谎是犯罪，骗人是罪恶，但作为官吏为了执行职务，怎么样撒谎都是可以的，怎么样设圈套骗人都是没有关系的，这是很不合理的。如果允许官吏这样，那么也应该允许商人在商业行为中撒谎、行骗、设圈套等，因为官吏执行职务和商人进行商业行为都是在执行职务行为啊。"

据《花甲录》说，内山完造为了让在上海的日本人的孩子听童话，收集了很多童话。但是在战争中他从来没有讲过一次与战争相关的话题，也没有看过一次与战争相关的电影。那是"因为有些许期盼"，也就是说应该是自己在心里有决定并付诸实施的（1931年左右）想法。

另一方面，日本人中有说内山完造是中国的间谍的，在这里也专门提出来，那正是在"一·二八"事变的时候。

> 我正站在店门前，就有三个日本人经过。"就是这家店的老板，在狄思威路被抓到的时候，手里正拿着中国银

行紧缺的五万钞票,全部都上交了,可最终还是被杀了",我听得简直是目瞪口呆……

之所以有这么多谣言围绕着内山完造,也不是纯粹空穴来风,居住在上海的日本人组织了一个武装自卫团,叫作"自警团",曾做过盘问。①

---

① 对于被"自警团"叫到进行盘查的事件,在《花甲录》中如下述:我不管三七二十一让店员们去避难,打算就我们夫妇住在龙城,但对我有非常多的责难,我一次次被叫到那些危险的、气焰嚣张的、自称为自卫团呀自警团的人的面前,被叫到永安里会的自警团的那次是最危险的。说是不久前有一个"黑衣女人"与我同姓,是一个中国人的妻子,还有永安公司的经理失踪了,现在正在到处搜索她,在这附近多次发现其行踪,那么在这附近必然经常就会有迫击炮弹落下。最后这妇人在小学校(当时北四川路方面的一个军事行动基地)被抓住的时候,因为说是永安里会的,自警团就传我去了,在正要离开的时候,发现竹枪、猎枪,还有其他日本刀等并排着,一个叫团长的人说道是你让便衣队逃跑了,在这个村子里也有便衣的窠窟,因为有你的名片全都跑了,作为我们都感到可耻,其原因是什么。的确有很多中国朋友、知己居住在这附近,为了他们能够安全通行到达安全地带,为了他们能够通过步哨线,我便把我店里的名片给了他们,意思是说"这个人是我的朋友知己,我为他的身份担保"。可是,当战况陷入不利时,那些我给的名片就让便衣队逃亡了,在永安里会也是这样。而且他说让黑衣女人逃跑的就是你,我就回答说那个女人我确实认识,可是她是逃了还是藏起来了我完全不知道,这个女人现在没有在北部小学校里吗?刚这样一说完就被骂道:"你白痴吗?她因为你的名片逃亡了。""那么一同去北部小学校,我刚因为那个妇人的事被叫到北部小学校来,我看见的是那个妇人拿的不是我的名片,而是常磐号军舰陆战队的通行许可证。"我这样回答道,后来并没有让我一同去,而是过了一会就让我回家了,店里妻子、朋友们都很担心。

这里内山所说的永安里会是一个聚集了暴乱的人,经常都传言说砍了几个人、杀了几个人的一个高级会所。可是据《花甲录》所载,这次盘问回家后,就看到周建人及其家人被带走了,然后将其解救出。原本被盘问的原因就是因为内山带了很多中国人到安全的地方,盘问事件难道不是在周建人被救出后吗?在盘查事件后对村松稍风来拜访时的意气风发的态度也是很难理解的。当然也不妨遵照内山完造的记述,如果是这样的话,1月28日的一周时间里,对包括内山完造在内的在留日本人而言实际上是非常紧张的。

话虽如此,不用说内山完造也算不上旗帜鲜明的反战主义者,如前面所提到的《话说一·二八事变》书中所写,在"一·二八"事变最紧张的时候,内山完造对该书作者村松稍风说道:

> 每天都这样,我们也习惯了。我也曾一次次的因为革命冒着枪林弹雨,但这次是特别的。我决定让妻子自己坐明天的船回国。妻子说总算来过这里了。我应该要对她说,你就加油到此吧,所见过的也够多了,可以回家了哦。事实上我完全没有必要再待在这里了,无论如何也不会有人来买书了,这个书店变成怎么样也没有关系。可你却说,这场战争是海军花了好多千万日元现场保护我们的战争,因此我就不能辜负了好意,专门花了钱的战争,专门保护的重要的居留民都逃走了那就毫无意义了,因此我得坚持到最后。①

所谓"现场保护"是在"一·二八"事变之际,日本军事行动的"大义名分"。而且,这个军事行动,是为了大规模地迈出侵略中国的脚步。我也是这么认为的,内山也没有必要再在那里坚持。……但也不能说是内山的原因,上海陆战队就非

---

① 原本内山完造应该不会一直都是这么认为的,在《花甲录》中只是揭露了"现场保护"是借口。如下叙述:"一·二八"事件终归还是发生了,绝对没有说的那样要保护日本人的生命财产。居留民都还不知道,与部队、领事馆有关系的家族们是最先知道而被护送回国;由于保护居留民的政策还没有出来,就被信口开河的随便通知,受日本军队的凌辱,还被日本军人杀害等。因为这些事情说是以保护在留居民的生命财产的第一要义就完全消失了,被改变成一味地用武力雪耻作为了第一要义。一味地在驱赶上海居留民,总觉得有一种什么力量在操纵引导着开战。所谓别的力量就是指军队以及先入住的各种右翼分子,但他们也不能操纵所有的如贫弱的井底之蛙一样的上海在留日本居民。

常容易行动，作为我更愿意看到的是这样的内山完造，他下面所说的话，让村松稍风欢天喜地，引文中用的"中国人"的表达方式，我原封未动：

> 今天关于中国友人的消息在这里也能了解很多了，想方设法来到上海，昨天今天都在日本戒严区域外一步也进不了，我也会见不了那位中国友人。
> 
> 内山君说："担心过事件后在鲁迅身边会非常危险，还好安排妥当，得以安全避了难。"还有去年年底，我离开广东回到上海，听说在这附近刚建造新居的新兴剧坛巨头欧阳予倩也平安无事地逃到法租界的亲戚家里去了。鲁迅、欧阳予倩等人若身有不测，乃千秋之恨，最后皆平安无事，令我欣喜若狂。

还有，鲁迅好像并不是从最初就打算到内山书店去避难的，可事态急速恶化了。许广平写道：

> 在一九三二年上海"一·二八"战事发生的时候，我们住在北四川路底公寓里，正是面对着当时的日本海军陆战队的司令部。当28日晚鲁迅正在写作的时候，书桌面对着司令部，突然电灯全行熄灭，只有司令部的大院子里人头拥挤，似有什么布置的要发生事故的样子。我们正疑惑间，突然看见从院子里纷纷出来了许多机车队向南驰去，似衔枚疾走的匆促紧张，未几就隐隐听到枪声，由疏而密。我们跑到晒台上，看见红色火线穿梭般在头顶掠过，才知道子弹无情，战事已经发生了。急退至楼下，就在临街的大厅里，平日鲁迅写作兼睡卧的所在，就是书桌旁边，一颗子弹已洞穿而入，这时危险达于极点。

关于29日的事情没有写。

到三十日天才微明,大队日军,已嘭嘭敲门甚急,开门以后,始知是来检查的。被检查的我们,除了鲁迅一人是老年男子以外,其余都是妇孺,他们当即离去了。

"老年男子……以外,其余都是妇孺",意思就是来检查的日本海军陆战队看到的是鲁迅一家。这样通过检查人的视角来记录自己,可以看出许广平的怒气与讽刺。

跟着内山书店的日本店员也来传达内山先生的意思,据说是这公寓有人向日本司令部放枪①,这里只住有我们一家中国人,其他都是外国人。而每层楼梯都有窗户,就难免从这些窗户再有人来向外放枪,那时我们的嫌疑就无法完全免除,不如全行搬到他书店去暂住一下。

因此,鲁迅一家就到了内山书店避难,据许广平讲,鲁迅的弟弟周建人一家也在一起。

在这样的形势之下,30日下午,我们仅仅带着简单的衣服和几条棉被,就和周建人家小、女工连同我们共十

---

① 关于对着司令部开枪射击这件事,外务省外交史料馆里保存的题为《国际联盟上海委员会第一报告》(假译文)(1932年2月6日,在上海)的书类,在1月29日项的栏外有如下记载:"二十九日上午0时在陆战队本部的部队,刚一到门前就遭到了来自对面的家里的便衣队的狙击。"(原文是用片假名和汉字混合进行的书写,作为当时官厅的文书,音节句读都没有,在引用时,由笔者改为了平假名,标上了句读,增加了送假名)

这类书籍,无论是正文还是栏外都采取的一个模板,不知道作为引用的栏外文字属于什么性质。还有"对面的家"有可能是帕福里克学校,如果是这样的话,就不说"家",而应该说是"学校"。总之,鲁迅居住的拉摩斯公寓很有被怀疑的危险,鲁迅因为是用内山完造的关系租借的这个公寓,门牌上也是写的内山书店的一个日本人的名字,才没有成为嫌疑人,否则内山完造也会被牵连的。鲁迅之所以下定决心去内山书店避难应该也是出于为内山完造考虑。

口人，挤在书店的一间楼上。女工、小孩和大人一起过着几个人挤在一起大被同眠的生活，窗户是用厚棉被遮住的，在暗黑沉闷的时日里，度过了整整一星期，到2月6日旧历元旦，才得迁避到三马路内山书店支店里去。

这一周便是鲁迅日记"空白"的那一周。这期间的饮食应该是由内山买来的米、碳、罐头，但内山应该并不只是为鲁迅、周建人及其家人提供食物的。他还得为警戒在附近的日本军的步哨做饭团吃，这步哨的靴子声应该是不断地传到鲁迅他们的耳朵里的。

> 住在北四川路内山书店的时候，我们看到书店中人们忙乱不堪。——日本人都很忙。我们呆蹲在楼上斗室中，照顾着孩子们不声不响，不哭不闹地度日如年。而耳边的枪炮声，街头沙袋堆旁边守卫的踱步声，因着人声的静寂，反而历历可闻了。

一直都听着这样的声音，其心情是难以形容的。后来许广平又写道：

> 我们在自己的国土上，饱尝了侵略者加给我们的窒息难忍的压迫。大家都默默无言的，然而又互相领会其情地过着日子。这种难以名状的情绪，时时纠缠在一起向心头猛烈地袭来，真是不好过极了。

战后，有一位叫谢冰心的女作家来日本的时候新中国已经成立了，因为拘于当时的形势，她称要去美国而逃离了日本，经由香港回到了北京，离开日本的时候还买了木屐带回国作纪念。在中国，听到日本人的脚步声都是军靴，她来东京后，在夜的寂静里回响的木屐的声音留下了深刻的印象。——这是最近跟随日本一个代表团访问中国的时候,会见谢冰心时候听说的,鲁迅听见军靴也许也会想起日本留学时期听到的木屐声音吧。

将许广平的《回忆录》与内山的《花甲录》相比较,许广平有一件事没有写,并且与此还有一定关联性,这样问题就出来了,到底哪一个是事实呢?在《花甲录》里有记载周建人一家被日本军带走,是内山救出来的事,但许广平没有写这件事。因此周建人一家到底有没有从一开始都跟鲁迅一家在一起避难,这就是问题的所在。

内山是这样写的:

> 正好那个时候(接受自警团查问,回家的时候——笔者注),许多中国人都被陆战队、自警队带走了,无意间看了一下被陆战队送过来的一群人,发现鲁迅先生的亲弟弟周建人先生及家人也在其中,我冲了出去,对陆战队说了些理由就释放了他们。

还有一件事,《花甲录》中写道:"然后他们就先在我家住下了,到了第二天才拿着我的名片到安全地带去避了难。"也就是说,按《花甲录》中所记载的话,周建人一家只在内山家住了一晚上,可是据许广平所说一周时间里都跟他们在一起。

如果《花甲录》是事实的话,那就成了鲁迅撇下弟弟们逃到了内山书店去避难了。

鲁迅与周建人关系是非常要好的,住得也很近。看日记所记,"八日雨,夜同三弟(建人)一起往北新书局访小峰。""十日曇,下午同三弟往北新书局……"然后14日又和建人一起去了北新书局。也许北新书局是出版社吧,他们去那里催版税吧。在英租界避难的时候也是一起的。2月16日下午,一起去了旧书店后,"夜全寓十人皆至同宝泰饮酒,颇醉。复往青莲阁饮茗,邀一妓来坐,与以一元"。

这样说来,在避难的时候,鲁迅没有带上弟弟也是有缘由的,可现在看来如果相信《花甲录》的话,还是得考虑一下周建人差点被枪杀的事情。

周建人差点被杀这个事情实际上刚才已经讲过了,与在"一·二八"事变中住在上海的日本人表现出来的一些行为有关。那时,几乎所有的日本人包括海军陆战队员都异常亢奋,经常会当场枪毙一些形迹可疑的中国人。

《花甲录》中如下记载:

> 我被日本人传唤去了北部小学校,刚到那里就看到六个正在被审问的中国人。因为全是我店里的客人,说了好多话,就问要怎么处置这些人,他们就说这些人如果不能释放的话,就得带到领事馆、工部局等地方去,因为是内山的朋友就不必麻烦了,劳驾你把他们一起带去吧。可今天已经没有卡车了,就请明早再去好了,在这之前他们就只有待在这里了。可是这些人们已经吓得魂飞魄散了,有的哇哇哭了出来。因为他们都被绑在柱子上,担心不知什么时候就被枪杀了。于是我就说请把他们交给我吧,今晚就住我家,明早到时我陪同一起坐卡车去。这样约好后,我就把他们都带回了家。

第二天早上,内山带着这六个人,想把他们安顿到一个合适的地方。到了日本领事馆,被拒绝了,然后去领事馆指定的地方(三元宫,即广东人的庙):

> 有一个我认识的日本人在,他说:"内山你来这里干吗?这里不蒙上眼睛是不让进来的,赶紧出去。"说完,

便不理会我们了。然后我们就又回到了最开始的地方北部小学校——我们又被卡车拉着回到了北部小学校，说明了情况，他们就说如果你做担保就可以放了他们，然后他们就被无罪释放了。我就让他们拿了我的名片去安全的地方避难去了。

事后内山回想起来，无论是六位中国人，还是自己，在三元宫没有被当成对手，这是非常幸运的事。——"要是在入口那里他们闭起眼睛就把我们接收了，我哪里还能写这些，恐怕早就成了鬼魂了。"也就是说，在三元宫，他们没有被当成中国人行刑。

前面提过，外务省外交史资料《松本记录》中有这种情形的报告。我们来看一下2月1日重光（葵）公使写给芳泽（谦吉）外务大臣的报告书："事态超乎想象的急迫，也就是说以我方的兵力，对确保在留民的安全已不足（其结果就是自警团已经显出了丑态）。"在这里只是写了"丑态"，在第二天的报告中还说了："（一月）二十九日事件当初，因为海军人员不足，就把在乡军人团，以及青年团，还有自警团组织起来维持闸北占地内的治安。人们对便衣队充满了恐惧和憎恶，他们的行为简直和地震当时自警团对朝鲜人的态度是一样。便衣队涉嫌处置了中国人达数百人，其中也有外国人。"

同样，在2月14日发布的报告书（第一九五号）中写道：

> 这段时间（指1月28日以后——笔者注）日本海兵Resevists和Roughs在多次越轨行为后被执行死刑（即刻行刑）。Roughs没有任何资格，仅仅是在对排日的复仇心理的驱使下。

在同样的报告书中也有类似说法：

相信已有许多"支那"人被日本人逮捕或杀害。对那些下落不明者,工部局已上呈领事团,敦请日本当局进行调查。日本领事馆承认,因为人心亢奋完全陷入混乱状态,当时有很多日本人有越轨行为,但说事态整体上有改善,也同意将在租界内被日本海军逮捕的人全部引渡到工部局。前述之引渡虽然实行,但据工部局警察的调查,迄今为止失踪者已经上升到三百名……日本当局对日本人的越轨行为表示遗憾,并驱逐了多数的不驯分子。

内山就在这些日本人脱离常轨的行动中守护着鲁迅,或许还有他的兄弟、家人,以及其他的中国人。

内山是在战后写的《花甲录》,我认为他在其中极尽言辞指出日本人之恶行,相比较而言,中国人则更沉着一些。

"一·二八"事变发生后,住在租界外很危险,就有大量的中国人从租界外涌到租界内避难。"我没看到一点的混乱状态。即使是货车,也能够安全地通过。与日本人狂躁的样子比起来,这个根本不算什么,实际上非常沉稳有序。即使是周建人先生一行人被抓走,也很平静。狂躁疯狂的只是日本人而已。我将这种态度进行一比较,便自然明白不同民族的厚重。"内山君如此说道。

当然这只是内山君眼里的中国人。这种事对鲁迅,或者周建人等人来说,又是什么样的感觉呢?假如一晚上,或者一周,都屏息躲在内山家阁楼上一室里,周建人,或者鲁迅他们的心情又会怎么样?为此,我们查找了日记,可日记上没有太多记载。

让我们来看看鲁迅的日记——

一月二十八日,曇。上午同广平往篠崎医院诊。下午附近颇纷扰。

　　二十九日，晴。遇战事，终日在枪炮声中。夜雾。

　　三十日，晴。下午全寓中人俱迁避内山书店。只携衣被数事。

他日记中就是这样记载的，至于三十一日，日记中连日期都没有记。

而从二月一日开始到五日，都是只记了"失记"二字。

　　六日，旧历元旦。曇。下午全寓中人俱迁避英租界内山书店支店，十人一室，席地而卧。

　　七日，雨雪，大冷。下午寄母亲信。

因此，算上鲁迅没有记录的1月31日，总共有六天的"空白"。鲁迅没能记的理由，究竟是什么呢？果真如胡菊人所说吗？

胡菊人说鲁迅考虑到这场战争的性质以及十九路军，而自己正躲藏在日本人的地盘，这怎么好写出来呢？

这样的话就可以看出没能记的地方所存在的意蕴了，这在阅读中国的文章时，在一定意义上是很常见的。中国的文章，有时就是在没有写出的地方才是其意味所在。当然文章原本就是这样的，这也不仅限于中国的文章。胡菊人把"空白"当成问题，我认为他是触到了中国文章的根本。至于怎么样去理解这"空白"，另当别论，但他把问题这样指出来，可以说是很有意义的。

那么，鲁迅为什么会设置"空白"呢——也就是说为什么要连续记上"失记"呢？

这不能仅仅说这是具有无法想象深意的"空白"，我认为在此是有一些事是可以想到而不能记在日记里的，或者说不想记在日记里，难道不是这样的想法吗？当我在追寻中国的一九三〇年代，特别是其中的1932年"一·二八"事变这些事件的踪迹时，真是越查越感受到了历史的深奥和历史的沉重，我是这么认为的，在此我也只能说这么多。

正如最开始胡菊人所介绍的，与神格化、模式化的鲁迅形象相反的是他提出日记中"空白"问题的原因，还有一个问题就是他要说的是在中国所谓的现代到底指的是什么。

比如，用汉语写文章，可以做文字游戏。一个常用语，如果分开来，这个词语又会是别的意思，我认为这就是汉字的有趣之处，胡菊人在这里挑出了"情势""情义"两个词语，如果把这两个词语分别拆开又会变成什么意思呢？

"情势"可以分为"情"和"势"，这个"情"和"势"是相矛盾的，家族的爱情、朋友间的友情之"情"，常由于政治形势之"势"的变化而引起分裂，这样的"情"就是"势"。"情义"也是这样，"情"是会和"义"，也就是和义理、信义，或者思想意识上的大义相冲突的。

胡菊人如此说，所提供的证据是孙文晚年创建的黄埔军官学校。这个学校的校长是蒋介石，政治部副主任是周恩来，也就是在国民党和共产党合作时期创建的士官学校，这里培养的将校们后来都到了部队带兵打仗。但国民党和共产党分裂了，曾同住一个宿舍一起学习的好朋友成为敌人，在战场上相见的同学就互相叫着对方的名字厮杀。

在中国，"情势""情义"就是带有这样的矛盾。鲁迅和内山完造之间，也有这样的矛盾，不可能没有冲突。读许广平的回忆录便可知道，鲁迅想过要慢慢地切断与包括内山在内的所有日本人之间的关系，胡菊人对此也指了出来：

一九三六年十月，就在鲁迅去世前就找好了房子准备搬家。选择居住在旧法租界（许广平写这个回忆录的时候，因为已经没有租界，所以成了"旧的"——笔者注），想远离日本人居住的虹口势力范围（在10月11日《鲁迅日记》中能看到）。就在这个计划要实现的时候，他生病了，不容他搬家，因此没能将这个想法变成事实。如果是这样子的话，他想毫不犹豫切断和内山书店的所有关系。

确实也是这样，在鲁迅的日记中，1936年10月11日记道："同广平携海婴往法租界看屋。"

鲁迅在与内山决裂前就去世了，鲁迅的死让这个事有了不一样的结局。鲁迅没有和内山决裂，对他们来说都是一种救赎，感觉这似乎是一件幸运的事。我想内山自己也应该感觉到了鲁迅有这样的打算，但正如胡菊人所说，他并没有在《花甲录》中写出鲁迅与包括自己在内的日本人之间的矛盾会如此强烈。

如果要再进一步追寻鲁迅与日本人之间的关系，在周建人写的关于鲁迅的回忆录里，谈到过他对鲁迅周围的日本人的严峻看法。

在最开始就提过，3月19日，鲁迅拜访过内山书店的店员镰田兄弟，感谢他们在"一·二八"事变事件期间给予的帮助。据哥哥寿的回忆，给予鲁迅帮助的应该是弟弟诚一（镰田寿：《我和鲁迅》，原载《鲁迅友会报》五号，1972年8月，转载《沪友》，1974年10月。）

从北四川路的内山书店到英租界内的同名书店的支店里去避难的时候，必须要通过陆战队、自警团等的警戒线。正如村松梢风所说，内山事先已经与鲁迅打过招呼，让镰田诚一照顾鲁迅等人。后来镰田诚一因为生病回到了日本，不久就去世了，鲁迅还曾为他写过墓志铭。（这个现在已经找不到了）然而，据周建人所记，好像镰田诚一似乎加入过自警团，而且还伤害过中国人……

不知道周建人从哪里听说的这些事情。

但是听说镰田诚一回到日本后，在病床上读了很多历史书，对在中国所做的事情，他深感后悔。不知道当时日本的历史教育是怎么样进行的。镰田是福冈人，脑海里只有袭击博多湾的元寇，中国人那个时候的粗暴形象形成了定格。他便在"一·二八"事变的时候带着复仇的心理加入了日本人的自警团，对中国人做了一些不好的事。可是通过学习，他逐渐明白作为元寇的元凶是蒙古人，而在上海的中国人是汉人，感到非常后悔，周建人是如此写的。（乔峰：《关于鲁迅的简述》，人民文学出版社，1954年8月）。

去年香港报纸登载了关于诚一的哥哥镰田寿的现场采访报道。（凌明：《镰田寿夫妇谈鲁迅》，《新晚报》，1974年8月25日）。据此，周建人所写的情况在日本的报纸上也有登载，也是如此说的。

> 据日本记者写的镰田寿访问记，鲁迅说镰田诚一非常的诚实，许多日本青年的身心都受到了军国主义教育的侵蚀。

也就是说鲁迅在生前所说的话，在作为兄长的镰田寿听起来是在表扬自己的弟弟，所以后来又告诉了日本记者。这说明那时鲁迅是把镰田诚一与一般的日本青年区别开来的。虽然我没有直接听到鲁迅的话，但从其如此区别对待的看法里，我觉得鲁迅对镰田兄弟确实是心存感激的。也就是说，尽管镰田诚一多少受到了军国主义教育的影响，但其仍不惜献身于鲁迅的诚实精神让我感动。如果

镰田诚一内心毫无矛盾的话,《新晚报》如下的报道就显得有点让人费解了:

> 镰田诚一因为这两件相反的事情而苦恼,他的肺病恶化也应该与这烦恼有关,镰田回到故乡躺在病床上,"下次到了上海的话……"后来他留下遗言,让自己的墓朝向上海。

在镰田诚一的守护下,不知避难的鲁迅是否知晓这些事情,但总能感受到些什么吧。

这样的话,我认为那六天时间的日记,对鲁迅而言与其说是"空白",倒不如说是自己的记忆是更好的述说。正是因为鲁迅想要记住,所以没有写下来。

"失记"的"记"有"记忆"与"记录"两个意思。即使失去了记忆,但如果有记录——笔记的话也是可以的,然而这个笔记丢失了。因此这个日记关于这一天的记事没有了……这两个字有这样几层意思,要穷尽说的话,在汉语中,"记"已经没有其他意思了,我对"失记"这两个字的理解是,"没有忘记"——不能忘记;"不会忘记"——不应该忘记;"怎么会忘记"——怎么都不能忘记……听到了有这样的声音,因此也有"我要忘记"——我想忘记,这样的声音在。

还有就是鲁迅对日本帝国主义为什么没有使用很激烈的语言,也有这样的问题存在,在前面提过的在1932年11月北平辅仁大学的演讲"今春的两种感想",一读就会发现有提到这个事情,在这里不给出原文,就介绍一下要旨:

> 现在正全面抵抗日本,在上海流行抗日。上海青年们买了抗日的纪念章,因此日军只要一发现这个就当成抗日的标志。还有学生军们以前天天练操,不久就无形中不练

了，但他们拍了穿着军服进行军事训练的照片摆在自己的书桌上当装饰，日军在抄家的时候，就会把这照片当作是抗日的证据。像这般中国人就认为日本人非常残忍了，其实这完全是因为脾气不同的缘故，日本人太认真，而中国人又太不认真。这样不认真的人和认真的碰在一起，倒霉是必然的。

接着，鲁迅又表达了这样的意思。

不能看太远。看看我们的身边，小说什么如果不关心身边杂记之类就只能写非常遥远宇宙的事情了。涉及中间领域成为禁忌，谁都没打算写。

还有刚才已经说过了，即使在"一·二八"事变中，打麻将的人仍然在打麻将，跳舞的人仍然在跳舞。"认真做事情，眼光不能看太远，这难道不是一件很重要的事吗？"这应该是鲁迅要说的。

接着又说道：

即使去了馆子，烧卖、包子这些吃起来都很美味，去吃的人只有专注在吃烧卖、包子上，为什么这么说呢，因为盘子太脏了，把盘子洗干净难道不是一件很重要的事吗？

还说：

突然听到激烈的枪声，非常吃惊，可跑过去一看，是正月的爆竹声。最开始放这个爆竹原本是为了在月食的时候，让残缺了的月亮回去拯救月亮女神，日本人一听到爆竹声，就想中国人是不是放了枪，中国人想的却是救月亮女神。

而且在结束的时候说道:

> 许多历史的教训,都是用极大的牺牲换来的。譬如我希望一般人不要只注意在近身的问题,或地球以外的问题,社会上实际问题是也要注意些才好。

——这就是讲演的主旨。

还有在给台静农的信中,刚才胡菊人说过:"在闸北,然后到英租界避难。"但这部分不能只是进行引用,鲁迅在这封信里有写到当时作为流行的抗日现象,说是有一位热衷于抗日的妇女,用银做成随身携带的装仁丹的瓶子,并且在上面刻上"抗日爱国"四个字,每次把这个拿出来将仁丹放进口里的时候,就使劲用牙齿咬着"抗日爱国"几个字……

可以说当时鲁迅就是"把抗日当作流行"吗?要是这样的话,十九路军也是"把抗日当作流行",不用说,当然不是这样的。……鲁迅努力思考过这件事情,只有从那里才能应对"一·二八"事变,然后就通过内山完造跟日本牵扯上了联系,在这样的关系中度过了"一·二八"事变的战火。

我在这个时候想起了鲁迅,柔石的事便浮现了出来。

在"一·二八"事变的前一年,1931年2月,一个叫作柔石的青年作家被国民党抓捕并被秘密杀害。那个时候共产主义者们利用租界进行活动,国民党的军队、警察等都不能进入租界,负责租界内治安的是上海工部局,这是租界的自治机构,这里的巡捕把柔石他们抓捕了。如果就在这里判决的话,共产主义者是无罪的,可是他们按照国民党的要求,将其引渡给了国民党政府。引渡给国民政府,柔石他们就被行刑了。这时逮捕柔石等人实际上是因为党内路线的对立,有传言说是因为有党中央王明小组的告密。鲁迅与这样的党内争斗没有关系，但是对于柔石等人的死，他是非常伤心的。

这件事情一直压在鲁迅的心上，对于同样的事情他一直回避，至少对于前一年柔石们的死他是逃避的，对于这个问题我认为鲁迅是不会发出什么别的议论的。（参考拙稿《鲁迅与柔石》，《文艺》，1969年11、12月）

最后，关于胡菊人提出的那篇鲁迅用日语写的《我要骗人》一文，这是发表在《改造》1936年四月刊的文章。当时鲁迅应改造社社长山本实彦约稿而写此文，却不能写自己想写的，或者应该写的事。

鲁迅写这篇文章首先是用日语写的，不知道原文是不是就是这样，有没有出现印刷错误。因为原文鲁迅是用日语写的，在这里就假名的使用，以及汉字的使用都准备引用原文。

> 庄子曾经说过："干下去的（曾经积水的）车辙里的鲋鱼，彼此用唾沫相湿，用湿气相嘘，"然而他又说，"倒不如在江湖里，大家互相忘却的好。"
> 
> 可悲的是我们不能互相忘却。而我，却愈加恣意地骗起人来了。如果这骗人的学问不毕业，或者不中止，恐怕是写不出圆满的文章来的。
> 
> 但不幸而在既未卒业，又未中止之际，遇到山本社长了。因为要我写一点什么，就在礼仪上，答道："可以的。"因为说过"可以"，就应该写出来，不要使他失望，然而到底也还是写了骗人的文章。
> 
> 写着这样的文章，也不是怎么舒服的心得。要说的话多得很，但得等候"中日亲善"更加增进的时光。不久之后，恐怕那"亲善"的程度，竟会到在我们中国，认为排日即国贼——因为说是共产党利用了排日的口号，是中国灭亡的缘故——而到处的断头台上，都闪烁着太阳的圆圈

的罢,但即使到了这样子,也还不是披沥真实的心的时光。

单是自己一个人的过虑也说不定:要彼此看见和了解真实的心,倘能用了笔、舌,或者如宗教家之所谓眼泪洗明了眼睛那样的便当的方法,那固然是非常之好的,然而这样便宜事,恐怕世界上也很少有。这是可以悲哀的。一面写着漫无条理的文章,一面又觉得对不起热心的读者了。

最后鲁迅以"临末,用血写几句个人的豫感,算是一个答礼罢"作为结尾。其预感,我想应该是指今后中国与日本的关系。而这正与许广平所说的,即鲁迅为什么想与日本人切断一切关系的问题,有着某种联系。

我一边思考着一九三〇年代与鲁迅的关系,一边说起了"活在""时代"的话题。正如我一开始所说过的那样,即使这样做可以总结出一个定义的话,我也不愿意为这些问题总结出一个什么样的结论。

今天一边讲着,以及昨天在准备今天要讲的话题时,自己总是不断地想起内山完造来。

已经是二十三四年前的事了,那时我有时会去位于神田基督教会旁边的内山书店。内山完造也经常在店里。有一次在天快要黑的时候,我随意站在那里,正在整理书架的内山突然停下了手中的活儿转向我,说道:"大家都觉得鲁迅是神,其实鲁迅就是一个人。"他说得很突然。

每每想起这件事,我总会觉得很遗憾,为什么那时不问他:"比如说哪些事?"虽然没有事先准备好我要说的话,但想来那时我是可以反驳内山的,不是反对。由于那时没有其他的人在旁边,我的这个回忆也许没有人会信,内山把他所看到的鲁迅归纳成了一句话，并亲自告诉我，现在想起来这是一件很珍贵的事情。这句话，后来一直在无形中指导着我，激励着我。我想，这种说法，也只有内山先生才能够讲出来。

前面我已经说过，并不想对所谓"活在时代"做出个什么样的结论来。但我也并不想将鲁迅与中国的一九三〇年代进行平面的比较，而是试图从鲁迅如何让这个时代更鲜活这个视角出发追溯其轨迹。虽然我知道除我以外，还有很多人在做着更优秀的研究，除我以外也还有更多的见解，但对我来说，我看到就是鲁迅让这个时代活了。

时间到了，我想今天就到此结束了。

《奔月》是《故事新编》八篇中私斗性特别强的一篇，继《奔月》后的《铸剑》几乎也是根据这个事件写的，但这是一篇没有伤害谁名誉的文章。接着写的《非攻》是针对世相在进行讽刺、批判，但我认为看不出针对特定的个人。关于《理水》，如前面所说，私斗性又复活了，在《采薇》中增添了自嘲，《出关》表达的是对当时的文学青年（举例来说，标榜革命文学的小组）某种风潮的不满。《起死》可以认为是抓住了中国传统思想和现代思想的衔接点，不知道鲁迅是否有针对特定的个人的念头，但是在文字上，并没有发现。

——竹内实

# 附录二　《故事新编》中的公愤与私愤[①]

鲁迅的作品集《故事新编》以古代的神话传说为题材，于 1936 年 1 月（众所周知，鲁迅于这一年的 10 月 19 日去世），由上海文化生活出版社作为"文学丛刊"第一集中的一册出版。文库本的版心要稍微大一点，总共有一百七、八十页，轻装本丛书是巴金受出版社委托而统组稿的，各集 16 册，共出了三集。基于普及的目的，不管地位高低，所有的作家均是经过严格挑选，卷末的清单即使是现在看来，也是熠熠生辉的。鲁迅、巴金、茅盾当时已经是大家了，另当别论，还有由沈从文、萧军、曹禺、沙汀、何其芳、萧红等新人组成的中坚力量，涉及小说、诗歌、戏曲、随笔等各种体裁，作品的品质怎么都不会差。撇开这些，可以说就无法谈一九三〇年代的中国文学。鲁迅的《故事新编》就是其中非常珍贵的成果之一。

正如鲁迅自己在《序言》中所说的一样："这是一本很小的集子，从开手写起到编成，经过的日子却可以算得很长久了：足足有十三年。"也就是说收纳的八篇文章按执笔的年月来看——《补天》（《不周山》改的题目）1922 年 11 月、《奔月》1926 年 12 月、《铸剑》（《眉间尺》改的题目）1927 年 4 月、《非攻》（1934 年 8 月）、《理水》1935 年 11 月、《采薇》

---

① ［日］竹内实：《鲁迅周边》，东京：田畑书店，1981 年，第 259~270 页。

《出关》《起死》(1935年12月)。即在《补天》后大约隔了四年才写《奔月》,《铸剑》后七年多才写《非攻》,从《非攻》到《理水》中间又有一年多的间隔期,可是在写了《理水》的第二个月就连续写了《采薇》等三篇。这样看来,鲁迅在1935年的11月、12月仅仅两个月的时间里就创作了《故事新编》一半的作品,这气势像决堤了一样。尽管中途有几次中断,但我认为鲁迅一直在大脑里不断地修改这些作品。实际上如鲁迅在《故事新编》的《序言》里所说,今天所看到的《故事新编》的构想在1926年秋就完全完成了,就决定了篇数是八篇。

  首先,是对《故事新编》书名的理解。今天的我们是作为对这系列作品群的总称,感觉就如"故事新编"一样。或者说,感觉就像把八篇合成了一篇"故事新编"一样。所谓"拾取古代的传说之类",就如鲁迅在《序言》中所说的一样,在终于决定出版《故事新编》的时候,没有按执笔顺序或者发表顺序(全部发表的不过只有《补天》《奔月》《铸剑》《出关》四篇),而是按照素材的年代顺序——我认为,《故事新编》八篇的排列,考虑了鲁迅构思的年代顺序——在这里,他构建了一个古代传说世界。或许是因为《故事新编》给人印象深刻的就是一个作品群的总称吧。

  可是,如果就因此说《故事新编》是伊索寓言,是一个古代传说的世界,也并不是这样的。正如鲁迅在《序言》中回顾构思这八篇文章时的心境一样,是一种"不愿意考虑现实"的状态。就像古代文物从厚重的地下"出土"一样,如他所说:幼时的记忆全都化为《朝花夕拾》的诸篇了。《朝花夕拾》(原来题为《旧事重提》)从来厦门前就开始在杂志《莽原》上连载了,因此到了厦门后,他不可能完全从"眼前事"远离。这从他开始写《故事新编》后，写的第一篇《奔月》可以看出。

《奔月》讲的是嫦娥吃了丈夫羿从西王母那里获得的不死药后，逃到了月亮上的故事，作为古代的传说非常有名。在《孟子》中可以看到羿是位射箭高手，向他学习射术的逢蒙想要成为天下第一射手，故而杀了羿。（鲁迅则是将弓的名人聚集起来，综合讲了一个相似的故事。）

鲁迅在《奔月》中安排登场的人物据说都是现代的——都投影到了身边的人物身上，就是羿——鲁迅、嫦娥——许广平、逢蒙——高长虹。高长虹是鲁迅在北京时和他走得很近，并在文学上受到过鲁迅很多恩惠的一个学生。当鲁迅去了厦门后，他就另外组建了一个文学社，一直利用鲁迅的名气，却诽谤鲁迅，攻击鲁迅。他还给许广平写过失恋诗，把许广平比作月亮，把自己比作太阳，却把鲁迅比作阴险的夜，月亮被阴险的夜给抢夺了。因此鲁迅就利用高长虹的比喻创作了《奔月》。鲁迅陪同许广平离开北京，南下，在当时就有很多闲言杂语。对于这部小说的暗示，只要了解这个事情的人一读，一定都能马上明白。追根溯源，是高长虹自己种下的果，鲁迅的反击就像在他身上撒满了火药粉一样。鲁迅的笔头辛辣，在作品中，逢蒙最终没能打败羿，在此，鲁迅借羿之口，痛斥了一句："虽然想用偷来的拳头杀害原来拳头的主人，但是如果不靠自己锻炼是不得行的。"鲁迅死后，高长虹在重庆的报纸上登载了一篇文章为自己进行了辩解，但《奔月》的打击力还是更猛烈一些。

鲁迅的攻击力并不只限于这部作品，也不只是针对高长虹一个人。曾与鲁迅有过交往的曹聚仁曾劝诫大家，切不可通过鲁迅的文章去想象其书写的对象。这应该是对鲁迅攻击力的一种毫不客气的解释吧。

有人说鲁迅的笔法继承了绍兴师爷的传统。他的故乡绍兴，不仅产绍兴酒，还产生了很多中国封建社会的高级官僚人才。所谓人才，就是被称为"师爷"的秘书，分为从事财政的和从事诉讼裁判的。看起来鲁迅的笔法应该属于后者……鲁迅的这些文章，或许也与"讽刺"这个汉语在日常生活中意味着对特定个人讥刺有关。语言与其说是便于相互理解，倒不如说在下意识地作为伤害对方的武器的社会与让平民敬而远之的人才辈出的职业人的故乡风气，已经在不知不觉间渗透到了鲁迅的骨子里了，这是不可否认的。

回到《奔月》的话题上来，这完全属于人身攻击小说。鲁迅将绍兴师爷的辛辣发挥到了极致，用汉语说就是"讽刺"小说。鲁迅在给许广平的信中就告诉她，高长虹在暗地里写了指责鲁迅的诗（那应该也带"讽刺"），于是，"那时，就做了一篇小说，和他开了一些小玩笑"（1927年1月11日，《两地书》第112封）。

如果要说《故事新编》的其他小说，关于《出关》，听说也是攻击某一个人。可是，那时鲁迅写了《〈出关〉的"关"》，说是把这样的想法，当作真正的文学来读，是错误的。写作《阿Q正传》时，他就对同样的臆测表达过不满。谣传说有特定的模特，仅凭此就可以写小说吗？与其说从这些基本的——必须从最初开始讨论的鲁迅的姿来说，甚至有点可怜。

尽管他如此说是正确的，但是他的小说中总有对特定个人进行"讽刺"，这是事实，《阿Q正传》亦不例外。为中国无名农民写传记，这一点本身正是对当时热衷于洋洋得意地撰写某个无名学生的传记（我是这样看的）并公开发表，还被捧为明星的留美归国学者胡适的"讽刺"。在《故事新编》中除了《奔月》，在《理水》中，当时的学者、知识分子也是作为被

"讽刺"的对象登场的。某位学者,生活中总是拄着一根拐杖,在小说中就以拄着一根拐杖的仙人形象登场了;另一位学者喜欢用自己擅长的文字学将自己的姓氏拆解分析,就以"鸟头先生"这个名字登场。虽从《鲁迅全集》(人民文学出版,1956年至1958年发行)的注释中可以知晓这些人的真名,但在当时,大概不用注释也可以猜出这些人的真实身份。

讥讽也不仅限于有名的人。如在《采薇》中出现的伯夷、叔齐,他们苦于伦理上的矛盾,最后饿死了。阿金是鲁迅杂文《阿金》中描绘的一个奇特的女性。鲁迅从二楼书房的窗户无意间看到了对面房子里正在厨房工作的阿金会见打扮花哨的男人的场景,影响了他的写作活动——也就是采薇生存之道。但鲁迅窥视她的密会,也有令人讨厌的地方。

这样的"讽刺"、讥讽传达给读者的时候,一定会让读者有一种异样的紧张感,像一股电流穿过。对于被作为其书写对象的学者、知识分子,在对中国现代文学进行阐释时他们就会老是被作为"反面人物"来论述,而且就是在当时,也有把这些人们当作"反面人物"来看待的想法,可是在被贴上"反面人物"的标签后还能安心的时代属于未来。被鲁迅贴上标签后,这个标签就成了绝对性的,就不会再和对方往来。源于当时社会相,向对手进行这样的挑战,也有可能会给鲁迅带来生命的危险,给读者带来紧张感,这不是没有理由的。结束与对手之间的论争到最后都没能变成现实,在当时,像鲁迅这样笔上的战争,被对手对象化,我觉得这看起来就是一种私斗。在《故事新编》的《序言》的末尾表达的意思是写完八篇文章,经历了十三年,可一点都没有长进,文中说道:"不过并没有将古人写得更死。"全都是将死去了的神话传说中的古人,平面固定下来,鲁迅自信是没有将古人写得更死。想一想他的这些话，在《故事新编》中有好几个部分生动地呈现了活着的古代人形象，也为读者呈现了一个私斗性的侧面效果。

私斗如果没有私情就不成立。鲁迅在厦门待了四个月就去了广州，在送别会上他肯定听到有同事的送别辞说他是因为在厦门没有许广平所以要离去。据说在广州，因不满只能在接待室接待来访的学生，鲁迅就曾把许广平藏到里面的屋子里。也许这只是玩笑，但鲁迅在给许广平的信中把这些事很悲伤难过地向许广平述说过，而且在对许广平说话的时候，既不是用的"arata"也不是用的"kimi"①，而是用的"月"在表示。在信中提到了高长虹的信，说到"月"这个用语出来后，这个"月"就进入自己的文脉中，找不到其他可以替换"月"的词。信是私密的，这时鲁迅写完了《奔月》并送到了《莽原》编辑部。就是说，私与公，就像用锁联系起来的状态一样，他将自己置于其中。当时鲁迅47岁，许广平29岁。

《奔月》是《故事新编》八篇中私斗性特别强的一篇，继《奔月》后的《铸剑》几乎也是根据这个事件写的，但这是一篇没有伤害谁名誉的文章。接着写的《非攻》是针对世相在进行讽刺、批判，但我认为看不出针对特定的个人。关于《理水》，如前面所说，私斗性又复活了，在《采薇》中又增添了自嘲，《出关》表达的是对当时的文学青年（举例来说，标榜革命文学的小组）某种风潮的不满。《起死》可以认为是抓住了中国传统思想和现代思想的衔接点，不知道鲁迅是否有针对特定的个人的念头，但是在文字上，并没有发现。正如在八篇

---

① "arata"和"kimi"是日语中"你"的两种表达形式，"arata"是"你"的一般表达形式，"kimi"一般用于同辈之间或长辈对晚辈的称呼。（译者注）

中最初的作品《补天》中鲁迅自己所说,某批评家是被讥讽的对象,但都没有如憎恶高长虹那般憎恶这位批评家。

通过对当时社会的详细考查,探索出历史性的条件之后,再塑造人物形象,如果说这是历史小说,鲁迅的《故事新编》明显不算。鲁迅小心翼翼,甚至害怕脚后跟离开地面一厘米,他只想走在历史的后面。如果说这是某种历史观,与其说鲁迅持有这样的历史观,不如说他只是想在别的世界里随便走动。

可是,另一方面他又特别"拾遗"起许多书籍里记载的神话传说的片段,广泛涉猎原典并予以活用。这部分就如他自己所说,是"认真"的部分。但是,在他的作品中,还有"油滑"的部分,有时他会任由笔端游走。正如鲁迅所说,在《补天》中,文人从女娲的两腿之间探出了脸,便是这样。对于"油滑",在汉语词典里的解释为"虚浮狡猾",如果要说与鲁迅的用法更贴近的话,感觉就是不认真、玩笑、恶作剧。在《补天》中,有"讽刺"、讥讽的部分,而于鲁迅,"讽刺"、讥讽尽管对人身有激烈的攻击(或者说正因为此)但也变成了不认真、恶作剧。

在日本,讨论历史小说的时候,评价作品价值的尺度常常以"保持历史原样"与"远离历史"为对立轴,而在鲁迅的《故事新编》中,对立轴就变成了"认真"与"不认真"(或者叫"玩笑""恶作剧")。我并不认同"讽刺"、讥讽有时因为私斗、私情,就把相关部分写成半玩笑似的,这样作品完成后回头再看,就会发现作者在那部分不认真,只是在玩笑、恶作剧。

在《故事新编》中,《奔月》完全如所看到的,有很浓郁的私斗性,在接着写的《铸剑》中,刚好相反,就很少有这方面的内容。《铸剑》表达了当一个人要承担起中国的整个历史而立志革命的时候，必须怎么样死？（或者必须怎样活着）这应该称为公斗性吧！《铸剑》所具有的扣人心弦的那种力量，已经与《奔月》完全不同了，虽然作者自己下定决心尽量排除"油滑"感，但《故事新编》作为整体，鲁迅没有完全着眼于公斗性。

鲁迅深知，整个中国历史很是坚固，能媲美甚至超越《铸剑》带有的那种动人心魄的力量。"眼前"的某个特定的个人，如甲乙丙丁，都是不能与中国历史相比较的微小的存在。然而，中国历史却是因为这一个个的甲乙丙丁方能坚固。鲁迅所谓的不诚实、恶作剧，不能说是他或者读者们的喘息。中国的历史是如此的坚固，可以说没有给人以喘息的机会。但是，无法断言的是，伤害甲乙丙丁就可以让整个历史不会出现大的龟裂。诚实并非唯一有效的途径。反之亦然，不诚实也不是有效的做法。挡在鲁迅前面的是，浸透了他公私所有领域的、巨大的压倒性的东西。因此，鲁迅的《故事新编》中，才出现了"认真""诚实"以及"油滑""不诚实"等表达。

小泽信男、长谷川四郎、花田清辉、佐佐木基四人，借鲁迅的《故事新编》写了《戏曲故事新编》，描写的是鲁迅借古代传说写《故事新编》的轨迹。

可是，对于鲁迅的不认真、恶作剧的素材，其私斗性的部分对日本读者来说很难理解。因此四个作者选取了《故事新编》中的《理水》《非攻》《铸剑》《出关》等公斗性比较强的四篇，我认为这是合理而自然的事情。（最开始，各自在作品的选择上也很迷惑吧。）

把鲁迅的作品缩小成一个盆景，与其制作鲁迅文学指南，不如弄清鲁迅的精神运动法——在认真与不认真的对立轴往复。将这种精神灵活融进日本的环境中，这才是《故事新编》。

因此，对于这四个作者，鲁迅有时也必须是自由的。我经常会想那个地方鲁迅应该说什么。

对四位作者来说，最大的障碍难道不正是没有障碍吗？耸立在鲁迅面前的像中国历史一样坚不可摧的东西，并没有横亘在四位日本作者（或者说我们日本读者）面前。这样的坚固有时使得我们不得不持续停滞不前，正因为如此，需要爆发性的大革命，这就是中国历史。相比较而言，日本的历史太过于轻快了，只是通过一些小革命的反复来达到新的需求，日本历史就这样推进到了今天。革命与反革命在某一点上是相通的，都是作为总体服务于"国家利益"，这就是如今现状。在这种情况下的"鲁迅的"就有很容易转化成"非鲁迅的"危险。

四位作者轻易地想要成为鲁迅式的人物，也许有些自信，但对我来说，却是难以想象的。

# 附录三　竹内实的与鲁迅相关的著作与译作

**著作：**

《中国革命与国民精神——以鲁迅的〈阿Q正传〉为中心》，《文学评论》，1953年6月25日，第3期。

《竹内好译〈鲁迅作品集〉》（书评），《中国文艺》，1953年7月，第17期。

《鲁迅和中国文学》，《艺术研究》，1953年12月，第20期。

《鲁迅的文艺与政治》，华岗著，《新时代》，1954年8月1日，第41期。

《〈阿Q正传〉与鲁迅作品》，《日中文化》，1956年5月5日，第39期。

《关于鲁迅文体》，《新人文学》，1956年10月，第15期。

《鲁迅和他的弟子们》，《新日本文学》，1956年10月1日，第11卷10期。

《与寂寞的对话——〈野草〉及其他》，《北斗》，1956年11月25日，第2卷5期。

《鲁迅与一位日本人》，《产经时事》，1956年12月26日。

《关于鲁迅〈中国小说的历史的变迁〉》，《文学》，1958年3月10日，第26卷3期。

《中国民间故事和鲁迅》，《文学》，1958年8月10日，第

26 卷 8 期。

《东湖的鲁迅像——从中国之旅说起》,《鲁迅友之会会报》,1959 年 1 月,第 15 期。

《发现鲁迅未发表书简 13 封》,《产经时事》,1959 年 8 月 17 日。

《访鲁迅故居》,《世界文学全集》月报,1961 年 2 月,第 47 期。

《鲁迅的生涯》,《鲁迅友之会会报》,1962 年 1 月,第 26 期。

《鲁迅的信》,《文学界》,1962 年 10 月 1 日,第 16 卷 10 期。

《写在岩波书店版〈鲁迅选集〉再版时》(书评),《读书人周刊》,1964 年 4 月 20 日。

《丸山升著〈鲁迅——他的文学与革命〉》(书评),《北海道新闻》,1965 年 7 月 29 日。

《鲁迅和果戈理——两个〈狂人日记〉》,《世界文学》,1966 年 3 月 20 日,第 24 期。

《关于鲁迅的短刀》,《吉川博士退休纪念·中国文学论文集》,东京:筑摩书房,1968 年 3 月 18 日。

《眉间尺的故事》,《春秋》,1968 年 7 月 1 日,第 46 卷 7 期。

《鲁迅年表》,东京:劲草书房,1968 年 7 月 25 日。

《独特架构的鲁迅像》(书评),《产经时事》,1968 年 9 月 29 日。

《革命史上的阿 Q》,《文学座〈阿 Q 正传〉公演说明册》,1969 年 9 月。

《尾崎秀树著〈和鲁迅的对话〉》,《产经新闻》,1969 年 9

月 29 日。

《鲁迅〈阿 Q 正传〉》（名作文库），《每日新闻》，1969 年 10 月 12 日。

《鲁迅和柔石（1、2）》，《文艺》，1969 年 11 月 1 日、1969 年 12 月 1 日，第 8 卷 11、12 期。

《鲁迅之"敌"——从国防文学论争说起》，《中国语》，1970 年 1 月 15 日，第 120 期。

《鲁迅〈答徐懋庸……〉》，《新日本文学》，1970 年 2 月 1 日，第 25 卷 2 期。

《鲁迅——大人和儿童文学有什么关系?》，《儿童文学读本·日本儿童文学临时特刊》，1970 年 8 月 31 日。

《冰面下的火——鲁迅诞生九十周年回想》，《公明新围》，1971 年 9 月 28 日。

《中国革命——阿 Q 起来革命之时》，《现代革命逻辑》，东京：自由国民社，1972 年 12 月 15 日。

《鲁迅、仙台、短刀（中国小路 6）》，《传统与现代》，1973 年 1 月 1 日。

《鲁迅致徐懋庸信之后》，《入谷教授、小川教授退休纪念中国文学语学论集》，东京：筑摩书房，1974 年 10 月 26 日。

《小泽信男等译〈戏曲故事新编〉》[解题]，东京：河出书房新社，1975 年 9 月 25 日。

《中国一九三零年和鲁迅》，沈西城译，《（香港）明报月刊》，1976 年 1 月、3 月、4 月刊。

《鲁迅札记——左联成立的反响》，《尤里卡》，1976 年 4 月 1 日，第 8 卷 4 期。

《中国一九三零年和鲁迅》，《文学》，1976 年 4 月 10 日，第 44 卷 4 期。

《答徐懋庸并关于抗日统一战线问题——与社会评论有关的鲁迅》，《文学》，1976 年 5 月 10 日，第 44 卷 5 期。

《鲁迅与日本》，《公明新闻》，1976 年 10 月 14 日。

《鲁迅远景》，田畑书店，1978 年 1 月 31 日。

《目前陈列更替——毛泽东、鲁迅》，《朝日周刊》，1980 年 8 月 22 日，第 85 卷 38 期。

《鲁迅周边》，田畑书店，1981 年 4 月 20 日。

《文艺批判与纪念鲁迅》，《朝日新闻》（晚刊），1981 年 10 月 13 日。

《鲁迅和孔子》，《世界》，1982 年 1 月 1 日，第 434 期。

《表示怀疑鲁迅死因的潜在意味》，《朝日新闻》（晚刊），1984 年 6 月 14 日。

《鲁迅文学的启示——关于〈故乡〉、〈藤野先生〉》，《国语教育》，1984 年 10 月 25 日，第 4 卷 8 期。

《周树人的职员生活——五四和鲁迅的一个侧面》，《京都大学人文科学研究所共同研究报告·五四运动研究》第 3 函第 8 册，京都：同朋舍出版社，1985 年 1 月 30 日。

《鲁迅》，《言论推动日本（发现日本 4）》，东京：讲谈社出版社，1986 年 6 月 27 日。

《鲁迅的〈阿 Q 正传〉》，《京都新闻》（晚刊），1986 年 10 月 17 日。

《传统文化反思的气氛：鲁迅逝世五十周年的新动向》，《读卖新闻》（大阪本社版、晚刊），1986 年 11 月 22 日。

《鲁迅学术讨论会》，《中央公论》，1987 年 1 月 1 日，第 102 卷 1 期。

《周树人的职员生涯——与通俗教育会的关系》，《东方学报》，1987 年 3 月 28 日，第 59 册。

《朱安》,《读卖新闻》(大阪本社版、晚刊),1987年10月22日。

《鲁迅的日本文化和文学观》,程麻译,《鲁迅研究》,1988年10月,第12辑。

《小小的前言》,单皓翎译,《茅盾心目中的鲁迅》,西安:陕西人民出版社,1992年6月。

《矛盾对鲁迅的评价与理解》,秦弓译,西安:陕西人民出版社,1992年6月。

《鲁迅远景》,莽永彬译,台湾:自立晚报出版部,1992年10月。

《肩负着中国的明暗两面》(中国语),《鲁迅之世界全集》第2卷,广东:广东教育出版社、石家庄:河北教育出版社,1996年11月1日。

《〈鲁迅日文书信手稿〉小序》(中国语),北京:北京出版社,1997年4月。

《蟋蟀和鲁迅——在庆祝竹内实先生受勋会上的讲演》,《苍苍》,2000年4月10日,第92期。

《近来我的琐事与鲁迅、孔子》,《文艺报》(中国语),2011年9月16日。

**译作**

《鲁迅和景宋的信》(1、2、3)(译者署名:虚平),《思想》,1950年6月、8月、10月,第1、3、5期。

《鲁迅全集·书简1》(责任编辑),合译,东京:学习研究社,1985年6月25日。

《鲁迅全集·书简2》(责任编辑),合译,东京:学习研究社,1985年8月27日。

《鲁迅全集·书简3》(责任编辑),合译,东京:学习研究社，1986年5月6日。

《〈阿Q正传〉解说》，裘沙、王伟君著，东京：岩波书店出版社，1986年10月9日。

《鲁迅全集·二心集、南腔北调集》（责任编辑），合译，东京：学习研究社，1989年4月25日。

笔者从读博期间就开始关注与竹内实相关的学术信息与研究，2018年笔者主持的项目"竹内实的中国现代文学研究"也有幸获得国家社科课题立项（立项编号：18XZW 027）。《竹内实的鲁迅研究》作为项目的一部分于2019年初开始执笔，历经一年多，在团队各位老师、同学的共同努力下，终于于全国众志成城全力抗击"新冠肺炎"疫情之际为此书画上了句号。

　　虽然程麻教授等人对竹内实其人及论述已经进行了大量的介绍与研究工作，但仍还有许多工作需要我们做，还有一条漫漫长路需要我们走，希望能有更多的专家学者加入这个队伍中。最近对竹内实及其著述关注与研究的学者越来越多了，但终究因为语言的原因，在资料的收集与理解上仍然存在很大的困难，有待克服，"路漫漫其修远兮"。

　　竹内实——一个在中日友好交流史上无法忽略的名字，他提出了"友好容易理解难"的著名观点。他一直致力于中日友好交流事业，并为中日友好事业而四处奔走。作为一名中国高校教师，一名中日文学的研究者，笔者也希望借此能够为中日友好交流事业添砖加瓦，希望能通过本研究让中国学术界及国人更加了解竹内实及其研究，也对日本的鲁迅研究能够有更加全面的了解、研究。用冰心的话来说，就是"作为一个中国人、一个教师，最挂记在心头的，是尽快进行两国间的新文化和文化人士的交流。只有尽早彻底的交流，才是两国真正持久和平的基础"。

"山川异域，风月同天"，中日两国人民将会越来越友好。在这次我国与"新冠肺炎"病毒的抗争中，感谢全日本人民给予我们大力帮助与支持，期盼我伟大的祖国能早日走出疫情，也期盼日本、世界各国人民都能免遭此次病毒的侵蚀，平安、健康！

最后感谢四川大学出版社编辑老师们的鼎力支持，感谢团队的各位老师与同学的辛勤努力与付出。

陶　凤<br>2020 年 2 月于重庆